"十四五"职业教育国家规划教材

"十三五"职业教育国家规划教材

浙江省普通高校
"十三五"新形态教材

新目录·新专标数字商贸专业群系列丛书

"新商科"电子商务系列丛书

网店运营与管理
（第 2 版）

◎ 主　　编：葛青龙
◎ 主　　审：胡华江
◎ 副 主 编：陈建胜　李雨帆　程玲云
◎ 组织编写：中国职业技术教育学会智慧财经专业委员会

电子工业出版社

Publishing House of Electronics Industry
北京·BEIJING

内 容 简 介

本书遵循初学者的知识结构和学习逻辑，系统地介绍网店运营与管理的理论方法和业务操作。全书共分运营筹划、网店开设、日常运营、数据运营、网店推广和运营管理6个项目，每个项目都包含引例、相关任务、成功实战派、经典实训、项目小结、项目测试等。同时，本书对教材的呈现形式进行了创新，全书多处设有二维码，读者可以扫描二维码获取更多学习资源。

本书注重理论与实践相结合，内容新颖、实例丰富，既可作为高职高专电子商务相关专业的教材或教学参考书，又可作为社会各界人士参加继续教育的培训教材或自学参考书。

未经许可，不得以任何方式复制或抄袭本书之部分或全部内容。
版权所有，侵权必究。

图书在版编目（CIP）数据

网店运营与管理 / 葛青龙主编. —2 版. —北京：电子工业出版社，2022.1
ISBN 978-7-121-42324-6

Ⅰ. ①网… Ⅱ. ①葛… Ⅲ. ①网店－运营管理 Ⅳ.①F713.365.2

中国版本图书馆 CIP 数据核字（2021）第 229025 号

责任编辑：张云怡　　　　特约编辑：田学清
印　　刷：天津画中画印刷有限公司
装　　订：天津画中画印刷有限公司
出版发行：电子工业出版社
　　　　　北京市海淀区万寿路 173 信箱　　邮编：100036
开　　本：787×1 092　　1/16　　印张：16.75　　字数：439 千字
版　　次：2018 年 1 月第 1 版
　　　　　2022 年 1 月第 2 版
印　　次：2025 年 7 月第 12 次印刷
定　　价：59.80 元

凡所购买电子工业出版社图书有缺损问题，请向购买书店调换。若书店售缺，请与本社发行部联系，联系及邮购电话：（010）88254888，88258888。
质量投诉请发邮件至 zlts@phei.com.cn，盗版侵权举报请发邮件至 dbqq@phei.com.cn。
本书咨询联系方式：（010）88254573，zyy@phei.com.cn。

前　言

《网店运营与管理（第 2 版）》是"新商科"电子商务系列丛书之一，凝聚了浙江省多位电子商务教师的教学和实践经验，突出实操经验分享和理论提升，融入了浙江高职院校电子商务教学改革的思路。《网店运营与管理》于 2018 年 1 月出版，广受读者欢迎，被众多院校选作教材，并入选"十三五"职业教育国家规划教材，本书也被列入浙江省普通高校"十三五"第二批新形态教材建设项目和台州职业技术学院"十四五"规划教材。

2021 年 1 月和 4 月，电子工业出版社在线上、线下召开了两次教材修订会议。经会议讨论决定，本书仍保留《网店运营与管理》的特色和风格，具体修改如下。

（1）项目 1~3 以基础运营为主，满足高职以下或高职非电子商务专业学生的学习需求。本书将项目 2 中的商品发布增加了智能发布的内容；将项目 3 中的在线接待和售后管理分别修改为售前接待和售后处理，增加了售前客服的接待流程，同时增加了部分内容。

（2）项目 4~6 作为运营进阶，满足高职电子商务专业或更高层次的教学需求。本书将项目 4 和项目 5 的顺序做了调整，更加符合网店运营逻辑；同时增加了数据工具，删除了站外搜索、微信、微博等淘外工具的内容，增加了超级推荐、微淘、淘宝短视频、淘宝直播等淘系工具的内容，更加聚焦淘系工具的推广，避免跟其他课程内容相重复。

本书由台州职业技术学院的葛青龙任主编，葛青龙负责全书架构的制定并完成项目 1、项目 4（部分）、项目 5（部分）、项目 6 的编写，温州科技职业学院的陈建胜完成项目 2、项目 3 的编写，浙江经贸职业技术学院的李雨帆完成项目 4 数据工具部分内容的编写，江苏经贸职业技术学院的程玲云完成项目 5 内容运营部分内容的编写，台州龙正电子商务有限公司的运营经理葛晟浩参与编写并提供相关数据。沈凤池教授和胡华江教授审阅了书稿并提出了大量宝贵的意见，电子工业出版社的张云怡主任给予本书大力支持，笔者在此对他们深表感谢。

二十大提出，要"加快发展数字经济，促进数字经济和实体经济深度融合，打造具有国际竞争力的数字产业集群"。电子商务的发展进程远远快于理论总结，客观上给本书的编写工作带来了一定的难度，加上编者水平有限，书中难免有许多不足之处，恳请读者批评、指正。

葛青龙

"新商科"电子商务系列丛书编委会名单

主　任：沈凤池

总主编：胡华江

副主任：（排名不分先后）

商　玮　　谈黎虹　　陈　明　　嵇美华　　李玉清　　杨泳波

委　员：（排名不分先后）

葛青龙　　杨甜甜　　张　翔　　徐赛华　　童海君　　姜吾梅　　魏　明
童红斌　　李囡囡　　黄　毅　　李丛伟　　徐寿芳　　刘丽霞　　夏　华

目 录

项目 1 运营筹划

引例 1
任务 1.1 洞察市场 2
    1.1.1 市场分析 2
    1.1.2 竞争分析 7
任务 1.2 精准定位 14
    1.2.1 市场定位 14
    1.2.2 店铺定位 17
任务 1.3 确定产品 19
    1.3.1 产品规划 19
    1.3.2 货源选择 22
成功实战派 25
经典实训 31
    实训 1.1 本地区电子商务发展状况调研 31
    实训 1.2 网店定位和消费群体分析 32
项目小结 34
项目测试 34

项目 2 网店开设

引例 35
任务 2.1 正式开店 36
    2.1.1 平台选择 36
    2.1.2 注册开店 39
任务 2.2 商品管理 43
    2.2.1 商品发布 43
    2.2.2 商品设置 49
任务 2.3 店铺管理 53
    2.3.1 店铺设置 53
    2.3.2 店铺装修 56
成功实战派 61
经典实训 62
    实训 2.1 注册及开店认证 62
    实训 2.2 商品发布 69
    实训 2.3 装修模板选用 74
项目小结 78
项目测试 78

项目 3 日常运营

引例 80
任务 3.1 客户服务 81
    3.1.1 售前接待 81
    3.1.2 售后处理 90
任务 3.2 交易管理 92
    3.2.1 订单管理 92
    3.2.2 评价管理 97
任务 3.3 物流管理 98
    3.3.1 商品打包 98
    3.3.2 物流配送 101

成功实战派 106
经典实训 107
  实训 3.1 阿里旺旺快捷短语
      设置 107
实训 3.2 淘宝助理工具
    使用 111
项目小结 114
项目测试 115

项目 4　数据运营

引例 117
任务 4.1 数据工具 118
  4.1.1 百度指数 118
  4.1.2 生意参谋 122
任务 4.2 流量分析 132
  4.2.1 流量指标 132
  4.2.2 流量来源 136
任务 4.3 交易分析 143
  4.3.1 订单分析 143
4.3.2 客户分析 147
成功实战派 150
经典实训 152
  实训 4.1 生意参谋流量
      分析 152
  实训 4.2 生意参谋交易
      分析 153
项目小结 154
项目测试 154

项目 5　网店推广

引例 156
任务 5.1 平台推广 157
  5.1.1 淘宝 SEO 157
  5.1.2 直通车 160
  5.1.3 钻石展位 171
  5.1.4 淘宝客 178
  5.1.5 超级推荐 181
任务 5.2 活动促销 189
  5.2.1 店内促销 189
  5.2.2 活动营销 198
任务 5.3 内容运营 203
5.3.1 微淘 203
5.3.2 淘宝短视频 211
5.3.3 淘宝直播 218
成功实战派 220
经典实训 224
  实训 5.1 直通车推广
      设置 224
  实训 5.2 店内促销设置 226
  实训 5.3 淘宝直播发布 227
项目小结 230
项目测试 230

项目 6　运营管理

引例 232
任务 6.1 人的管理 233
  6.1.1 团队组建 233
  6.1.2 团队管理 237
任务 6.2 财的管理 241
  6.2.1 成本核算 241
  6.2.2 收支分析 246
任务 6.3 物的管理 250
6.3.1 产品定价 250
6.3.2 库存管理 253
成功实战派 256
经典实训 259
  实训 6.1 资金筹集 259
  实训 6.2 团队组建 260
项目小结 260
项目测试 261

参考文献

项目 1 运营筹划

项目重点和难点

分析市场规模的大小及其变化;分析品类的发展方向;分析行业集中度;产品规划;货源选择。

思政目标

正确把握"百年未有之大变局",准确识变、科学应变、主动求变,善于在危机中育先机、于变局中开新局,培养"观察细致、探索质疑"的职业素养。

项目导图

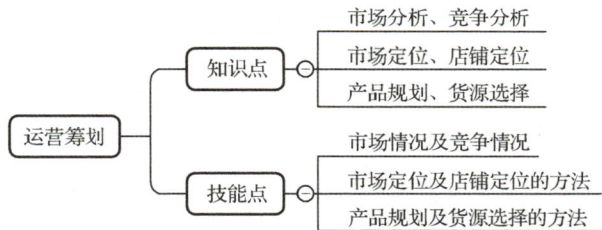

引例

项总是台州龙正电子商务有限公司的老板。该公司位于彩灯生产基地——临海市东塍镇,全镇有灯企上千家。由于东塍镇的彩灯行业积极转变经营思路,搭上了电子商务发展的快车,如今,东塍镇已成为全国最大的彩灯电商货源地之一。看到东塍镇的彩灯网络销售火爆,项总也想尝试一下,于是拉上几个朋友准备开一家销售彩灯的网店。在着手准备时,他碰到了几个问题:彩灯网络零售市场如何?如何开展网络零售工作?开展网络零售工作的成本如何?为此,他求助于电子商务专业的老师——葛青龙。

引例分析

葛老师为项总进行了如下分析。

- 分析彩灯市场的需求情况、发展趋势。
- 分析竞争对手的产品、网络经营情况。
- 分析台州龙正电子商务有限公司的产品、管理层对电子商务的态度、网络市场定位情况。
- 分析当前网络平台及网店创业的成本投入及人员配置。

总结：葛老师协助项总分析网络市场前景、竞争对手、自身优势，分析各大网络零售平台的优劣并进行抉择，分析台州龙正电子商务有限公司开展网络零售工作需要的人员、产品等投入情况。

任务 1.1　洞察市场

1.1.1　市场分析

1. 市场分析的概念与目的

1）市场分析的概念

市场分析是指为了实现一定的商业目的，通过科学的方法，对市场的规模、结构、周期及消费者进行经济分析的行为。

首先，市场分析必须围绕商业目的，才能让分析行为有的放矢和更加高效。这就要求分析人员在分析之前构建好分析模型，并根据分析模型进行数据收集。

其次，市场分析需要借助系统、科学的数据统计分析方法，分析人员在收集数据时需要注意数据来源的准确性。传统的数据收集，由于信息工具尚未普及，多会借助传统的抽样调查等方法进行，这些方法成本高、耗时长，准确度还会由于样本等原因出现偏差，而互联网技术让数据收集变得更加便捷、高效、准确，为市场分析提供了更可靠的数据来源。

2）市场分析的目的

市场分析是围绕一定的商业目的而展开的经济行为。那么，这些商业目的有哪些呢？针对电商环境，市场分析的目的有以下4个。

（1）分析市场规模的大小及其变化。

市场规模的大小决定了行业的天花板。一切商业行为都有一定的目的，而确定目的的第一步是了解市场规模的大小。由于市场的发展是动态的，因此企业必须实时地监控市场的发展。

（2）分析品类的发展方向。

① 消费者的需求。随着行业的发展，消费者的需求会发生结构性的变化，有的需求会增长，有的需求会衰退，在这当中蕴含着一定的商机与风险。

② 电商平台的引导。电商平台在发展时，会基于市场竞争的考虑，或者从规范市场的角度出发，对部分品类进行引导，这时可能会造成某些品类的需求出现增长。

③ 商家的商业竞争。商家为了利润及长远的发展，可能会重点投资某些品类，特别是

某些依赖新品研发的品类。新品往往会带动整个行业的发展加速。

（3）分析消费者的消费层次。

在市场发展的过程中，消费者的消费层次也会发生变化，部分品类的消费者的消费层次会上升，部分品类的消费者的消费层次会下降。不同消费层次代表着不同的竞争环境，分析消费层次有利于更精准地定位市场，有利于发现蓝海市场。

（4）寻找行业发展的周期规律。

行业发展具有一定的周期性，有的是随季节变化的；有的是随节日变化的；有的则在大促中变化非常大。因此，企业需要对行业的发展周期进行分析，以便安排全年的生产计划及营销节奏。

2. 市场分析的维度与方法

围绕市场分析的目的，企业需要采取一定的市场分析的维度与方法。

1）市场容量分析

（1）市场容量分析的意义。

在电商运营过程中，销售目标的设定尤其重要。销售目标定高了，容易导致团队压力过大，还会积压库存、占用资金，导致库存周转变慢；销售目标定低了，容易导致企业错过市场机会，不利于企业的成长。因此，市场容量分析有助于设定科学的销售目标。

（2）市场容量分析的步骤。

电子商务市场有别于线下市场，线下市场可能因为地域不同，造成市场的不完全竞争，而电子商务市场打破了地域的壁垒，往往会造成线上市场的行业集中度远远高于线下市场。因此，在做市场容量分析时，企业可以用 TOP 品牌成交额累加得出的结果替代行业的市场容量。

市场容量分析一般分为以下几个步骤。

① 确认某个品类的热销品牌排名。我们借助分析工具对所需要了解的行业进行分析，这里以魔镜工具为例分析装饰灯行业。装饰灯行业热销品牌排行如图 1-1 所示。

图 1-1　装饰灯行业热销品牌排行

② 计算单个品牌在某天的销售额。打开品牌详情页面，可以看到该品牌的数据。销售额的计算公式：销售额=访客数×转化率×客单价。依据这个公式，我们可以计算出单个品牌在某天的销售额。

③ TOP 品牌成交额累加。在逐一计算出该品类 TOP 品牌的成交额后，我们通过累加

行业 TOP 品牌成交额的方式得到本行业的市场容量。

（3）行业趋势分析。

① 成交同比分析。在分析完市场容量后，我们还可以对目标品类进行成交同比分析，分析该品类相对于上一年的成交情况，从而有助于分析行业今年相比去年的变化情况。这些更有利于我们正确理解和判断行业，当变化波动较大时，我们需要有针对性地进行分析，找出原因。

② 成交环比分析及增长曲线。成交环比分析是分析行业发展趋势的重要手段，可以分析过去一段时间的增长趋势。如果某个品类的季节性很强，那么我们可以按照全年的数据来统计；如果该品类的季节性不是很强，那么我们可以按照季度或者月度的数据来统计，如图 1-2 所示。

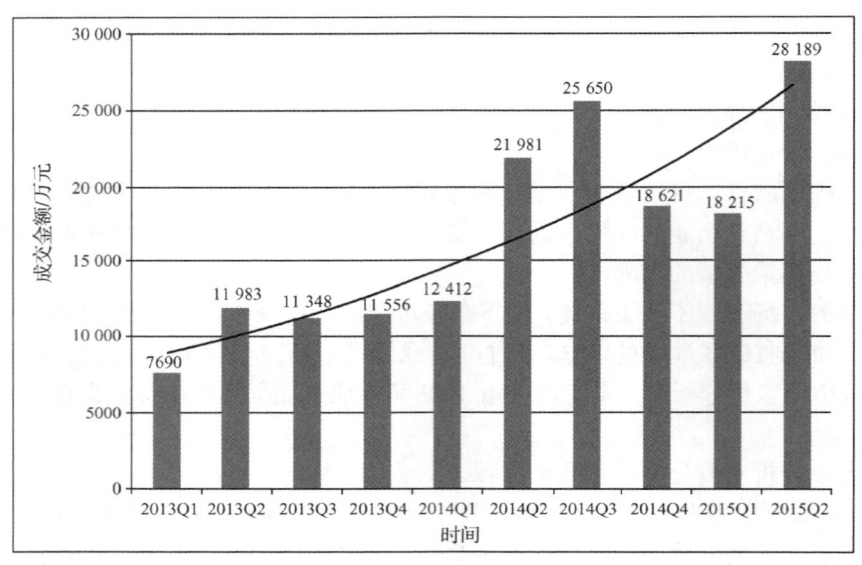

时间	2013Q1	2013Q2	2013Q3	2013Q4	2014Q1	2014Q2	2014Q3	2014Q4	2015Q1	2015Q2
成交金额/万元	7690	11 983	11 348	11 556	12 412	21 981	25 650	18 621	18 215	28 189
同比增幅		55.83%	-5.30%	1.83%	7.41%	77.10%	16.69%	-27.40%	-2.18%	54.76%

图 1-2　电动车行业成交环比分析

③ 行业所处阶段分析。在分析完市场的发展趋势后，我们便可以根据市场的发展趋势得出该行业是处于导入期、成长期、成熟期还是衰退期。如果处于导入期和成长期，那么此时市场中的竞争对手较少、行业增长快速，我们可以加快市场的推进速度，迅速占领市场；如果处于成熟期，那么此时市场上某些行业巨头已经占领一席之地，我们需要对该行业进行细分，以差异化的产品和服务抢占细分领域的市场份额；如果处于衰退期，那么该行业可能已经危机四伏，我们需要考虑退出机制。

2）品类结构分析

（1）品类结构分析的意义。

在电商运营过程中，企业经常会遇到已经选择了一个行业，但是不知道重点在哪里的问题。例如，经营女装店，不知道重点是销售连衣裙还是销售裤子；经营母婴店，不知道先从哪个品类入手。这时，企业需要分析品类结构。品类结构分析对于细分品类越多的类目越实用，相反，如果该类目的品类较少，进行品类结构分析的意义就比较小了。

（2）品类结构分析的方法。

下面以尿片/洗护/喂哺/推车/床品类为例，打开生意参谋市场行情工具的行业大盘页面，选择需要查询的时间，就可以查看所有品类成交数据的构成。将所有数据放入 Excel 表格中，形成如图 1-3 所示的表格。在收集数据以后，我们要对数据进行分析：分析这些品类的变化情况，有些品类的排名长期处于排行榜的顶部，有些品类的排名在上升，有些品类的排名在下降；有些品类的市场份额（对应图 1-3 中的"成交占比"）在扩大，有些品类的市场份额在缩小。我们可以从以下几个维度对数据进行分析。

① 排名长期处于排行榜顶部的品类。纸尿裤/拉拉裤/纸尿片、四轮推车、婴儿床/儿童床、奶瓶、睡袋/防踢被、湿巾、餐椅，这些品类的排名长期处于排行榜的前几名，这些品类在母婴类目中占有重要地位。如果企业要经营母婴店，就需要加大对这些品类的投入，从而维持店铺在类目中的地位，争取日常运营中的活动流量，通过这些品类来获取新客户。

② 排名上升的品类。儿童餐具品类的排名在 2011—2014 年一直在上升，由于家长很注重培养宝宝的独立意识，因此很多家长会给宝宝购买餐具；另外，宝宝体温计/体温枪的排名也在上升，这得益于品牌商发现了家长对于宝宝的身体有微诊断的需求，从而开发了功能多样的体温计/体温枪，推动了该品类销量的增加。

③ 市场份额缩小的品类。小围嘴品类的市场份额一直在缩小，可能是因为很多母婴店在选择赠品时，首先考虑到的就是小围嘴，从而导致客户日常购买的需求量减少；三轮推车品类的市场份额在 2013 年和 2014 年持续缩小，这是因为四轮推车成为替代品；纸尿裤/拉拉裤/纸尿片品类的排名虽然一直是第一，但其市场份额一直在缩小。对于市场份额缩小的品类，我们需要认真分析市场份额缩小的原因，并制定相应的对策。

3）生命周期分析

（1）生命周期分析的意义。

电商运营有其特殊性，企业需要通过打造热销单品来抢占搜索流量入口，在品类开始起量时，就需要提前加大推广投入，策划相应的营销活动，以便提前占领销售先机。因此，掌握品类热销的节奏就变得尤其重要，同时，产品备货需要一定的周期，所以从生产角度来说，企业同样需要了解品类热销节奏的变化。

（2）生命周期分析的方法。

① 品类访客分析。访客数是指在一段时间内，该品类的访问人数的总和，其中不仅包括通过搜索引擎进来的访客，还包括被营销活动吸引来的访客、商家推广带来的访客及自主访问的访客。

② 收藏及加购（加入购物车的简称）次数分析。随着访客数的增加，随之而来的是收藏及加购次数的变化。这些变化会带来行业销售的变化。

③ 交易指数变化。交易指数是销售额的指数化，一般用来判定某个品类的全年成交量的走势。

（3）影响品类生命周期的因素。

① 季节。一般羽绒服、连衣裙、泳衣等品类受季节的影响较大，这些品类的运营重点在于把握时间节点。每个季度初这个时间节点对这些品类来说是非常重要的。

2011				2012				2013				2014			
序号	子行业	成交占比	环比增幅	序号	子行业	成交占比	环比增幅	序号	子行业	成交占比	环比增幅	序号	子行业	成交占比	环比增幅
1	纸尿裤/拉拉裤/纸尿片	36.43%	200.43%	1	纸尿裤/拉拉裤/纸尿片	33.85%	57.78%	1	纸尿裤/拉拉裤/纸尿片	31.73%	50.77%	1	纸尿裤/拉拉裤/纸尿片	28.75%	48.34%
2	四轮推车	7.88%	82.70%	2	四轮推车	9.11%	96.37%	2	四轮推车	10.77%	90.18%	2	四轮推车	12.65%	92.28%
3	婴儿床/儿童床	5.41%	52.94%	3	婴儿床/儿童床	5.59%	75.62%	3	婴儿床/儿童床	4.90%	40.87%	3	婴儿床/儿童床	4.90%	63.72%
4	奶瓶	4.38%	104.88%	4	奶瓶	4.31%	67.30%	4	奶瓶	3.96%	47.86%	4	奶瓶	3.46%	42.91%
5	睡袋/防踢被	3.14%	56.70%	5	睡袋/防踢被	3.16%	70.84%	5	睡袋/防踢被	3.06%	55.64%	5	睡袋/防踢被	3.10%	65.83%
6	湿巾	3.04%	57.20%	6	湿巾	2.85%	59.31%	6	湿巾	2.95%	66.07%	6	湿巾	3.08%	70.95%
7	餐椅	2.37%	59.46%	7	餐椅	2.60%	86.41%	7	餐椅	2.88%	77.81%	7	餐椅	2.80%	59.41%
8	其他婴童用品	2.33%	-15.01%	8	背带/背袋	1.54%	77.46%	8	背带/背袋	1.37%	43.04%	8	汽车座椅	1.72%	139.84%
9	背带/背袋	1.47%	106.62%	9	沐浴乳/沐浴露	1.44%	99.05%	9	儿童餐具	1.36%	135.75%	9	润肤乳	1.40%	0
10	宝宝理发器	1.47%	96.44%	10	宝宝理发器	1.34%	54.82%	10	沐浴乳/沐浴露	1.33%	48.49%	10	儿童餐具	1.35%	61.83%
11	小围嘴	1.26%	192.25%	11	三轮推车	1.32%	123.08%	11	隔尿床垫	1.29%	69.14%	11	宝宝体温计/体温枪	1.21%	112.83%
12	沐浴乳/沐浴露	1.23%	87.75%	12	其他婴童用品	1.31%	-4.63%	12	其他婴童用品	1.19%	46.71%	12	浴盆	1.14%	82.97%
13	奶瓶消毒器/消毒锅	1.07%	59.07%	13	隔尿床垫	1.23%	135.73%	13	汽车座椅	1.17%	131.93%	13	床护栏	1.11%	73.94%
14	婴童床品套件	1.04%	55.32%	14	婴童床品套件	1.09%	78.01%	14	宝宝理发器	1.15%	38.83%	14	隔尿床垫	1.10%	39.85%
15	三轮推车	1.00%	114.32%	15	婴童抱被/抱毯	1.08%	117.12%	15	床护栏	1.05%	196.04%	15	沐浴乳/沐浴露	1.10%	34.91%
16	隔尿床垫	0.88%	158.64%	16	奶瓶消毒器/消毒锅	1.06%	69.63%	16	奶嘴/安抚奶嘴	1.02%	1308.10%	16	抱婴腰带/腰凳	1.07%	140.10%
17	学步车	0.87%	57.32%	17	浴盆	0.97%	91.23%	17	浴盆	1.02%	68.66%	17	背带/背袋	1.04%	23.97%
18	浴盆	0.86%	105.40%	18	小围嘴	0.94%	26.62%	18	婴童枕头/枕芯	0.97%	90.96%	18	婴童枕头/枕芯	1.01%	70.97%
19	婴童抱被/抱毯	0.84%	100.09%	19	儿童餐具	0.93%	93.31%	19	婴童抱被/抱毯	0.93%	39.40%	19	婴童抱被/抱毯	0.93%	63.40%
20	成套桌椅	0.82%	47.48%	20	儿童坐便凳	0.87%	80.21%	20	宝宝体温计/体温枪	0.93%	144.59%	20	宝宝理发器	0.91%	29.25%
21	儿童坐便凳	0.82%	74.66%	21	婴童枕头/枕芯	0.82%	89.85%	21	小围嘴	0.87%	49.87%	21	其他	0.90%	0
22	儿童餐具	0.82%	50.47%	22	汽车座椅	0.81%	147.67%	22	三轮推车	0.86%	5.46%	22	奶嘴/安抚奶嘴	0.90%	43.72%
23	婴童枕头/枕芯	0.73%	86.45%	23	宝宝防晒乳/露	0.75%	84.13%	23	婴童床品套件	0.85%	25.98%	23	婴童床品套件	0.82%	57.80%
24	学步带	0.73%	242.76%	24	纱布尿布	0.74%	118.67%	24	奶瓶消毒器/消毒锅	0.84%	26.92%	24	儿童坐便凳	0.72%	52.71%
25	宝宝洗衣液	0.73%	43.47%	25	宝宝洗衣液	0.71%	65.92%	25	宝宝洗衣皂	0.77%	91.40%	25	宝宝洗衣液	0.69%	48.93%
26	宝宝防晒乳/露	0.69%	205.13%	26	学步车	0.69%	35.62%	26	爽身粉/痱子粉	0.77%	91%	26	水杯	0.67%	—
27	暖奶器/加热器	0.68%	140.80%	27	婴童床垫	0.65%	109.10%	27	儿童坐便凳	0.77%	41.88%	27	食物研磨器	0.66%	45.89%
28	爽身粉/痱子粉	0.64%	16.45%	28	宝宝洗衣皂	0.65%	103.94%	28	宝宝洗衣液	0.76%	72%	28	宝宝洗衣皂	0.66%	39.86%
29	纱布尿布	0.57%	113.65%	29	爽身粉/痱子粉	0.65%	70.90%	29	食物研磨器	0.75%	111.63%	29	奶瓶消毒器/消毒锅	0.66%	28.57%
30	汽车座椅	0.56%	151.20%	30	宝宝体温计/体温枪	0.61%	126.03%	30	抱婴腰带/腰凳	0.73%	225.88%	30	其他婴童用品	0.61%	-16.54%
31	宝宝洗衣皂	0.54%	185.74%	31	床护栏	0.57%	199.92%	31	学步车	0.66%	54.29%	31	三轮推车	0.57%	7.87%
32	婴童床垫	0.53%	120.92%	32	食物研磨器	0.57%	176.91%	32	纱布尿布	0.55%	20.22%	32	婴童床垫	0.53%	64.01%
33	布尿裤	0.50%	58.20%	33	暖奶器/加热器	0.52%	29.20%	33	防撞条	0.53%	76.50%	33	小围嘴	0.52%	-2.08%
34	防撞条	0.49%	102.88%	34	布尿裤	0.51%	72.33%	34	婴童床垫	0.53%	31.43%	34	浴巾	0.52%	—
35	其他	0.49%	-21.84%	35	护臀膏	0.49%	69.62%	35	婴童凉席系列	0.51%	81.66%	35	摇椅	0.49%	83.29%
36	护臀膏	0.49%	72.70%	36	防撞条	0.49%	67.36%	36	护臀膏	0.49%	61.37%	36	爽身粉/痱子粉	0.49%	5.31%
37	三角巾	0.47%	228.62%	37	成套桌椅	0.46%	-4.05%	37	儿童椅	0.49%	136.03%	37	纱布尿布	0.49%	45.10%
38	宝宝体温计/体温枪	0.46%	167.64%	38	洗浴护肤礼盒	0.46%	116.99%	38	摇椅	0.44%	67.79%	38	护臀膏	0.47%	57.66%

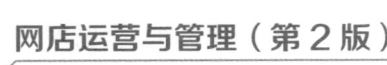

图 1-3 尿片洗护/喂哺/推车/床品类 2011—2014 年度的成交动态分析

② 传统节日及特殊时间。有些品类受传统节日的影响更大一些，如月饼、粽子等传统节日食品。另外，在七夕及情人节之前，巧克力会热卖；在开学前，书包会热卖。在这段时间，整个类目的转化率会有所提升，因此企业在运营时，需要特别注意在这些节日及特殊时间之前进行店内活动策划及加大推广力度。

③ 平台活动节奏。淘宝网及天猫每年举行的大型促销活动有"双11""双12""天猫新风尚""6•6大促""9•9大促""年货节"等。企业要参加这些活动，需要提前进行产品规划、流量规划、活动策划、视觉策划、客服话术梳理及物流方案匹配等，并且需要集合整个企业的力量，进行全盘规划与准备。

4）客户分析

企业可以从以下几个方面来分析客户，以指导产品的设计、产品的定价及广告的投放方案。

（1）搜索行为分析。

客户在购买产品前，基本上会有两种行为：一种是浏览淘宝网及天猫上包括活动及广告在内的各种网页；另一种是通过搜索功能寻找自己需要的产品。搜索行为反映了客户在购买产品之前的心理需求，所以分析搜索行为有利于了解客户的购物需求。

（2）产品属性需求分析。

企业通过客户的搜索行为，还可以分析出客户对一些产品属性的需求。

（3）客户画像。

企业需要了解客户，借助一些数据工具来分析客户到底是一群什么样的人。

① 客户人群分析：分析客户的男女比例、年龄构成、所处的地域、选择的价格范围。

② 客户属性分析：选择需要重点分析的客户群体，看他们具有什么样的特征，这些特征可以为日常营销提供帮助。

③ 来访时段分析：分析客户来访高峰，为投放分时广告提供依据；另外，店铺中产品的上下架时间、客服的排班及换班的安排都可以参考客户来访高峰，客服尽量在客户访问量少或下单量少的时间段换班。

④ 客户搜索行为及偏好分析。通过客户的搜索行为，企业可以发现客户的偏好，如购买意向较高的品牌、型号及材质等。

 想一想

我们可以利用哪些数据分析工具进行市场分析？

1.1.2 竞争分析

1. 竞争分析的概念与目的

1）竞争分析的概念

竞争分析是指企业通过科学的统计和分析方法，确认竞争对手，分析竞争对手的数据，并对其发展目标、拥有的资源、具备的能力和当前的战略等要素进行评价，从而决定自身的战略。

2）竞争分析的目的

竞争分析的目的主要有 3 个。

① 企业为了解整个行业的竞争格局，会对整个行业目前的竞争激烈程度及未来的走势进行分析和预判。

② 在分析行业竞争格局的基础上，企业还可以对竞争对手进行分层，锁定竞争对手。企业把竞争对手分为行业标杆竞争对手和直接竞争对手。在运营上，企业需要向行业标杆竞争对手学习；而在能力上，企业需要赶超直接竞争对手。

③ 在锁定竞争对手以后，企业需要对竞争对手进行分析，分析竞争对手的发展目标、拥有的资源、具备的能力和当前的战略。

行业集中度分析

2. 竞争分析的维度与方法

1）行业集中度分析

（1）行业集中度的定义。

行业集中度是指在某一类目的市场内，前 n 家排名最靠前的品牌或者店铺（成交销量、成交笔数、流量等份额）的总和占整个市场容量的大小。它是描述整个行业的市场集中程度的指标，表示企业的数目及相对规模的差异，是市场竞争激烈程度的重要量化指标。

（2）行业集中度分析的方法。

企业可以以成交销量、成交笔数、流量等为指标，构造图表来分析行业集中度的情况。某行业 2011—2015 年的行业集中度分析图如图 1-4 所示。

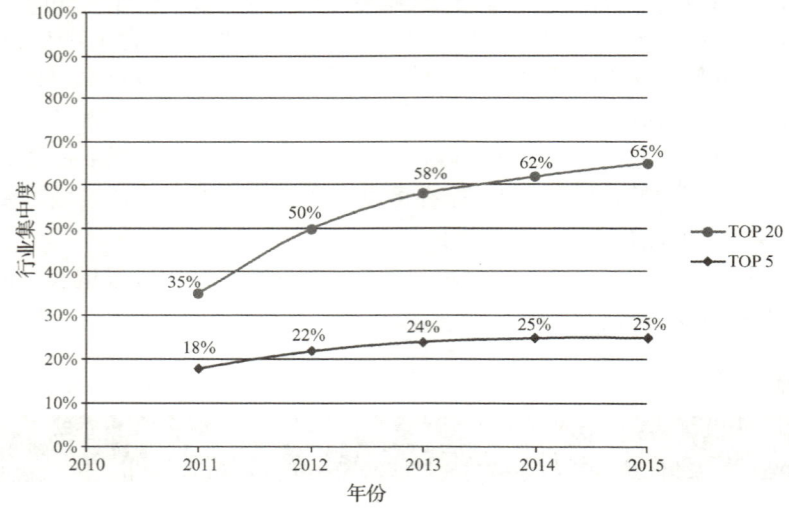

图 1-4　某行业 2011—2015 年的行业集中度分析图

（3）行业发展的 3 种状态。

① 散点式市场。一个类目在发展初期，品牌规模较小，市场份额不大，在市场上缺乏领导品牌，如图 1-5 所示。在此类目中，TOP 5、TOP 10、TOP 20 名的品牌的市场份额总和占比较小。企业可以通过分析市场中的机会，来判断市场未来的发展趋势。此时尚未形成强势品牌，竞争较小，市场推广费用也不是很高，如果有机会，企业就应该加大投入，抢占市场份额。

② 块状同质化市场。在块状同质化市场中，初期头部品牌的产品差异不大，随后头部

品牌的行业集中度会迅速升高，占领行业大部分的市场份额，如图 1-6 所示。此类状况多出现在产品较难进行差异化的行业中，头部品牌以规模取得低成本优势，占领市场。一般此类市场的竞争较大，进入此市场需要的资金较多，如果产品不能差异化，企业取得成功的难度就较大。

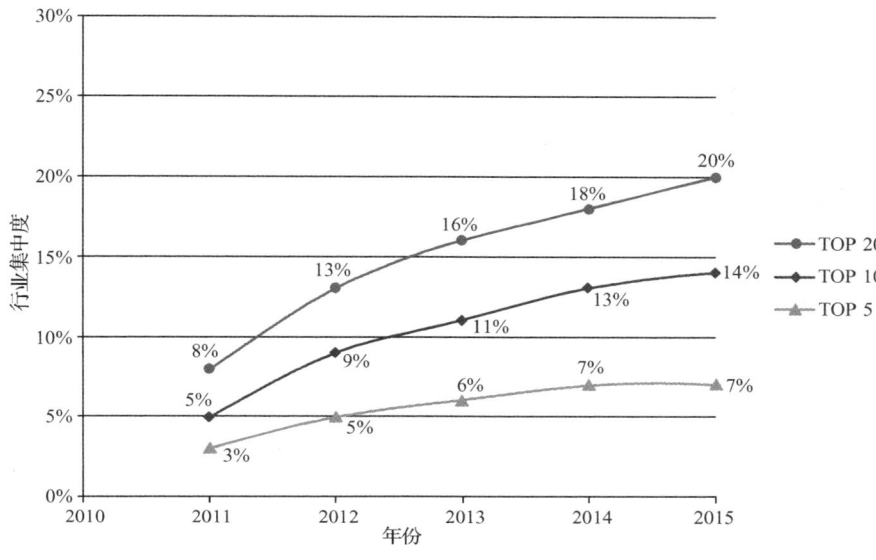

图 1-5　散点式市场行业集中度分析图示例

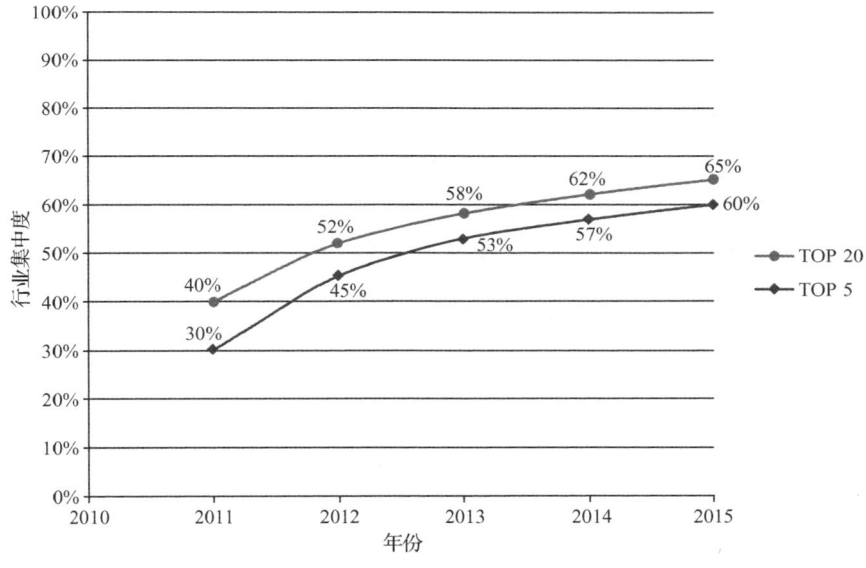

图 1-6　块状同质化市场行业集中度分析图示例

③ 团状异质化市场。在团状异质化市场中，头部品牌的市场份额趋于稳定，但是中部或腰部品牌通过差异化的产品及服务，在市场上所占的份额迅速扩大，如图 1-7 所示。一般这样的行业蕴含机会，企业应该通过差异化产品及服务的方法迅速占领市场。

（4）行业集中度的影响因素。

① 产品的本质属性。

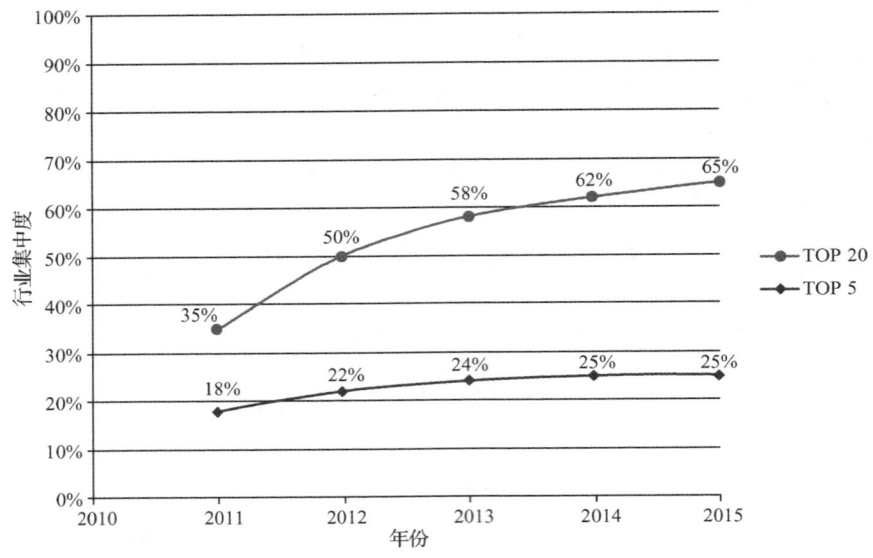

图 1-7　团状异质化市场行业集中度分析图示例

- 行业发展阶段。散点式市场的形成一般与行业的发展阶段有关，行业形成散点式市场是暂时的，散点式市场随后会迅速发展成块状同质化市场或团状异质化市场。企业应该抓住机会，因为越是在行业早期，行业集中度越低，随着行业的发展，行业集中度会逐步升高。
- 保质期。在电子商务市场中，生鲜企业大多是本地化的，呈散点式分布。随着物流的发展，生鲜异地配送成为可能，次日达、当日达业务覆盖的范围越来越大，人们甚至在国内足不出户就能买到全球各地的生鲜美食。
- 地域。在传统的行业中，存在一些地域保护，如很多品牌在每个省份，甚至每个城市都有代理商，而代理商是有地域保护的，这些因素造成行业集中度低。
- 储运成本。例如，桶装纯净水、啤酒、钢琴、大型家具等，这些产品由于运输费用过高或者在运输中容易被损坏，一般多在原产地销售，这也是造成行业集中度低的一个原因。
- 实现规模化的难度。某些产品无法快速低成本复制，如工艺品大多是由手艺人生产的，这些产品难以实现规模化生产，即使市场需求量大，也难以快速复制，甚至有部分手艺人为了维持产品的溢价能力，而限制产品的产量。
- 原材料。一些行业的产品的原材料集中在某个地方，如矿泉水必须依托水源地，所以行业集中度低。

② 业内品牌的实力。在部分行业中，由于头部品牌的实力过于强大，制约了腰部以下品牌的发展，因此一般这些行业的行业集中度较高。而在另外一些行业中，由于品牌的实力都比较弱，又都专注于自身的市场，顾此失彼，因此市场竞争较小，行业集中度也较低。

③ 客户的需求。例如，目前在女装市场中实力较强的有韩都衣舍、裂帛、茵曼、妖精的口袋等品牌，由于风格定位各不相同，各自都有自己的客户人群，即使某个品牌加大了推广力度，也很难影响到其他品牌的市场份额，因此行业集中度不会很高。

项目1 运营筹划

④ 产品差异化程度。有些行业的产品很难进行差异化，同质化竞争很容易使市场进入价格竞争。在价格竞争中胜出的行业头部品牌，由于规模经济取得了更大的成本优势，占领了更大的市场份额，造成行业集中度过高，限制了中小品牌的发展。

2）竞争品牌分析

企业在做竞争分析时，除了要分析行业集中度，还要分析竞争品牌，了解品牌的竞争格局及单个品牌的市场表现。

（1）品牌搜索指数分析。

企业在分析一个品牌时，要看这个品牌的搜索指数，因为它反映了一个品牌在市场上的知名度。企业在分析品牌搜索指数时，一般要看两个指数：一个是百度搜索指数，另一个是淘宝搜索指数。

（2）品牌竞争排名分析。

企业可以通过生意参谋的市场行情工具查看品牌的市场表现，掌握品牌的成交额排名情况并分析品牌是线下知名品牌还是淘品牌，了解品牌所对应的客户年龄段及客单价，以及在这段时间内的市场增长情况、整体流量获取能力、搜索流量获取能力和流量消化能力。

（3）品牌竞争格局分析。

在分析品牌竞争格局时，品牌的动态排名数据也是非常重要的。通过分析竞争品牌的优势品类及季节影响，企业可以做出正确的运营决策。

（4）品牌详情分析。

每个品牌都应关注自身及竞争对手在市场上的数据表现情况，包括访客数、收藏人数、加购人数、卖家数、转化率、客单价等，进而计算收藏率及加购率等指标。访客数反映品牌的引流能力，卖家数反映品牌线上分销的实力及分销商对品牌的认可度，收藏率、加购率、转化率及客单价代表品牌的流量消化能力。

（5）品类构成分析。

每个品牌都有自己的产品策略，有的是多品类运作，有的是单品类运作；每个品牌都有自己的优势品类及劣势品类。企业可以据此分析竞争对手在不同季节的品类构成情况。

（6）热销店铺的构成分析。

品牌商面临的是市场上各大同类品牌的竞争，而代理商面临的是品牌内部的竞争，所以代理商要分析品牌的竞争情况，分析品牌热销店铺的情况，分析这些店铺的实力、优势品类、获取流量的能力、承接流量的能力。

3）竞争对手分析

在了解市场总体的发展情况后，企业也要了解竞争对手的情况。由于目前网络零售以第三方平台为主，因此企业在做竞争对手分析时，应主要以第三方平台上的商家为主。

（1）通过手动搜索分析竞争对手。

① 通过手动搜索分析商家的动态经营及注册信息等情况。例如，在淘宝网上搜索经营太阳镜的店铺，查看店铺的信息、热销商品情况，手工统计、分析目前市场上的商家情况、店铺经营情况及其他信息，如图1-8所示。

② 查看店铺的服务、经营资质、动态评分等信息，分析其经营情况。图1-9所示为某太阳镜网店的店铺信息，左侧显示的是卖家信息、店铺服务、店铺经营资质，右侧显示的

是店铺半年内动态评分、店铺 30 天内服务情况。

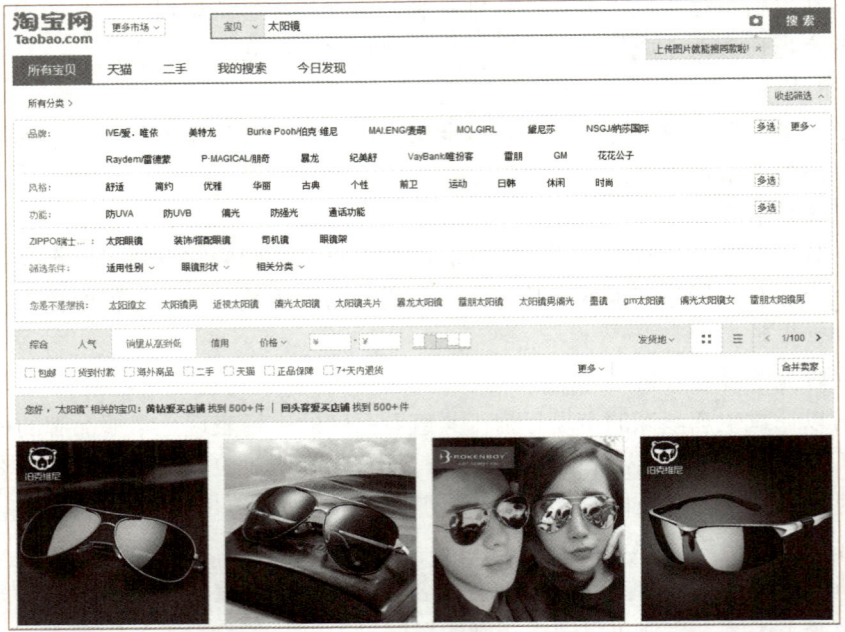

图 1-8 "太阳镜"的搜索结果

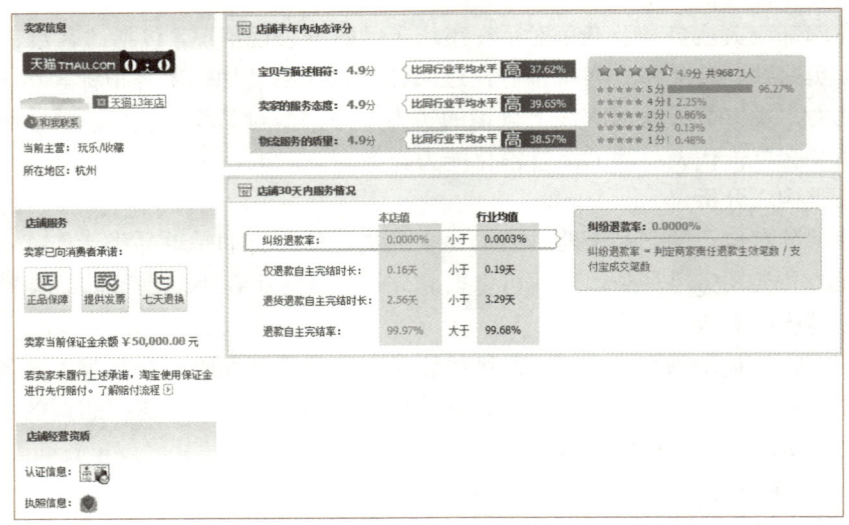

图 1-9 某太阳镜网店的店铺信息

③ 进入店铺，分析其每款商品的总销售业绩，查看所有商品及显示的总销量（总销量一般是该商品上线以来的总销量）。某太阳镜网店的商品展示页面如图 1-10 所示，该页面展示了商品的总体销量，企业据此可以综合分析出该商家所有商品的累计营业收入。

（2）借助第三方工具——看店宝来统计竞争对手。

① 打开看店宝，利用淘宝店铺搜索关键词。如图 1-11 所示，在看店宝中搜索关键词"太阳镜"，可以查看主营该商品的店铺列表及店铺对应的信用等级、DSR（动态评分）、商品数、月销笔数、主营描述等信息。

图 1-10　某太阳镜网店的商品展示页面

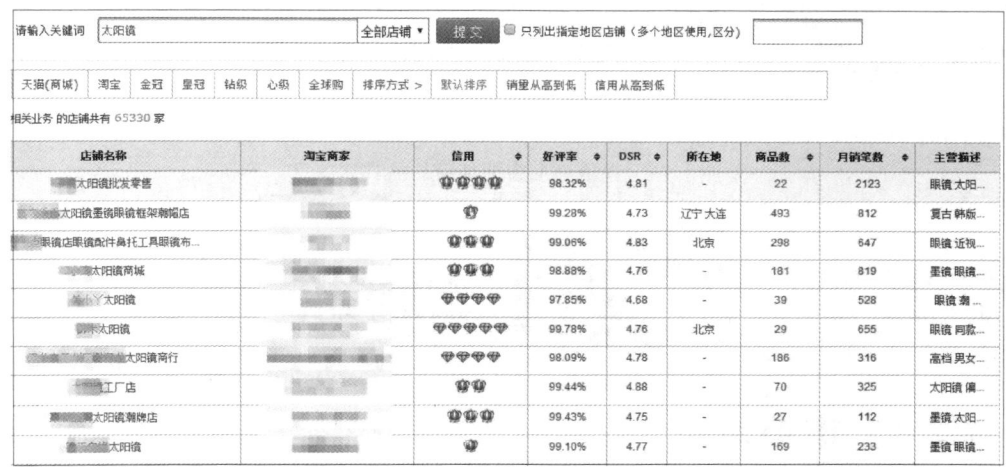

图 1-11　竞争对手搜索列表

② 利用看店宝查看竞争对手店铺的具体经营情况。竞争对手店铺的基本信息如图 1-12 所示。

图 1-12　竞争对手店铺的基本信息

③ 查看竞争对手店铺某商品的具体信息，如创建时间、上下架时间、基本属性、评价标签等信息，如图1-13所示。

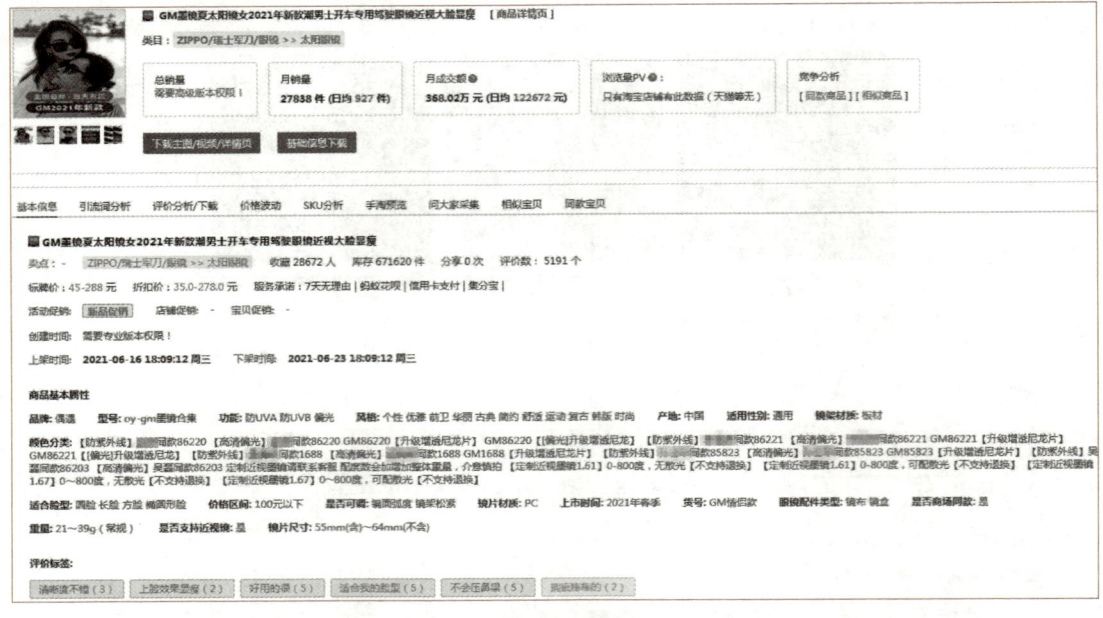

图1-13　竞争对手店铺某商品的具体信息

任务1.2　精准定位

1.2.1　市场定位

1. 定位的概念

何为定位？定位就是确定某个品牌、店铺、产品在电子商务市场中的位置。其本质和最终目的是在现有目标客户群体或潜在客户心中占据有利的位置，在扩散其影响力或提升销量的同时开展营销。

美国著名营销大师艾尔•列斯与定位之父杰克•特劳特说："我们目前已处于一个传播过多的社会中，而消费者只能接受有限的信息，消费者抵御这种'信息爆炸'的最有力的武器就是最小努力法则，即痛恨复杂、喜欢简单。"

面对铺天盖地的产品宣传、层出不穷的促销手段，电子商务是否应该回归产品最原始的本质呢？人们通常认为，网购第一平台是淘宝网，阿芙就是精油，七格格的衣服就是"潮"……很多淘品牌在无形之中占据了人们的认知意识，并在行为和形态上掌握了人们的购买欲望，形成了营销的核心目的，电子商务已经在不知不觉间进入定位和细分的领域。

2. 行业定位

市场定位中的行业定位是指在一个整体的大环境下，选择自己的行业。在选择行业的过程中，企业会面临两种情况：首先，传统行业的企业进入电子商务行业，一般不做重新定位，他们在现有的产业链优势的前提下，会选择已有的、成型的行业体系；其次，有些经营了一段时间的企业，当想换一个行业时，也要做行业的选择，确定一个行业，这就是行业定位。在行业定位的前提下，商家普遍会选择3个大的方向：大众化定位、差异化定位、细分化定位。

1）大众化定位

大众化定位是最常见的一种定位方式，其主要的表现形式有以下4种。

（1）人卖亦卖。

人卖亦卖的定位方式往往取决于渠道和行业的限制，或者由分销、一件代发、厂家销售额限制等因素决定。很多中小商家在行业和渠道上无法突破限制，造就了这样的局面，在短期内，或者在发展初期这些情况商家是无力改变的。

（2）红海聚集。

目前，淘宝网上没有绝对的蓝海，大多数商家都在红海中聚集，形成集中竞争。例如，女装、化妆品、家居、家纺、3C配件等大类目，更是商家们看重的，因为这些大类目的市场份额大。

（3）杂货类型。

杂货类型的商家普遍是由两种原因造成的。一种是先天的，如前文所述的人卖亦卖和红海聚集，导致产品线很长，没有重点产品，这类商家共同面临的一个问题是资金周转率低，即库存量大。另一种是后天的，如一个卖化妆品的商家，在初期只有3款主打产品，在后期追加了5款产品，销量很好，但是随着客户需求的不断增加、对业绩的不断追求，最终其产品达到了102款。面对诱惑和取舍，商家往往是不理智的，最终可能会失去很多。

（4）追踪爆款。

追踪爆款型商家为克隆技术的先驱实践者。他们对于热卖品的嗅觉敏锐度处于行业的前端，有着快速的追踪能力和极强的复制能力。爆款一般在其发展期或者成熟期才会被捕捉到。生命力短暂和后续产品良莠不齐是这类商家的通病。一旦对于爆款的把握不准确，或者产品渠道发生变故，这类商家就失去了核心竞争力。

2）差异化定位

（1）理念差异化。

产品本身在理念上、文化上的不同，造就了差异化的定位，如食品类目的知名品牌壳壳果，其主打的是新鲜的理念，迅速占领了市场，和其竞争对手新农哥的性价比理念形成了差异化。壳壳果发现，很多线下销售的坚果无法满足客户对新鲜的要求。基于追求新鲜这个理念，壳壳果成为坚果类目中的特色品牌。

（2）盈利模式差异化。

盈利模式的差异化可以分为几个导向：批发、低利润、性价比、高利润。

（3）风格差异化。

从风格差异化定位入手的以服饰类目居多，其中又以服装为主流。裂帛以其"中国风"的鲜明定位占领了较大的市场份额。其产品风格鲜明，文案和视觉效果都符合产品的特色，看似小众，却"掠夺"着大众的眼球。裂帛是风格差异化定位的代表品牌。

（4）受众人群差异化。

妈妈装、老年装以中老年人为受众人群的服饰占据了女装市场的一席之地，同时，大码女装也没有淡出历史舞台，反而越来越好。受众人群差异化成为越来越多的商家走定位捷径的一种方式。

差异化包括：理念差异化，即创造一种新理念，以区别于竞争对手；盈利模式差异化，即广义的在高溢价和低利润间抢占市场；风格差异化，大多应用于风格区分较明显的类目；受众人群差异化，很多商家的产品面对的受众人群的差异很大。

3）细分化定位

市场定位以细分和突出产品卖点为核心。在电子商务市场中，细分化定位是一种较容易入手且十分精准的定位方式。淘宝商家要具体落实类目的细分，如一级类目向二级类目、三级类目的细分等。

（1）一级类目向二级类目延伸。

在大类目下专做某个唯一的二级类目的产品为细分化的第一步。例如，传统行业的毛毯巨头——真爱品牌，对其产品线做了重大调整，当将一级类目向二级类目延伸时，选择了自己最有优势的核心产品——毛毯。将某一类目冲至类目第一，成为很多对产品线有严苛追求的商家的选择。

和很多传统行业的企业进驻电子商务行业面临的问题一样，真爱美家在运营初期也存在定位模糊的问题。经过调整，真爱美家将市场二级类目中的毛毯作为切入点，迅速占领市场，成为二级类目定位和调整定位的成功典型。

（2）横纵和纵横。

横纵和纵横是细分类目未来的一个趋势，即定位会进入细分的时代、整合的时代，遵循在整合的基础上继续细分，细分过后继续整合的循环模式。其中，和田玉枣就是这一领域的杰出代表，其单品先按照大小进行细分，再进行整合，根据不同的生产时间进行再次细分，其年产值过亿元的销售额让很多同行羡慕不已。和田玉枣是按照种类、大小、星级进行细分的，同时根据包装和用途的不同进行二次整合营销。和田玉枣的横纵和纵横细分如图1-14所示。

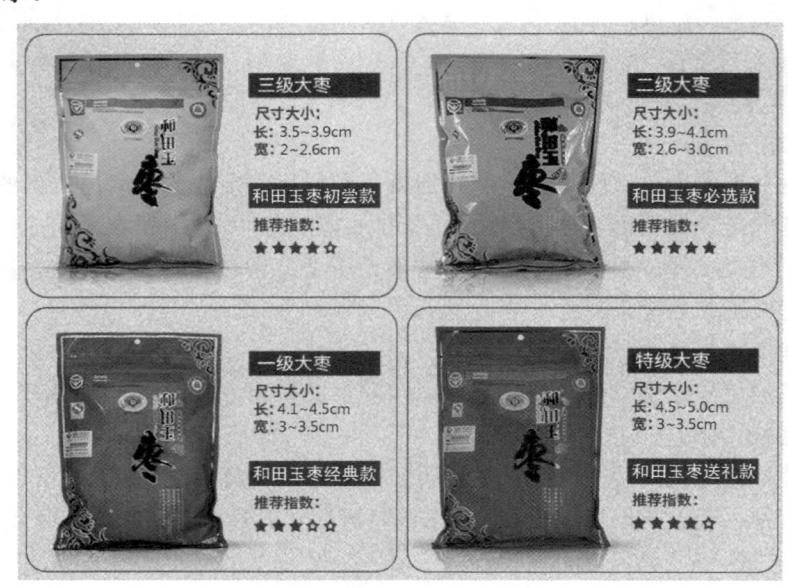

图1-14　和田玉枣的横纵和纵横细分

（3）细分风格。

细分风格在服饰类目中居多，表现形式主要为功能性的细分。例如，男裤品牌麻吉，其产品一年四季都为工装裤，将细分风格做到极致。

（4）精细化二级类目或三级类目。

精细化二级类目或三级类目在很多集市商家中最为常见，如经营丝瓜水、芦荟胶等化妆品的商家初尝甜果。精细化类目除在产品线上的缩减之外，在淘宝网上还出现了一种极致的现象，即细分至三级类目下的唯一单品。例如，某集市商家店内只有一款产品，细分到三级类目，月营业额为 60 万元，纯利润为 20 万元，甚为可观。

行业定位在差异化和细分化上已经摸索出一套属于自己的体系，其中更多的新商家或调整定位的商家选择细分化。而细分定位就是一级类目向二级类目的延伸，只做二级类目中的一个分支，做专做细，如老年装、大码女装等；细分定位也可以是一个大行业中的一部分分支，如和田玉枣、手工皂、精油等；极端的细分定位甚至只有一种或一款产品，如丝瓜水、芦荟胶等。

1.2.2 店铺定位

1. 店铺类型的定位

店铺类型的定位是战略上的开端，在哪里选择平台、在哪个平台开设店铺都成为重要的步骤。淘宝网和天猫各有优势。

店铺类型的模式选择是开店的重中之重，集市店铺和天猫店铺，无论是在宣传推广、市场份额、人群定位，还是在资源配备等方面，都有很大的差异。在选择最适合自己的店铺类型时，商家应该着重针对自己的各项优势，结合自己的资源和团队配备进行选择。当然，如今有很多企业已将淘宝网和天猫当作两个平台进行两线齐开的运作了。同时，很多集市商家也相继开创了属于自己品牌的天猫店铺。

2. 盈利模式的定位

盈利模式也能造就一个店铺的定位。部分品牌或自身有优势的产品，将高利润作为其盈利模式的唯一定位。集市商家，以批发为目的，以自有渠道等优势，迅速占领市场份额，以分销的模式增大出货量。传统线下品牌、知名品牌等迅速占领电子商务市场，提倡高市场占有率。新商家在分销平台上进货，同类同质产品居多且无核心竞争优势，多以低利润抢占市场份额。

3. 风格文化的定位

淘宝网和天猫的风格文化定位不同。天猫以其迅猛的发展势头，吸引了很多自主品牌和线下传统品牌入驻，品牌风格在天猫更为常见。2008 年后，品牌风格迅速发展，天猫抢占了大量的电子商务市场份额，更多淘品牌进入人们的视线。

淘宝网上有着很多商家，其庞大的市场规模和市场占有率是其先天优势。大多数的淘宝集市商家以售卖产品为目的，少数商家以品牌为最终追求的目标。淘宝网和天猫的最终目标都是占领电子商务市场。

4. 目标客户群体的定位

目标客户群体的定位可以细分为多个维度。例如，针对性别的定位有男性、女性。而除了人群，还有年龄、职业、场景、风格等不同的定位维度。

1）性别

商家需要明确目标客户群体的性别，或许很多人觉得这是一句很好笑的话。其实，本意是商家需要了解真正为此付费而形成购买行为的人是谁。例如，男装的目标客户群体就是男性群体吗？相关数据显示，40%的男装购买群体为女性群体；而经营母婴用品、老年装、保健品等产品的商家，更需要在目标客户群体的性别上仔细斟酌。

通常，在性别的选择上，除了产品本身的定位，一些居家使用、装饰用途的产品也需要有性别定位。而对于特殊的产品，如儿童用品，商家是否需要明确目标客户群体的性别？显然，儿童用品的目标客户群体通常为女性群体，因为实际购买儿童用品的不是儿童，而是女性群体。

2）年龄

很多商家认为自己的目标客户群体是 18～35 岁的女性群体，或者 25～35 岁的女性群体，其实不然。我们仔细分析一下目标客户群体的年龄段：首先，18～23 岁的目标客户群体大多为在校学生，有一定的消费基础，花的是家长的钱，所以他们在低价和高性价比上有较高的追求，其中也有人喜欢购买昂贵的产品；其次，24～28 岁的目标客户群体为刚刚走出校门或处在升职期的年轻人，他们往往需要构建家庭，在普通人的理念中，这部分人是最有消费能力的，但是多方数据显示，迫于家庭的压力等，这部分人的消费能力略有下降；再次，29～35 岁的目标客户群体，在为父母、子女购买产品时，会偶有大手笔的投入，其消费能力呈现上升趋势；而 36 岁以上的目标客户群体，因网络使用问题，其消费能力略有下降。

在服饰方面，女性平均每 3 年为一个社会角色的转变期，女性年龄层次可以细分到每 3 岁为一个年龄段，而每个年龄段的女性对服饰的需求和喜欢的风格不同。

3）职业

目标客户群体的职业不同，定位也有所不同。不同职业的目标客户群体对产品文化的追求、对品牌附加值的心理追求等不同。目标客户群体的收入水平对产品的定价策略和店铺的盈利模式具有决定作用。例如，收入水平较高的白领或金领人群，他们具有一定的消费能力，针对这样的目标客户群体，产品的定价可以相对偏高；收入水平相对较低的目标客户群体更加追求产品的性价比，针对这样的目标客户群体，产品的定价就要相对较低。

4）场景

有人曾经做过这样一个实验，根据女性在社会中的不同地点、不同场合、扮演的不同角色，进行场景定位。例如，某女是管理层的职业女性，是高端消费人群的代表，但是她可能在生活中是一个小女人，因此商家需要进行差异化定位，将产品进行场景分类。在经过这样分类后，类目页面的点击量占到了全页面点击量的 30%～40%，类目页面的转化率比单品搜索的转化率提高了近 1 倍。户外、家居、家纺、化妆品等类目也是一样的情况。在办公场景中，人们更追求产品本身的功能性和观赏性，除此之外，对于品牌的追求也成为人们工作之余的谈资；而在生活（娱乐、休闲、旅行等）场景中，人们会追求产品的舒适感、实用性等。

5）风格

这里所说的风格定位是指目标客户群体的风格定位，或者产品本身的风格定位。

风格反映的附加值或价值包括 3 个方面。一是时代的特色，如在 20 世纪六七十年代，人们追求质朴、实用的风格；在八九十年代，人们追求时髦的风格；在 21 世纪初，数种风格并进。二是材质和技术的区别性,不同材质或技术所带来的风格要符合目标消费者的审美标准。三是在消费水平日益提升的今天,人们对于心灵的追求、对于产品本身文化的追求、对于品牌赋予产品的生命力的追求。目前,女装类目的风格出现了 46 种,而主流的服装风格有 18 种,分别是瑞丽、嘻皮、百搭、淑女、韩版、民族、欧美、学院、通勤、中性、嘻哈、田园、朋克、OL、洛丽塔、街头、简约、波西米亚。

文化塑造产品定位,文化除了在店铺的装修上有所展现,还在包装上有所展现。

5. 如何调整店铺定位

某化妆品店铺成立于 2005 年,信用等级为四皇冠,日均销售额在 2000~4000 元,始终呈现销量递减的趋势。该店铺尝试了多种方法都没能改变其现状。2011 年 10—12 月,该店铺开始着重调整产品线,通过产品线"瘦身",将 146 款单品删减至 30 余款;整合产品线,将整体销售的产品进行统一包装,如将手工皂包装成数只装、高端包装、不同用途的包装等,以提升客单价;更替产品线,将一些没有销量的产品替换成类似的有销量的产品。截至 2012 年年初,该店铺的日均销售额近 1 万元,并持续增加。

产品线过长在实际运营中会造成诸多问题,如资金周转率低、人工成本高、推广成本高、店铺内无重点打造的明星单品。

调整店铺定位,通常为调整店铺的产品线。店铺在面临转型期、盈利模式变更期、品牌化的升级期时,都会面临定位的调整。调整店铺定位大致分为:产品线"瘦身",即只保留现有热卖产品、核心竞争力产品、市场相对空白的产品等;产品线更替,这是较大的变动,往往需要天时、地利与人和,因为牵一发而动全身。

如何判断商家的定位是否正确?我们可以利用生意参谋,当发现目标客户群体的客单价与定位严重不符时,或者发现购买产品的客户群体和商家定位的目标客户群体的年龄段发生严重偏差时,就说明商家的定位错了,需要调整。

任务 1.3　确定产品

1.3.1　产品规划

1. 产品规划的概念

产品规划就是根据市场分析、竞品分析、产品测试分析的数据结果,以及企业的营销目标、策略,规划各类产品的结构占比、各款产品的定价及营销定位,指导产品的组织及生产。

产品规划的目的是通过数据分析,明确消费者的产品需求,组织产品的开发及生产,从而降低产品的滞销率。

2. 品类规划的方法

1)类目覆盖

通过分析市场,企业可以了解消费者需要什么产品。这里以一个二级类目下的细分品类数据为例,如图 1-15 所示。

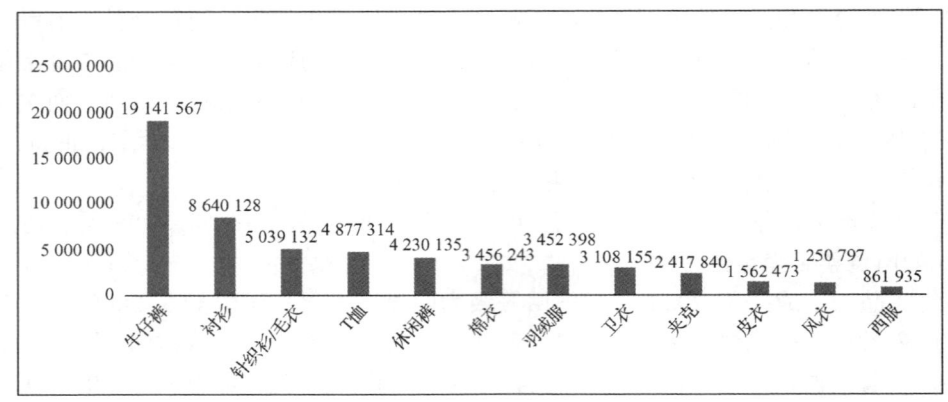

图 1-15 2016 年 11 月男装成交量分布（单位：件）

在实际进行产品覆盖时，要做到全品类覆盖往往不太容易，因此企业可以选择覆盖重点品类。然而，企业应该覆盖头部市场，还是覆盖长尾市场，需要根据行业的实际情况来分析。

根据价值洼地理论，越是靠前的头部市场，其价值往往也越大，这种高价值的细分品类也是头部企业的必争之地，市场竞争非常激烈；而靠后的长尾市场上的竞争相对较弱。

一般来说，竞争力相对较强的企业可以选择头部市场作为重点覆盖品类，它们结合自身的品牌度及营销能力往往可以在红海市场中占有一席之地。但是一些中小型企业进入红海市场，面对相对比较激烈的竞争明显是不合适的。笔者建议中小型企业选择长尾市场作为重点覆盖品类进行突破，在逐渐成长后寻找机会切入头部市场。同时，企业还要注意产品的品牌定位，即品牌在消费者心中的形象。最终，企业结合市场成交额、企业竞争力、品牌针对人群等信息，确定首先要覆盖的子类目，形成产品类目覆盖。

2）属性覆盖

在完成产品类目覆盖后，企业还需要对覆盖的每个类目进行属性覆盖，因为每个类目都有很多不同的属性。在同一个类目下的产品，其某个属性不同，就会有极大的差距。例如一件毛衣，在款式这个属性中，"套头"和"开衫"这两个属性完全不同，其产品也截然不同。因此，企业首先要了解所覆盖的每个类目的属性有哪些。男装衬衫类目的属性如图 1-16 所示。

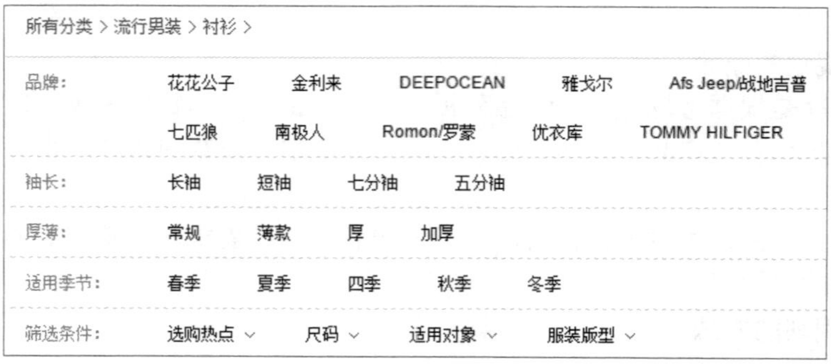

图 1-16 男装衬衫类目的属性

在这些属性中，企业要区分出关键属性和非关键属性。所谓关键属性，是指那些让产品出现明显差别的属性。例如,在男装衬衫这个类目中,"袖长"就属于关键属性,而"尺码"等一些属性则属于非关键属性。在做产品规划时,企业要参考市场分析得到的属性成交额分布数据。有些企业根据自己的想法、猜测来进行产品规划,这样就有很大可能在市场需求极大的类目中规划出一个不受消费者青睐的产品。

从关键属性覆盖的层面上说,在资源预算充足的情况下,企业要对关键属性的最优属性进行覆盖;对于主力品类,也可以采取多属性覆盖策略,增强单个品类的竞争力。当然,在类目足够大的情况下,企业也可以用长尾思路去切入末端较小的关键属性市场,但是一定要思考这个关键属性成交额相对较少的原因。如果是因为产品的升级换代或者消费者抗拒某类属性,那么笔者建议企业不要覆盖这个关键属性。如果消费者的接受能力没有问题,只是因为市场的推动力不足,那么企业可以对这个关键属性进行覆盖,形成缝隙市场,进行突破,或者将覆盖这个关键属性的产品作为品类下的第二梯队产品。

企业在产品类目覆盖的基础上,结合经营策略,针对这些覆盖的目标类目进行关键属性的覆盖,最终形成产品类目覆盖表、属性覆盖表,这时产品规划就比较明确了。

3)系列规划

企业分析完子类目成交额分布及子类目下的关键属性的成交额分布,就完成了产品的类目覆盖及属性覆盖,整个产品开发的布局也已经明确。接下来,企业要对现有的产品进行开发布局,将产品系列化。基于目前市场的多样化、个性化需求,产品线也要系列化,以便于精准覆盖消费者的需求。在零售市场中,一款产品吃遍天下的案例比比皆是,而在电子商务市场中,信息对称度极高,消费者的选择更多,精准匹配消费者需求的产品线将会具有更强的市场竞争力。

3. 产品定位

网店的产品是营销之本,网店的差异化需要通过产品的差异化来实现。而要体现产品的差异化,归根结底就是要做好产品定位。

1)引流款产品

顾名思义,引流款产品就是网店的主推产品。

将产品定位为引流款,就意味着这个产品就是网店最大的流量来源通路。可以作为引流款的产品,一般为大部分消费者能接受的、非小众的产品,因为这些产品的转化率高。

企业在选择精准的引流款产品时,要做好数据的测试工作,应选择转化率高、地域限制较少的产品。企业要观察产品的数据,在初期可以给予产品较少的推广流量,在经过测试后,再稳步增加。

2)利润款产品

将产品定位为利润款,就是要让此产品为网店带来更多的销量和利润。

利润款产品对数据挖掘的要求比引流款产品高,企业在选择利润款产品时,应先锁定目标人群,精准分析目标人群的爱好,利润款产品的目标人群应该是某一特定的人群,如一些追求个性、追求潮流的人群;然后考虑产品的款式、卖点、设计风格、价格区间等多方面的因素,做出决定。

目标人群要选得精准,推广也要精准。企业可以通过少量的定向数据测试,或者通过预售产品等方式对产品进行调研,以做好供应链的轻量化。

3)活动款产品

企业在选择活动款产品时,要明确活动款产品要达到的目的是什么:是清库存、冲销量,还是体验品牌。目的不同,操作方式就不同。

(1)清库存。

以清库存为目的的活动款产品,多是一些款式陈旧或者尺码不全的产品,虽然牺牲了消费者对产品的体验感,但低价是对消费者最好的弥补。

(2)冲销量。

网店想要获得更多的利润、提高知名度,冲销量就是一种不得不采取的方式。以冲销量为目的的产品,最好是一些大众喜欢的产品。

(3)体验品牌。

在淘宝网和天猫平台上,很多活动款产品的销量是不计入主搜排序的。活动款产品只作为让消费者感知品牌的一个渠道。活动款产品应该是大众款产品,且折扣较低,让消费者看到基础销量的价格与活动价格的差距,从而产生购物冲动。

同时,网店还要做好后续的售后跟踪,提升活动后的产品复购率。注意:那些因贪图便宜而购买产品的消费者,一定不是终端的目标消费者。活动产生的复购仅仅为一小部分,而给购买过产品的消费者提供优惠及福利,是做活动的另外一个理由。

4)形象款产品

形象款产品的作用是提升品牌的形象。它能让消费者停留与产生期待,却不是所有消费者都有能力消费的。因此,形象款产品应该是高品质、高调性、高客单价的小众产品。形象款产品只占网店产品的极小部分,网店只需设置3~5款形象款产品即可,应该把重点放在前面提及的3款产品上。

总之,想要做好产品差异化,企业就要对网店的产品进行定位(引流款产品、利润款产品、活动款产品和形象款产品),只有不断提高产品的转化率,才能让网店获得更多的销量。

 想一想

什么是产品定位?

1.3.2 货源选择

1. 进货方式

1)玩票探路

出售闲置物品、少量进货兼职开店、代销都属于玩票探路方式。通过体验,我们可以初步判断开网店的前景,并根据探路的情况来决定是否要将开网店作为自己的事业。

(1)出售闲置物品。

出售闲置物品是最简单易行的方式。该方式不存在选择货源的问题,只要是自己现有的并愿意拿出来卖的物品,都可以成为网店的产品。若能卖出去,则一方面可以化"腐朽"为现金,另一方面可以有一个途径减少自己的闲置物品,一举两得,何乐而不为呢?开这种网店的人基本上不存在任何压力,心态也会相当轻松,可以不计结果,只求尝试的过程。当然,也确实有成功的商家是从出售闲置物品开始的,所以这种探路式的网上创业也是可以尝试的。

（2）少量进货兼职卖。

这种方式需要进货，一般是少量进货。开这种网店的人常常本着"卖得出最好，卖不出自己用"的心态。开这种网店的风险小，特别是对那些天天跟计算机和网络打交道的人来说，利用现有资源开网店，可以多一份收入。但是开网店需要花费工作以外的时间和精力，想做得好，可能会很辛苦。当然，如果我们用心做，就有可能成为专职店家。

（3）代销。

采取代销方式，我们不需要进货，也不需要发货，所要做的只是将产品销售出去。我们只要找到实力比较强、店铺比较大、有代销需求的上家，谈好利润分配和提成标准，就可以销售他的产品。

做代销，我们需要找到一个信用有保证的大商家，因为我们看到的仅仅是一张图片，对产品没有太大的把握，却要把它推销给其他人，存在一定的风险，而且让商家提供代销，是需要协调和机会的。

以上 3 种是比较常见的玩票探路方式。通过这些方式，如果你认为自己在电子商务行业中会有很好的发展，或者说兼职已经做得很不错了，那么可以考虑全职去做，扩大经营。有很多成功的大商家都是从兼职起步，凭着自己的执着和努力，获得成功的。

2）寻找货源

（1）自身的货源。

自身的货源就是不用进货，靠自己的创意和手艺制造的产品。例如，手工制作的毛衣、裙子、小布鞋、小玩偶、项链、刺绣作品、画、书法作品、食品等。但是这些产品需要具有一定的水准。

（2）需寻找的货源。

大多数人没有现成的资源而需要寻找货源。寻找货源可以从几个方面着手：自己的兴趣和能力、产品的获取途径和可行性。

寻找货源要从自己的兴趣和能力出发，尽量回避自己不熟悉、不擅长的领域。因为对于自己不熟悉或一无所知的产品，我们很难成功地将其推销给别人。

例如，很多女性想要开一家服装店，这常常是兴趣使然，但存在几个问题：是否具备一定的眼光？是否有一定的时尚敏感度？兴趣可能谁都有，但是能力（一定的眼光和一定的时尚感知度）不是谁都具备的，这就不难解释为什么有的服装店红红火火，有的却冷冷清清了。

还有一些比较专业的产品，如乐器、古玩、软件等，商家具备一定的能力才能经营，所以兴趣和能力仅仅是选择产品的最初条件。

另外，产品的获取途径也很重要。即使商家对某种产品有兴趣，也具备专业能力，但没有途径得到货源，也是无法做成的。

自己的兴趣和能力、产品的获取途径都具备了，商家还要考虑这种产品在网上有没有市场、需求有多大，即产品的可行性有多大。商家开网店的最终目的是盈利，如果不能实现这个目的，网店就不能算成功。

（3）创意的货源。

并不是所有产品都是看得见、摸得着的。你有没有想过卖点子、笑话、婚庆服务、西点制作技巧等这些产品呢？

2. 进货渠道

在确定要经营的产品后，商家还要确定进货渠道。进货渠道直接关系到网店能否成功地开起来。进货渠道主要有以下几个。

1）厂家

优点：货源充足，价格较低。缺点：要求的起批量大，容易压货；换货麻烦，服务滞后。

从厂家进货最大的优势是进价较低，因为没有经过批发商的中间环节，但是，对刚起步的商家来说，直接从厂家拿到货的机会并不多。因为大多数厂家不屑于与小规模的商家打交道，厂家面对的主要是进货需求量很大的一级经销商。厂家要求的起批量非常大，以服装为例，厂家要求的起批量至少为100件甚至1000件，若进货量达不到起批量，商家就拿不到最低价格。而进货量达到起批量，会造成较大的资金压力，而且容易造成产品积压，风险很大。

2）批发市场

优点：品种丰富，服务周到。缺点：价格偏高，信用不明。

对初次开网店的商家来说，批发市场是较实用的进货渠道，因为它包容性大、要求低。全国各地都有自己的批发市场，不同种类的产品也有自己特定的批发市场。批发市场的产品种类繁多，商家可选择的范围较大，产品起批量较小，因为批发商也要争取客户，所以其售后服务比较到位，还可提供退换货等服务，这对刚起步的商家来说都是比较有利的。

由于批发市场的店铺多、产品品种多，批发商的诚信及产品质量也良莠不齐，初入批发市场的商家在进货的过程中要有一个摸索的过程，慢慢找到产品的质量和价格及自身的诚信等都比较优秀的批发商。因此，初入批发市场的商家最好先通过小批量合作摸清情况，再进行大规模的合作。

商家从批发市场进货需要注意的一些要点如下。

（1）多逛多看，做到心中有数（对批发市场的整体分布有大致的了解，对同类产品店铺的不同特点有所掌握）。

（2）批发商的态度和服务比价格更重要（在价格差别不大时可以忽略价格，选择态度诚恳、正直守信的批发商；注重能否退换货，因为这关系到能否长期合作及能否合作愉快）。

（3）批发商的推荐可以参考，自己的主见更要坚持。

（4）新的产品可以小量进货（没必要同款大量购入），根据销售情况决定是否进行二次进货及二次进货量。

（5）选择货源稳定的批发商，建立长期、稳定的合作关系。

3）1688

优点：途径便捷，产品丰富，可使用支付宝支付货款，信用有保证。缺点：有些有进货量的要求，产品质量存在风险。关键点：推广、洽谈。

商家从1688进货的主要优势在于便捷，不需要奔波劳累，在家中便可进货。商家可以用淘宝账号直接登录1688，搜索并选择产品，用阿里旺旺与供货商沟通，整个过程足不出户即可完成。1688上有大量的厂家、公司，它们提供了丰富的产品，商家可以使用支付宝支付货款，安全有保障。商家选择与诚信通会员合作，可使交易更有保证。另外，大部分供货商都可以提供产品图片数据包，这也解决了图片处理的问题。而且淘宝支持商家从1688

进货，会不定期地针对从 1688 进货的淘宝会员做推广活动。

4）品牌代理商、经销商

优点：产品的品牌价值、销售有保证，店铺专业。缺点：进货途径少，产品较难获得。能获取某个品牌的代理销售权，对经营网店来说是一个先天优势。

3. 产品选择

在确定进货渠道之后，商家接下来要做的就是进货。商家在产品选择上需要把握细节，因为这关系到生意的好坏。

1）价位

商家应根据店铺价位来选择产品。产品按价位可以分为低价跑量式、中档大众式、高档精品式 3 种，同类产品也会有不同的价位，相应地，其在质量或其他因素上也存在一些区别。不同合作模式对应不同的进货价格，在协商价格时，商家要适当议价，切忌死缠烂打，保持给供货商的良好印象是合作的基础。商家要灵活，如可与供货商协商根据销量变动折扣、销售返点等。

2）数量

商家在初期进货时，应该尽量多选几款产品，每款产品的数量可以少一些。产品款式多可使店铺看起来产品丰富，让客户认为有挑选的余地，从而产生挑选的兴趣。商家在刚开店时，对客户需求的把握不足，应避免同一款产品进货太多，以免造成积压，不利于及时更新产品，从而造成恶性循环。

3）市场需求

商家在进货时还要考虑市场需求，要考虑自己进的货是不是目前流行的、是否适合目前的季节、是否能满足客户的需求。商家应在对市场进行全面了解和分析后有根据地进行进货，而不能凭自己的兴趣想进什么货就进什么货。

4）质量

在进货时，产品质量的把关是一个非常重要的环节。产品质量的好坏在经营中起着决定性的影响。如果产品质量不过关，就会在销售中产生很多麻烦。因为开网店并不是把产品卖出去就可以了，商家还要做很多后续的工作，包括售后服务等。客户对所购买产品的质量是非常挑剔的，若对产品质量不满意，则有权要求退换。一款质量有问题的产品，会使商家陷入无休止的退换货纠纷当中，这对生意是极其不利的。因此，商家在进货时要把好质量关，防患于未然。如果商家在进货时觉得某款商品不错，但是在销售过程中，客户不断反馈对这款产品质量的质疑，或者不断有退换货情况出现，那么商家应及时将这款商品下架，停止销售。

5）持续优化

在与供货商交往的过程中，商家要注意持续优化双方的合作关系。在发现问题时，商家要及时解决，让双方的合作关系不断融洽、升级。

对开网店来说，货源是关键，找到好的货源是开好网店的第一步。

成功实战派

细数 10 个小而美的淘宝店铺

小而美出自马云对淘宝的战略规划之 100 万个 100 万，即 100 万个年销售额 100 万元的小而美店铺。小而美可以是经营方式的创新，可以是满足某个群体认同的需求，可以是店长个性化的诠释需求，也可以是让消费者感动的独特服务……

【定位篇】

1．海伶山珍：舌尖上的土特产

早在 2009 年，农产品电商意识还未兴起时，海伶山珍就走上了土特产的细分道路：食品中的土特产，土特产中的青川野生土特产。海伶山珍把"山里人的货"搬到线上，2012 年的年销售额达到 350 万元。销售额增长也许并不算特别快，但该店铺已经拥有几万名老客户。

海伶山珍能够走到今天，很大一部分原因是口碑的传播。店主赵海伶专门开通了博客，她把每次进山取货的图片放到博客和店铺的首页及产品的详情页上（见图 1-17），所有图片都让消费者感受到了现场的真实感。其博客开通没多久，其博文的点击量就超过了 30 万次，消费者对这些信息的敏感度可想而知。此后，海伶山珍的官方微博、赵海伶的个人微博上也常常出现赵海伶进山取货的图片。

图 1-17　海伶山珍

赵海伶较早地给店铺注册了商标，对店铺产品进行统一包装，并在店铺中添加食品流通许可证、产品生产许可证，让消费者感受到店铺产品品质的保障，在一定程度上拉高了竞争门槛，避免店铺陷入同质化、价格战的混战中。

2．A&I 女包：材质小而美

目前，市场上的包包材质主要为皮革、PU（聚氨酯）、布料、PVC（聚氯乙烯）、塑料等，将汽车安全带作为包包的制作材料，对大多数人来说是很新鲜的事。事实上，在 2006 年第一款安全带包就已经问世。A&I 是我国第一个申请安全带包专利的品牌，A&I 女包如图 1-18 所示。

图 1-18　A&I 女包

用安全带做包包，会好看吗？细分市场的盘子究竟有多大？又有多少消费者能够接受这样的创意？这对专门销售安全带包包的A&I旗舰店来说，是需要面对和尝试解决的问题。

安全带包，最大的亮点便是安全带，安全带的优势在于结实、牢固，也让人有一种笨拙、不够洋气的感觉。A&I旗舰店有专门的设计团队和专业的设计师，在包包的款式、视觉的设计上，都采用了绚丽的色彩，每款包包的编织方式都不一样，可谓物尽其用。A&I旗舰店每季度都会推出新的款式，但不变的永远是材质。这些都在一定程度上改变了消费者对安全带的成见。A&I旗舰店在产品的详情页上多处突出了包包的工艺和品质、质量和环保性。A&I女包从材质上和皮包形成了错位竞争。

3. 伦芭童装：专注花童礼服

在各大品牌和平台争相抢占母婴市场的环境下，细分化似乎是中小商家不错的出路。天猫伦芭旗舰店是较早走上童装细分道路的店铺。该店铺主营女童的生日、宴会、舞台等各种场合的礼服（见图1-19）。其产品定位为1~1.5米的女童的夸张的公主服装。自上线以来，该店铺基本靠妈妈们的口碑传播。好处：一是其产品的功能性决定了产品的淡旺季没有一般服装那么明显；二是该店铺适合在QQ群、微博、微淘、帮派等SNS社区（Social Networking Services，社会性网络服务）做推广；三是在做付费推广时，该店铺可精选直通车长尾词，竞价偏低且效果好。

图1-19 伦芭童装

【文案篇】

4. 木木三：走心的文艺店铺

金冠女装店铺、夏装产品的售价基本在50元以下，凭这两点，大多数人都会认为这是一家销售低价产品的店铺，DSR肯定很低。当看到这家店铺的好评率接近100%，各项DSR均高于行业40%以上时，你一定会想知道这是一家什么样的店铺。用一些网友的话来说，这家店铺就是一个奇迹，店主"三哥"更是一个奇迹。

对于低价走量的女装店铺，消费者的感觉普遍是不好的，但木木三之所以能与其他低价走量的店铺不同，关键在于其产品的物美价廉和高性价比。当然，店主"三哥"也功不可没。

"三哥"是一个文艺女店主，犀利有个性，在店铺中写了一些真实且用心的文字，通过豆瓣和这些文字吸引来一批客户，用性价比超高的"白菜价"产品，牢牢"黏住"这些客户，这些客户又口口相传，为店铺带来更多客户。木木三女装如图1-20所示。

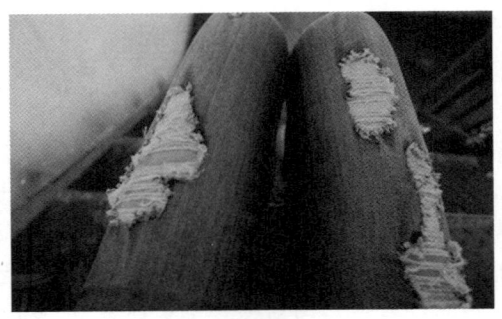

图 1-20　木木三女装

5．乔丢丢：文艺撒手铜

走腔调、走文艺，在淘宝女装市场中早已不是什么新鲜事，只要能从众多的文艺范儿里走出自己的特色来，就能吸引特定的消费者。

乔丢丢原创女装店铺的首页以文艺风的报纸排版形式呈现（见图1-21），如设置了"头条""号外"等栏目。同时，每款产品的卖点也很突出，如"恋恋和风""黑色幽默""矛盾体""野孩子"等。

图 1-21　乔丢丢原创女装

该店铺通过这些文字的诠释，赋予了每款产品不同的个性和生命，并辅以成篇的文章去解析产品。该店铺具有旧报纸的质感和复古文艺范儿，不落俗套。

【服务篇】

6．叁陌绽放：100%的店铺好评率是如何炼成的

不设阿里旺旺、不亮灯，全场自助购物，店铺每周二上新，每次 16 件——叁陌绽放看似有点"拽"，但从开店以来，一年升皇冠，两年升三皇冠，且始终保持着100%的店铺好评率，如图 1-22 所示。

有着森女范儿的叁陌绽放，没有客服，产品不多，却能让进入店铺的消费者感受到舒适。就像店主说的："我们是一家不开阿里旺旺的自助购物店，在万千店铺中，希望保守一份不同。员工不要太多，但要像家人一样；产品不要太杂，但要让消费

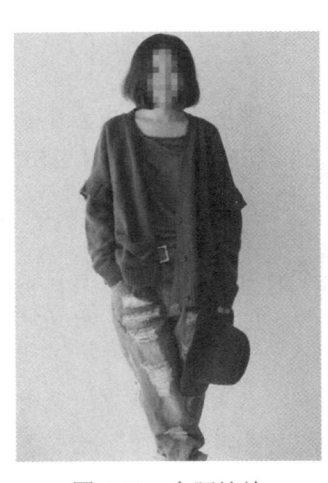

图 1-22　叁陌绽放

者真心喜欢；发展不要太快，能时常回头望望来路……"

与其去做一些难以处理的服务，不如专注把产品做好，这样消费者才会真正喜欢产品，从而产生口口相传的口碑效应。当然，这并不意味着可以忽略消费者的需求和体验，对于消费者的退换货、各种疑问，店铺都会在第一时间处理。同时，店铺还会给消费者送上各种明信片、小礼物等，通过这些贴心的服务，让消费者买得自在。

【原创篇】

7. Elwing：模特店主湿定制

一进入 Elwing 店铺的首页，我们就可以看到满屏的漂亮图片，完美的穿搭、时尚的造型、超赞的外景，不禁让人感慨：不愧是专业的！所谓背靠大树好乘凉，Elwing 的一位店主是瑞丽的人气模特，自然能给店铺带来超高的人气。而另一位留学法国的设计师女店主，则为店铺带来了独家设计的产品，如图 1-23 所示。

图 1-23 Elwing 女装

一位是瑞丽的人气模特，一位是留学法国的设计师，可谓将店铺的复古和时尚风格结合得相当完美。除了模特漂亮，店铺的服装搭配、视觉设计、图片拍摄都会让消费者流连忘返。同时，店主会把店铺的衣服赠送给其他瑞丽模特、时尚达人或者主持人等，通过关键意见领袖进行传播，获得一批忠实粉丝。

Elwing 的优势，对大多数淘宝店主而言是很难模仿和复制的。但大多数淘宝店主可以学习的是，Elwing 的定位明晰，坚持复古小女人风格；价位中端，每款衣服都是店铺的原创设计，是独一无二的，200 元左右的价位，易于被消费者接受。

8. Saint Moi：中小商家也开实体店

这家定位原创设计快时尚潮流女装的淘宝女装店，于 2009 年开店，由店主自己设计衣服，由广州本地的工厂代工生产。网店大概每半个月上新 20 款衣服，一个款式卖完了，一般不会补货，很多消费者抱怨买不到自己看中的衣服。为满足消费者及时性的要求，Saint Moi 从 2011 年起，陆续在上海、成都、杭州开了实体店（见图 1-24），都位于小区内。线上与线下互补，消费者有了双重渠道可以选择，对于网上售罄的衣服，消费者可以到实体店购买。

店主将实体店设计成与品牌形象相符的简约风格：客厅被装修为服装展厅，并配有个性化的设计和柔软的沙发；一间卧室被改造成试衣间，穿衣镜覆盖一面墙壁，地上铺了厚厚的一层地毯，消费者可以一次拿 10 款衣服进去试。这一切，就像有店员拿着衣服上门服务一样，让消费者充分感受轻松、随意的购物环境。

图 1-24　Saint Moi 原创设计快时尚潮流女装

在享受一对一服务的同时，消费者还能听到专业、有效的衣着搭配建议。为保证每个时间段只接待一位或同一拨消费者，消费者来实体店体验前必须通过电话或私信预约。这样一来，Saint Moi 巧妙地将微博营销和饥饿营销结合起来，更多的等待订单在微博上被展现。当你看到某家店铺前大排长队时，是不是也有想进去消费一番的冲动呢？

9．螃蟹秘密：创意视觉带来的惊喜

如果问是什么让螃蟹秘密一路前进，那么创意的视觉设计功不可没。螃蟹秘密凭借极佳的视觉表现力赢得了淘宝扶持计划精品网货的青睐，参与了 3 期主题推广活动，其销售额一路突飞猛进，如图 1-25 所示为螃蟹秘密的活动宣传图片。

图 1-25　螃蟹秘密的产品图片

图片并不是一个店铺的关键，但是一张好的图片绝对能让店铺更上一层楼，螃蟹秘密就是如此。例如，螃蟹秘密的宣传图片中，将内裤的透气性转化为内裤的呼吸，一张极具表现力和震撼力的图片就这样诞生了，而且这图片还火了！从开店首日的 55 元销售额，到单日 47 000 元的销售额，螃蟹秘密仅用了一年多的时间。

10．花笙记：传统也能引领时尚

看多了千篇一律的男装款式，花笙记很容易让人有眼前一亮的感觉，如图 1-26 所示。

花笙记唐装融合了中国传统工艺与时尚设计,成为能被年轻人接受的唐装。尽管花笙记的定位偏高端,但它依然备受年轻人的推崇。

图1-26　花笙记

花笙记能在众多男装品牌中脱颖而出,很大原因在于其独特性。唐装本身是一个比较小的类目,花笙记改良的唐装,不仅传承了民族传统的文化,还激发出了传统男性刚韧、坚毅的特性,在款式和精神层面上都俘获了男青年的心。

一千个人眼里,有一千种小而美,但大家的共同点是细分、精准。找到特定的消费者,做好特定的产品和服务,你就是小而美。

经典实训

实训 1.1　本地区电子商务发展状况调研

实训目的

通过从网上搜索相关资料,学生要了解本地区电子商务发展状况,为自己开网店做好市场调研并寻找产品资源。

实训内容与步骤

请登录阿里巴巴中国站,调研你家乡所在省、地区的企业的电子商务发展状况,将调研结果填入表1-1中,并对调研结果进行必要的分析和判断。

表1-1　_____地区企业的电子商务发展状况对比分析表

调研时间:_____　　　　　　　　　　　　　　　　　　　　　　　调研人:_____

调研范围	注册企业/个	占全国百分比	诚信通用户/个	占全国百分比	诚信通用户转化率
所在省					
所在地区					
调研结果					

实训提示

在调研时,学生要重点分析上规模的商家,了解商家的经营产品品类、销量、信用等。

思考与练习

通过本次调研,请你回答下列问题。

(1) 本地区在网上销售的产品有哪些?

(2) 本地区在网上销售的产品中最有优势的产品是什么?请结合当地的实际情况分析原因。

实训 1.2　网店定位和消费群体分析

实训目的

通过查看网店的相关资料,学生要学会分析网店定位及消费群体情况。

实训内容与步骤

(1) 进入一家网店首页,查看开店时长(推算创店时间)及店铺所在地,如图 1-27 所示。

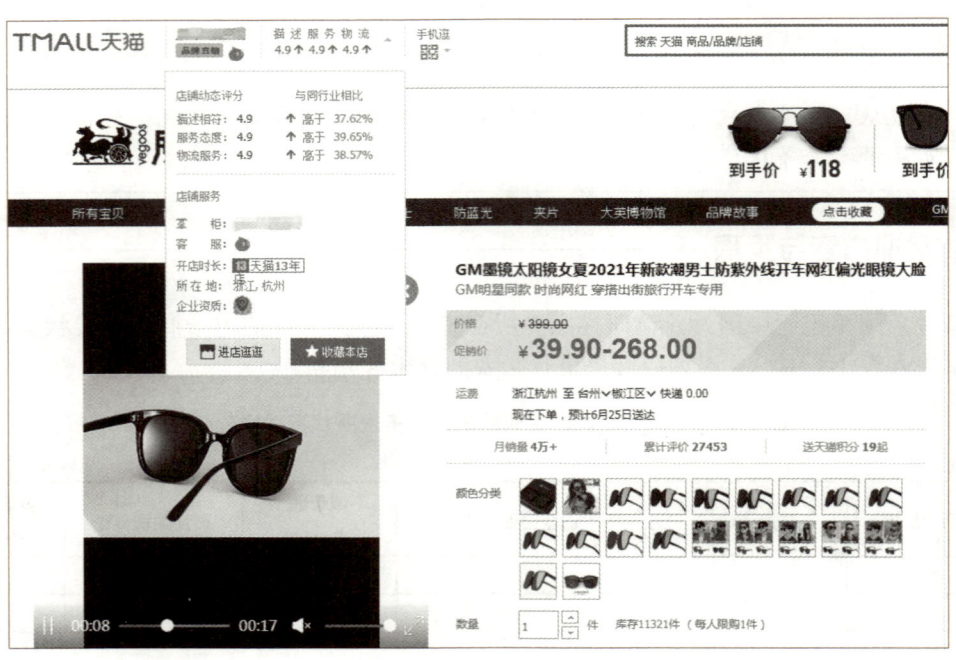

图 1-27　某网店的首页

（2）进入信用评价自定义页面，查看店铺半年内动态评分、店铺 30 天内服务情况，如图 1-28 所示。

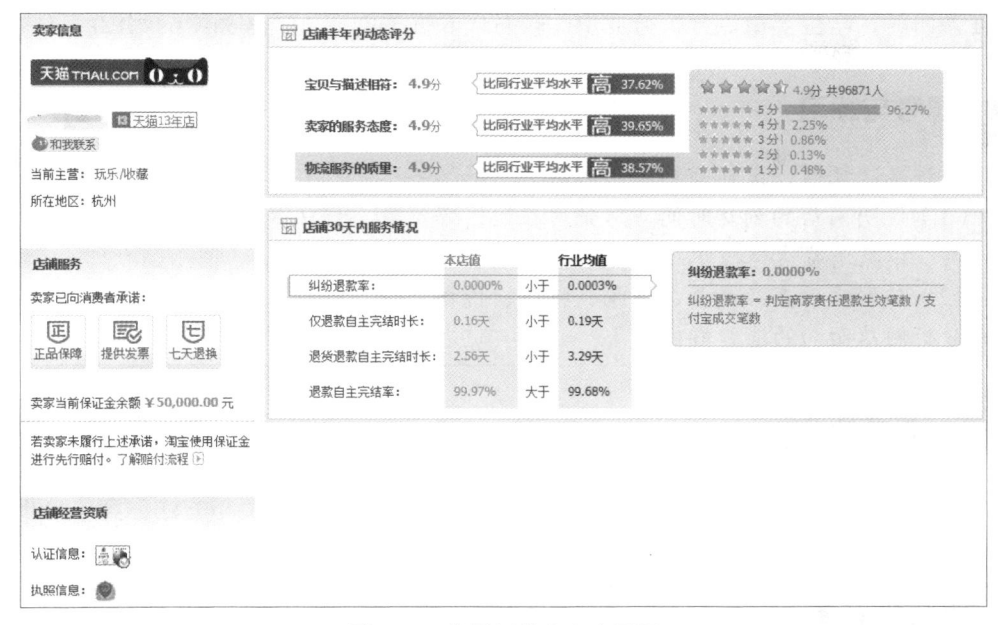

图 1-28　信用评价自定义页面

（3）进入所有宝贝页面，并按销量排序，如图 1-29 所示。查看总销量比较多的宝贝（对商品的称呼，后文同），并分析这些宝贝针对的消费群体。

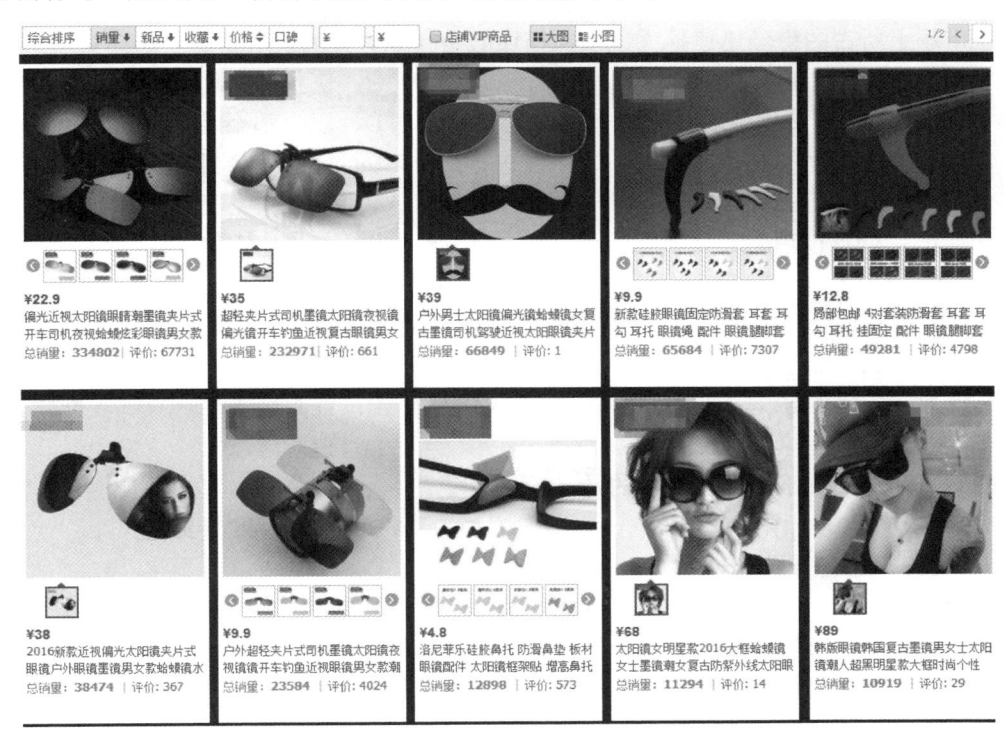

图 1-29　所有宝贝按销量排序的结果

实训提示

在调研时,学生要重点分析行业中比较有代表性的网店,了解商家的定位。

思考与练习

通过本次调研,请你回答下列问题。

(1)说明网店的创店时间、店铺所在地、评价数、好评率、实物与虚拟产品的评价比例,以及消费者保障承诺履行情况。

(2)从网店的产品数量、结构、特性、价格定位,以及装修风格、评价内容等方面来分析网店面向的消费群体。

项目小结

本项目的内容包括:市场分析的概念与目的、市场分析的维度与方法;竞争分析的概念与目的、竞争分析的维度与方法;市场定位;店铺定位;产品规划;货源选择。

项目测试

1. 单项选择题

(1)行业头部品牌的市场份额趋于稳定,但是中部或腰部品牌通过差异化的产品及服务,在市场上所占的份额迅速扩大。以上描述的是(　　)的发展状态。

A. 散点式市场 B. 块状同质化市场
C. 团状异质化市场 D. 以上都不是

(2)和田玉枣是按照种类、大小、星级进行细分,同时根据包装和用途的不同进行二次整合营销的,属于(　　)。

A. 大众化定位 B. 差异化定位
C. 细分化定位 D. 以上都不是

2. 多项选择题

(1)下列选项属于大众化定位的是(　　)。

A. 人卖亦卖 B. 红海聚集
C. 杂货类型 D. 追踪爆款

(2)下列选项属于差异化定位的是(　　)。

A. 理念差异化 B. 盈利模式差异化
C. 风格差异化 D. 受众人群差异化

3. 分析题

(1)如何分析市场容量?如何分析市场趋势?如何分析行业结构变化?

(2)如何分析目标市场中的竞争品牌、竞争店铺及竞争产品?

项目 2

网店开设

项目重点和难点

淘宝开店；商品设置；店铺设置；商品发布流程；店铺装修。

思政目标

培养大胆探索、勇于创新的职业素养，发扬奋斗、创造、梦想精神。

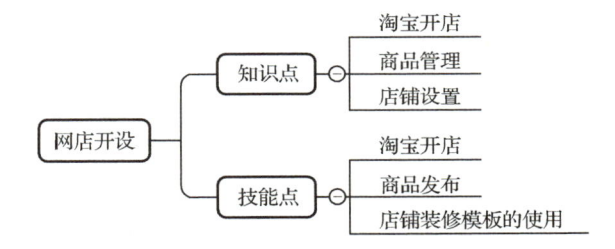

项目导图

```
                    ┌─ 淘宝开店
            ┌ 知识点 ─┼─ 商品管理
            │        └─ 店铺设置
网店开设 ────┤
            │        ┌─ 淘宝开店
            └ 技能点 ─┼─ 商品发布
                     └─ 店铺装修模板的使用
```

引例

老刘和老潘是好朋友，在一个工业区中各自开了一个女鞋厂，负责为一些商家生产妈妈鞋。去年，老刘和老潘在一起喝酒，跟老潘提起开网店的事。老刘说："咱们的鞋质量这么好，给别人代工，每双鞋只能赚10元。他们做销售的，一双鞋至少可以赚几十元，有的还能赚100多元呢。我观察了一下，买我们鞋的商家大多在网上开店，咱们也开家网店吧。"老潘是个保守的人，想到自己没有开网店的经历，认为这事不好做，就拒绝了老刘。老刘觉得开网店有前景，就找了厂里的几个年轻人，开起了网店，卖自己厂里生产的妈妈鞋。

转眼半年多过去了，老刘的网店开得红红火火。老潘看着心痒痒，加上这段时间，自己厂里的订单比去年少了很多，就有点心动了：工厂利润少，不稳定，还不如自己开网店。于是，老潘找来工厂销售部的小李，讨论网店开设的相关问题。

小李所学的专业是电子商务，在大学期间曾经和几个同学合作开了一家淘宝店，也在电子商务代运营企业实习过。两年前，小李来老潘的工厂面试时，曾建议老潘开设网店，但没有引起老潘的重视。今天，小李被请到了老潘的办公室。开设网店应该选择哪个电商平台？如何开设网店？怎么把产品发布到网店中？如何装修网店？一系列问题让小李明白：老潘打算开设网店了。假如你是小李，你会怎么回答这些问题呢？

> **引例分析**
>
> 我国的电子商务经过多年的发展，在市场上出现了很多电商平台，其中广为人知的是淘宝网、天猫商城和京东商城。这3个电商平台有什么不同？各自又有哪些特点？哪个电商平台最适合个人开店？如果选择在淘宝网上开店，那么如何注册淘宝账号？怎么认证开店呢？在淘宝网上如何发布商品，又如何设置商品呢？线下的实体店在开设前一般都会进行装修，在淘宝网上开店也一样。淘宝店铺如何进行装修、怎么设置呢？这些问题都会在本项目中得到回答。

任务 2.1 正式开店

2.1.1 平台选择

目前，在我国有超过 100 个电商平台提供网店开设服务，但是真正有影响力的并不多，下面介绍几个主要的电商平台。

1. 淘宝网

淘宝网是阿里巴巴集团在 2003 年 5 月成立的一个 C2C（Customer to Customer，个人对个人）网站，目前是亚太地区较大的网络零售商。淘宝网首页如图 2-1 所示。

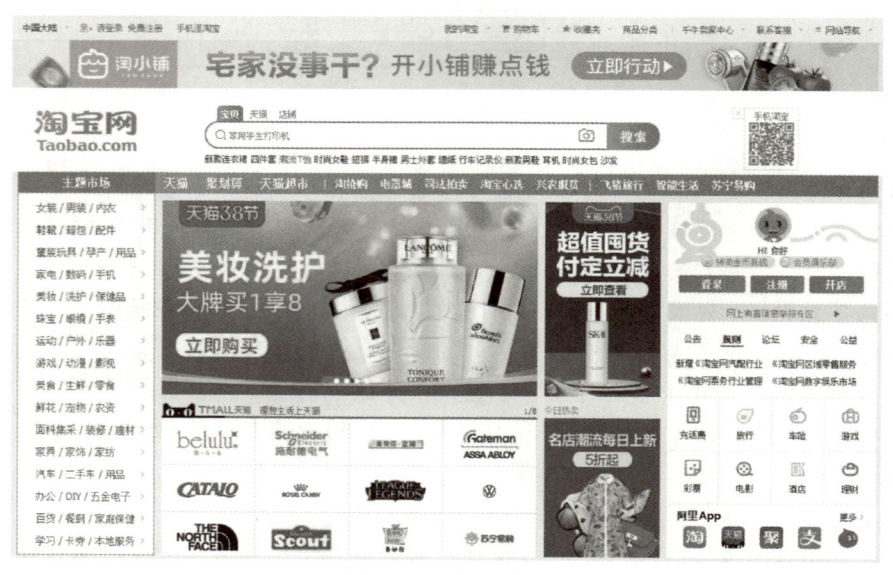

图 2-1 淘宝网首页

截至 2020 年 3 月，淘宝移动月活跃用户达到 8.46 亿人，同比增长 1.25 亿人。淘宝网是 C2C 市场的霸主，占了整个 C2C 市场份额的 95.1%。此外，淘宝网还创造了就业机会，如快递员、淘宝店长、淘宝美工、淘宝客服等。有数据显示，2020 年，淘宝网和天猫商城创造的直接间接就业机会达到了 3300 万个。随着淘宝网规模的扩大和用户数量的增加，淘宝网也从单一的 C2C 网站变成包括 C2C、团购、分销、拍卖等多种电商模式在内的综合性零售商圈。目前，淘宝网已经成为世界范围的电商平台之一。

与其他电商平台不同，淘宝网允许个人免费开设网店，这种网店就是个人店铺。如果以企业的形式在淘宝网上开店，就是企业店铺。注册企业店铺需要企业的营业执照，而注册个人店铺只需个人身份证。

2. 天猫商城

天猫商城是阿里巴巴集团旗下的一个 B2C 商城。天猫商城首页如图 2-2 所示。

图 2-2　天猫商城首页

天猫商城的前身是淘宝商城，后来改名为天猫商城的一个重要原因是天猫与 TMALL 的发音非常接近。在天猫商城上，消费者可以找到众多品牌的官方旗舰店，如 Kappa、Levi's、苏泊尔、联想、惠普、迪士尼等。阿里巴巴的领导人在 2020 年 11 月 10 日的采访中透露：目前，天猫商城的活跃用户约为 7.6 亿人，目标是做到 10 亿人；天猫商城的用户愈发年轻化，"95 后"用户有 1.4 亿～1.5 亿人。2020 年 6 月，天猫商城的店铺数已经超过 32 万家，商品从汽车、电脑到服饰、家具用品等，种类齐全。

天猫商城有一个非常重要的节日——"双 11"。在每年的 11 月 11 日，商家都会进行大规模的促销活动。这个活动源于淘宝商城 2009 年 11 月 11 日举办的促销活动，当时参与的商家数量和促销力度还非常有限，营业额却远超预期。于是阿里巴巴规定：在每年的 11 月 11 日，天猫商城都要举办大规模的促销活动。后来阿里巴巴发现，将促销活动集中在一天，对供应商和商家来说，库存管理、商品生命周期管理等都具有很大的风险性；对消费者来说，集中在一天的促销活动体验也并不好。因此，后来的"双 11"活动都会持续一段时间，2020 年，天猫商城的"双 11"活动从 10 月 21 日开始，于 11 月 11 日结束，总成交额达 4982 亿元，再次创下新高。如今，这个节日已经成了几乎所有商家的促销节日了。

入驻天猫商城的商家必须是在中国大陆注册的企业，持有相应的企业营业执照。商家必须承诺所卖商品都是正品，而且必须接受消费者和阿里巴巴的监督。

3. 京东商城

京东商城是京东集团旗下的一个 B2C 商城，其首页如图 2-3 所示。

图 2-3　京东商城首页

京东商城是中国最具有影响力的电商平台之一，在线销售家用电器、数码通信设备、电脑、家居百货、服装、母婴用品、图书、食品、在线旅游服务等 12 大类数万个品牌的百万种优质商品。京东集团是中国最大的自营式电商企业，截至 2020 年 9 月 30 日，京东商城过去 12 个月的活跃购买用户为 4.416 亿人，同比增长 32.1%，增速创下过去 3 年来的新高，一年净增了超过 1 亿名活跃用户。2014 年 5 月 22 日，京东集团在纳斯达克挂牌，成为中国第四大互联网上市企业（另外三大互联网上市企业为阿里巴巴、腾讯、百度）。

京东商城的特色是其自营商品。在发展早期，京东商城不允许其他商家入驻，所有商品都为京东商城的自营商品，即由京东商城自己进货、销售并配送。后来，由于发展的需要，京东商城才开放了第三方商家入驻。如今，消费者在京东商城上看到的商品有自营的和非自营的两类。如果是自营商品，在商品的左下角就会显示"自营"，如图 2-4 所示。

同天猫商城一样，入驻京东商城的商家必须是正规企业，持有企业营业执照。

4. 平台选择

如果是个人开店，那么只能选择前面介绍的 3 个电商平台中的淘宝网；如果是企业开店，选择就会比较多。一些大企业在多个电商平台上都有自己的店铺，它们既会选择天猫商城和京东商城，又会选择在淘宝网上开店。淘宝网、天猫商城、京东商城的对比如表 2-1 所示。

图 2-4　京东自营商品

表 2-1　淘宝网、天猫商城、京东商城的对比

对 比 项	适合对象	平台特色	入驻费用	入驻难度
淘宝网	个人、企业	投入低、服务好	低	低
天猫商城	企业	投入高、服务好	高	高
京东商城	企业	商品质量高	中	中上

2.1.2　注册开店

1. 注册账号

商家在淘宝网上开店之前，要先注册淘宝账号和支付宝账号。注册方法非常简单，商家只需要按照网站的提示进行操作即可。商家进入淘宝网，单击左上角的"免费注册"按钮，就可以进行淘宝账号的注册，如图 2-5 所示。

淘宝、天猫、京东网店费用对比

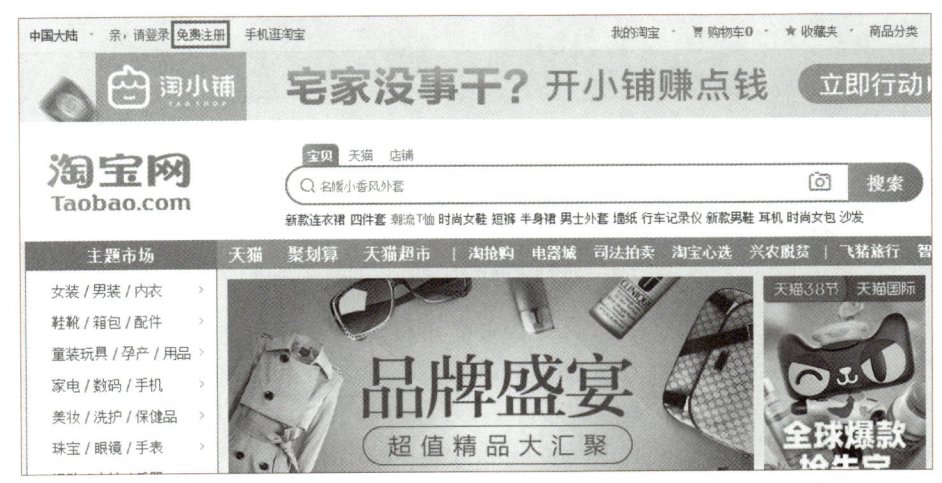

图 2-5　注册淘宝账号

商家接下来只需要按照网站的提示设置用户名、填写账号信息和设置支付方式，即可

成功注册淘宝账号和支付宝账号，如图2-6所示。

图2-6　设置账号信息

注册淘宝账号需要一个未在淘宝网注册过的手机号，商家在注册账号之前要先确认自己的手机号是否已经被注册过。如果被注册过，那么淘宝账号将无法注册成功。

2．旺旺名的重要性

在淘宝网注册的会员名叫旺旺名，一般由5～20个字符组成。字符可以是小写字母、数字、下画线和汉字，一个汉字为两个字符。

旺旺名可以在消费者搜索商品时被显示出来，如图2-7所示。

淘宝账号注册

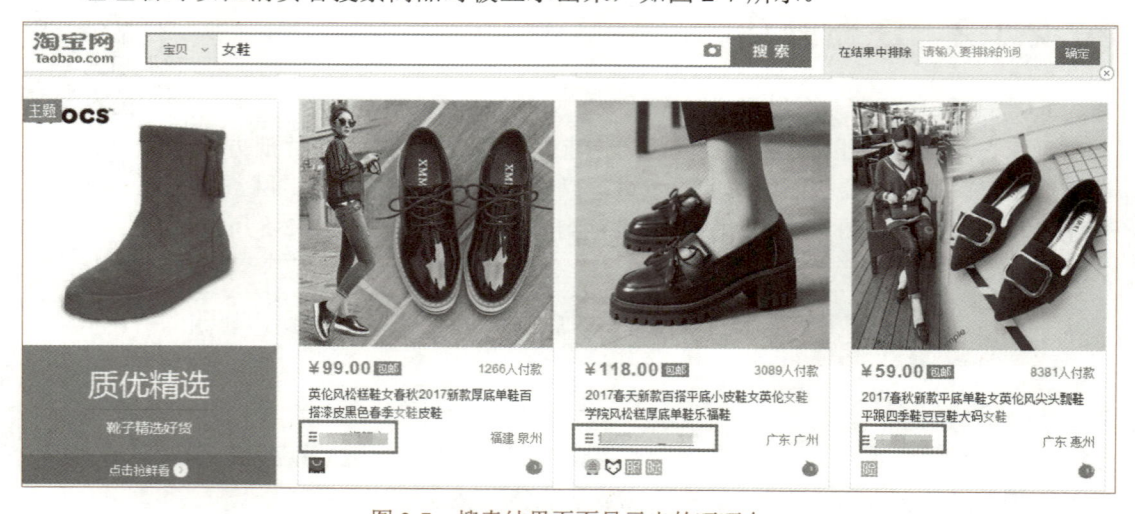

图2-7　搜索结果页面显示出的旺旺名

如果商家的旺旺名非常难记，消费者可能在买过一次商品之后马上就忘记了；如果商家的旺旺名很容易记，消费者以后就可以通过旺旺名找到商家的店铺。消费者直接在搜索框中选择店铺搜索，输入商家的旺旺名，就可以找到商家的店铺，如图2-8所示。

淘宝网在2012年12月21日上线了旺旺直达功能，消费者在搜索栏中输入@+旺旺名，就能直接到达店铺首页，如图2-9所示。

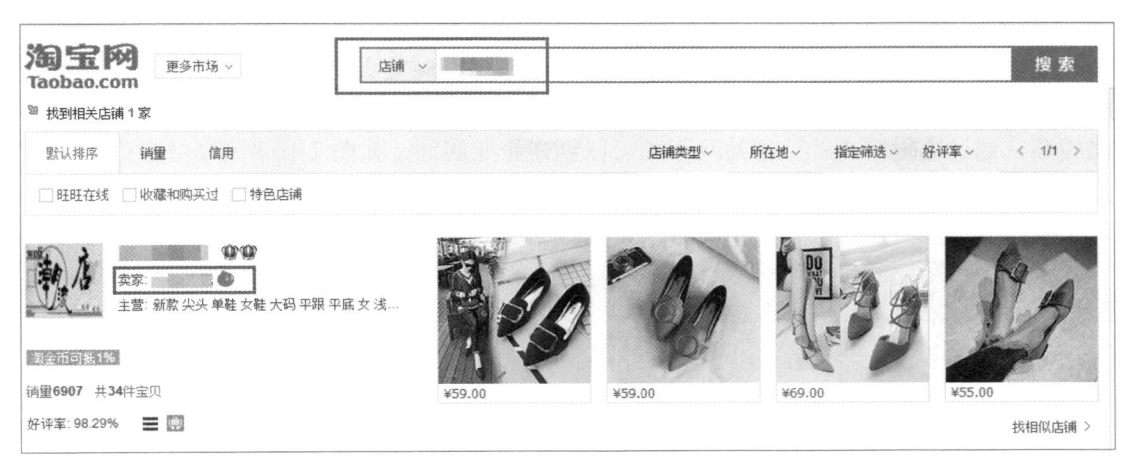

图 2-8 通过旺旺名搜索商家的店铺

图 2-9 旺旺直达功能

旺旺名在商家和消费者聊天时会出现，这时消费者可以看到商家的旺旺名。如果商家的旺旺名比较好记，经过一次又一次的呈现，消费者就会在不知不觉中记住该旺旺名。

那么，商家该如何取旺旺名呢？

（1）尽量取中文名。因为商家面对的消费者大多数是中国的，中国的消费者对中文最敏感，所以中文的旺旺名容易被中国的消费者记住。

（2）旺旺名要简单，字数控制在 3~6 个汉字。旺旺名太复杂，消费者会记不住，所以旺旺名要尽可能简单。淘宝网规定，旺旺名至少要有 3 个汉字，所以商家取的旺旺名不能少于 3 个汉字。

（3）取与商品及其品牌、功能相关的旺旺名。如果商家已经确定今后要卖什么样的商品，就可以取一些与商品及其品牌、功能有关的旺旺名，如小草女鞋馆、菲菲联想专卖店等。

（4）取大众化的旺旺名。如果商家还不确定要卖什么，就可以取一些大众化的旺旺名，以方便消费者记忆，如布拉格场主、飞上天的小猪等。

3. 开设网店

商家在注册淘宝账号后，进入卖家中心免费开店。淘宝店铺有个人店铺和企业店铺两种。个人店铺的门槛低，通过支付宝实名认证的商家都可以创建个人店铺；企业店铺的门槛较高，通过支付宝企业认证的商家才可以创建企业店铺，如图 2-10 所示。

图 2-10　淘宝店铺的两种形式

单击"创建个人店铺"按钮，进入开店认证界面。商家根据提示进行认证即可，如图 2-11 所示。

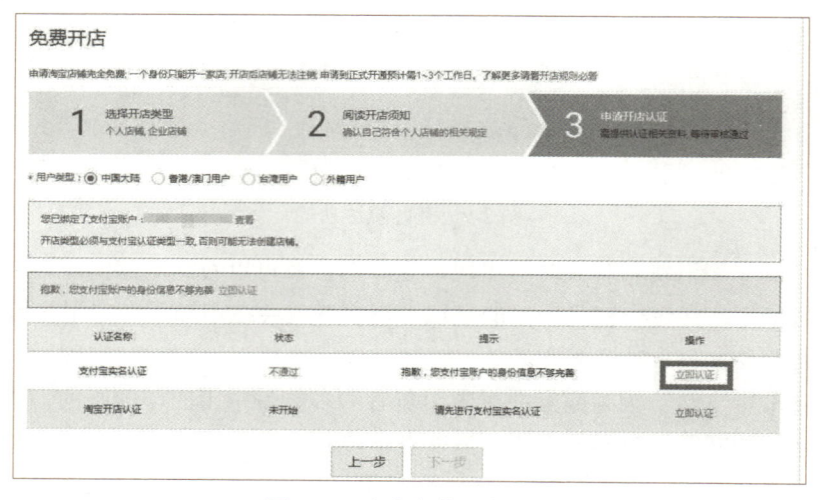

图 2-11　淘宝免费开店认证

商家进行开店认证需要准备身份证的正反面照片、手持身份证的照片和用同一个身份证注册的银行卡。开店认证是免费的，不收取任何服务费用。在开店认证操作结束后，淘宝网需要 1~2 个工作日审核商家提供的认证材料。如果认证材料都通过了，店铺就开设成功了。

在以下 3 种情况下，商家不能开设淘宝店铺。

（1）和淘宝账号关联的身份证已经开设了一家淘宝店铺。淘宝网规定：一个身份证只能开一家淘宝店铺，不能重复开店。

（2）在 1688 上有过经营行为。如果淘宝账号在 1688 上有过经营行为（发过供应商品信息、下单订购诚信通服务、商家发起订单、报价、下单订购实地认证、开通旺铺、进行过企业账户注册等），就不能用该账号开设淘宝店铺。

（3）之前创建过 U 站。如果一个淘宝账号曾用于创建 U 站，该账号就不能再用于开设淘宝店铺了。

淘宝开店认证

任务 2.2 商品管理

2.2.1 商品发布

1. 缴纳保证金

淘宝网让商家缴纳保证金是为了更好地保证消费者的利益。在缴纳保证金之后，商家就可以获得消费者保障服务资格。在开设淘宝店铺之后，商家应该先缴纳保证金。商家如果没有缴纳保证金，就不能发布新商品，只能发布二手商品。保证金的最低额度是 1000 元，不同类目的保证金额度不同，商家可以多缴。在商家缴纳保证金之后，淘宝网会暂时冻结商家的保证金，商家在不开店时可以随时提取出来。保证金界面如图 2-12 所示。

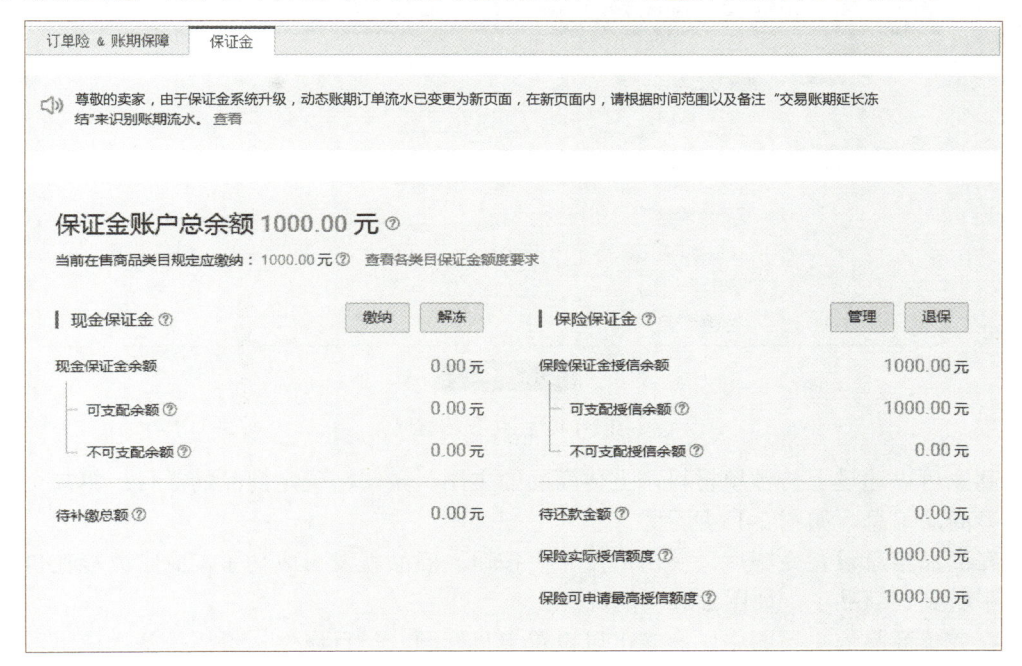

图 2-12 保证金界面

商家登录自己的淘宝账号，进入卖家中心，选择"淘宝服务"中的"消费者保障服务"选项，选择"保证金"选项卡，单击"缴纳"按钮，就可以缴纳保证金了，如图 2-13 所示。

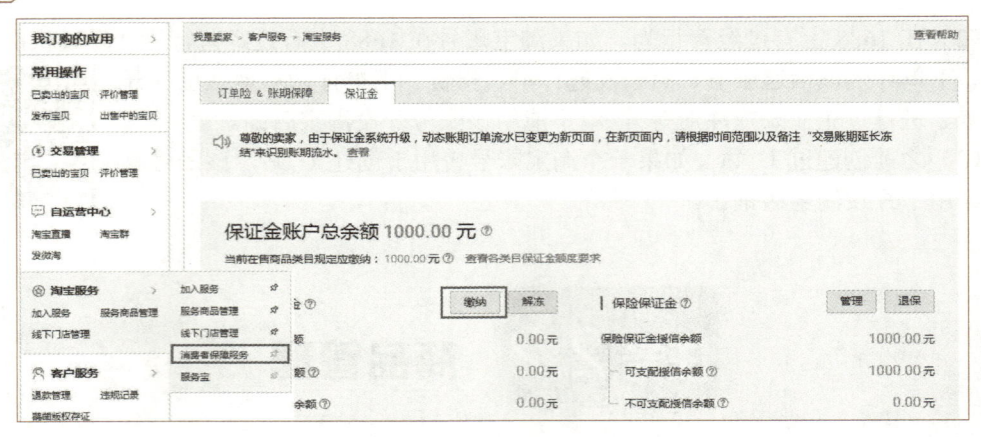

图 2-13　缴纳保证金

2. 商品发布的流程

商家登录自己的淘宝账号，进入卖家中心，选择"宝贝管理"中的"发布宝贝"选项，就可以进入商品发布界面。商品发布包括两个步骤，第一个步骤为上传预填材料，如图 2-14 所示。

图 2-14　上传预填材料

商家可以通过上传预填材料，上传商品的主图、条码，确定商品的类目。第二个步骤为完善商品信息，如图 2-15 所示。

在商品信息设置完毕后，单击"发布"按钮，商品就发布成功了，商家就能在自己的店铺中看到该商品了，如图 2-16 所示。

在完善商品信息界面中，商家可以设置宝贝标题、类目属性、价格等基本信息，还可以设置商品的物流信息、售后保障信息，以及库存、上架时间等其他信息。

宝贝标题关系到商品能否被搜索到。淘宝网规定：宝贝标题不能超过 30 个汉字，一个汉字等于 2 个字符。宝贝标题要和当前宝贝的类目、属性一致。因此，商家在设置宝贝标题时要充分利用这 30 个汉字，也可以加入一些热门关键词，让消费者更容易搜索到商品。

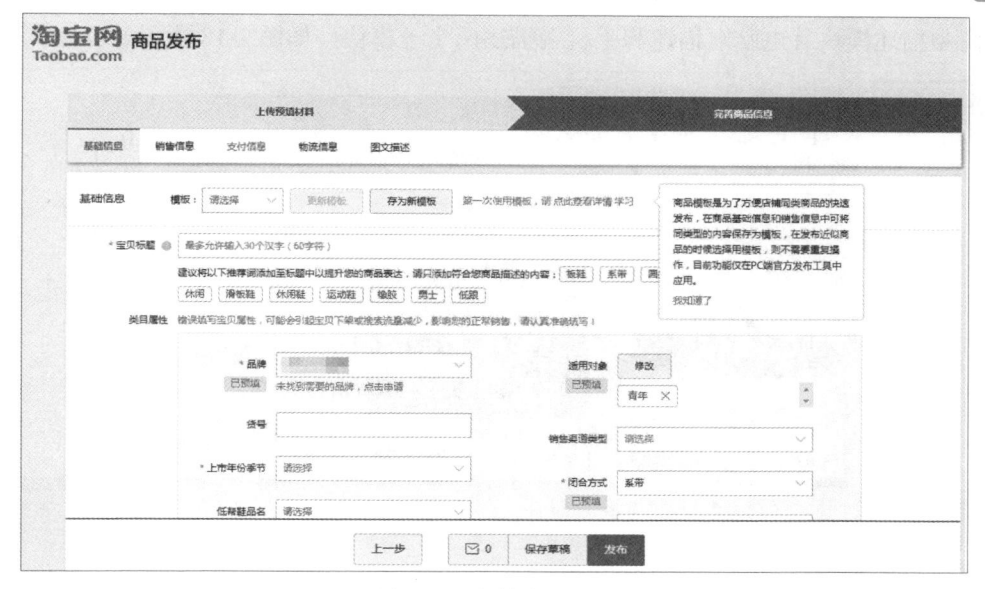

图 2-15　完善商品信息

图 2-16　商品发布成功

在电脑端，商家需要设置 5 张图片来展现商品，第一张图片就是商品主图，主图大小不能超过 3MB。5 张图片的像素如果在 700 像素×700 像素以上，商品详情页就会自动提供放大镜功能。商品主图的放大效果如图 2-17 所示。

图 2-17　商品主图的放大效果

商品描述模块有电脑端描述和手机端描述两个子模块，如图2-18所示。

图 2-18　商品描述模块

电脑端描述是商家必须填写的，商家可添加文字和图片。淘宝店铺的图片宽度规格一般为750像素，天猫店铺的图片宽度规格为790像素。对于手机端描述，淘宝网没有规定商家必须添加，如果卖家没有添加手机端描述，系统就会默认显示商品的电脑端描述。如今，大多数消费者喜欢用手机登录淘宝网，所以笔者建议商家添加手机端描述。在手机端描述中，商家可以添加音频、摘要、图片和文字，其中图片的宽度应大于620像素，高度不限。

3. 其他商品发布方法

除了在卖家中心发布商品，商家还可以使用一键传淘宝和淘宝助理发布商品。

发布宝贝

1）一键传淘宝

一键传淘宝针对的是1688商品。由于不少商家都从1688上进货，因此1688针对一件代发的商品开发了一键传淘宝功能，商家使用该功能可以快速将1688上的商品上传到其淘宝店铺。

支持一键传淘宝功能的商品会在商品详情页的"一键铺货"按钮中出现"传淘宝"字样，如图2-19所示。

单击"传淘宝"按钮，弹出"传淘宝"对话框，如图2-20所示。

选择商品上传工具，单击"确认"按钮，商品信息就会被发布到淘宝草稿箱中，如图2-21所示。

图 2-19 "传淘宝"字样

图 2-20 "传淘宝"对话框

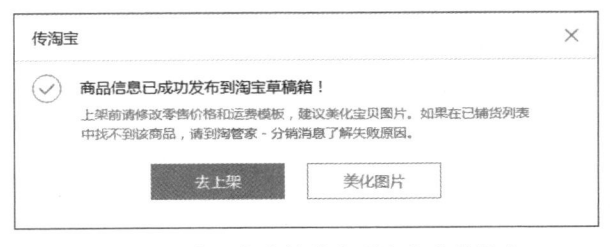

图 2-21 商品信息被发布到淘宝草稿箱中

接下来，商家就可以在淘宝草稿箱中看到该商品了，如图 2-22 所示。对于淘宝草稿箱中的商品，商家可以修改其规格进行上架。

图 2-22　发布成功的商品显示在淘宝草稿箱中

2）淘宝助理

淘宝助理是淘宝网开发的一个店铺管理工具，可以实现商品上传的功能。商家使用淘宝助理发布商品需要商品的数据包。数据包中的文件如图 2-23 所示。

图 2-23　数据包中的文件

单击"宝贝管理"中的"导入 CSV"按钮，可以将数据包中的商品信息导入淘宝助理中，如图 2-24 所示。

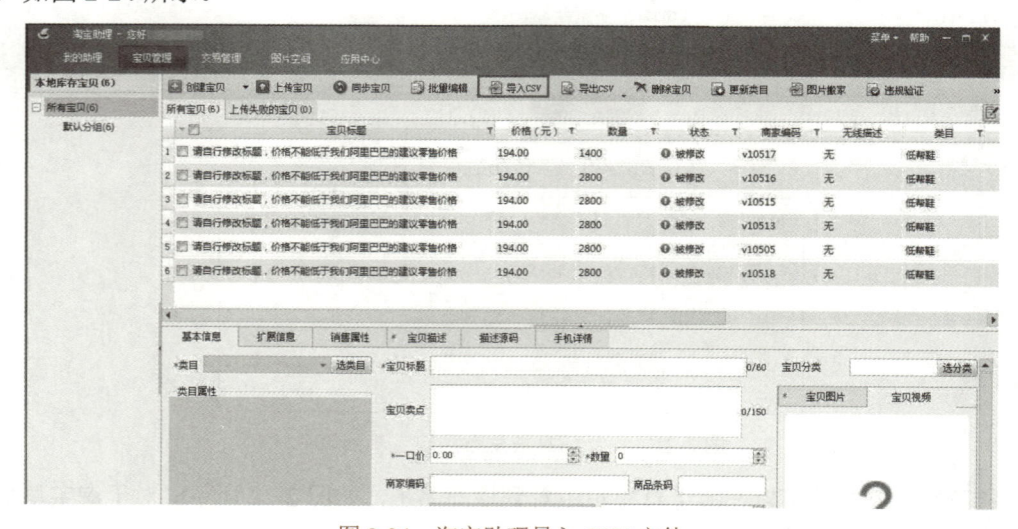

图 2-24　淘宝助理导入 CSV 文件

2.2.2 商品设置

1688 进货管理

1. 上架宝贝

商家在发布商品时可以选择立即上架,也可以选择将宝贝存放在仓库中。如果使用一键传淘宝功能,宝贝就会默认存放在仓库中。在仓库中的宝贝,商家只有选择将其上架,消费者才可以看到。

选择"宝贝管理"中的"仓库中的宝贝"选项,在右侧就会出现宝贝列表。接下来商家只需要选中一个宝贝,单击该宝贝右侧的"立即上架"超链接即可上架该宝贝,如图 2-25 所示。

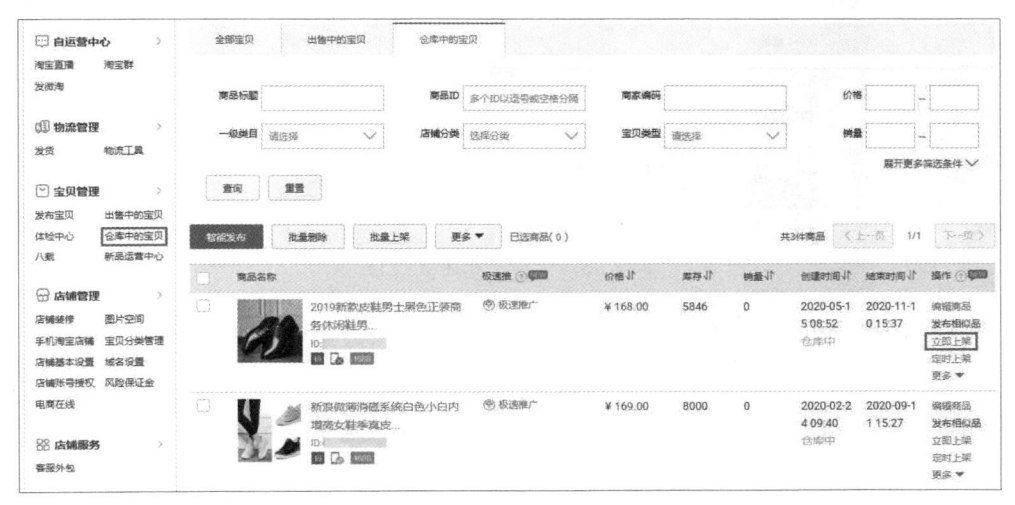

图 2-25　上架单个宝贝

如果要同时上架多个宝贝,那么商家只要选中相应宝贝的复选框,单击宝贝列表上方的"批量上架"按钮即可,如图 2-26 所示。

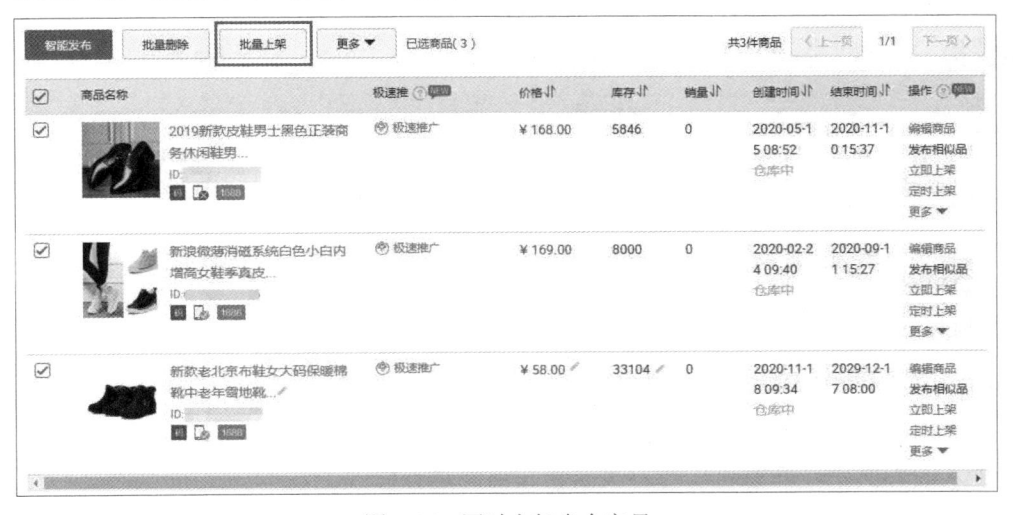

图 2-26　同时上架多个宝贝

2. 下架出售中的宝贝

由于某种原因，如换季、没库存等，商家需要将出售中的宝贝下架。选择"宝贝管理"中的"出售中的宝贝"选项，在右侧出现的宝贝列表中选中要下架的宝贝，单击"立即下架"超链接即可，如图2-27所示。

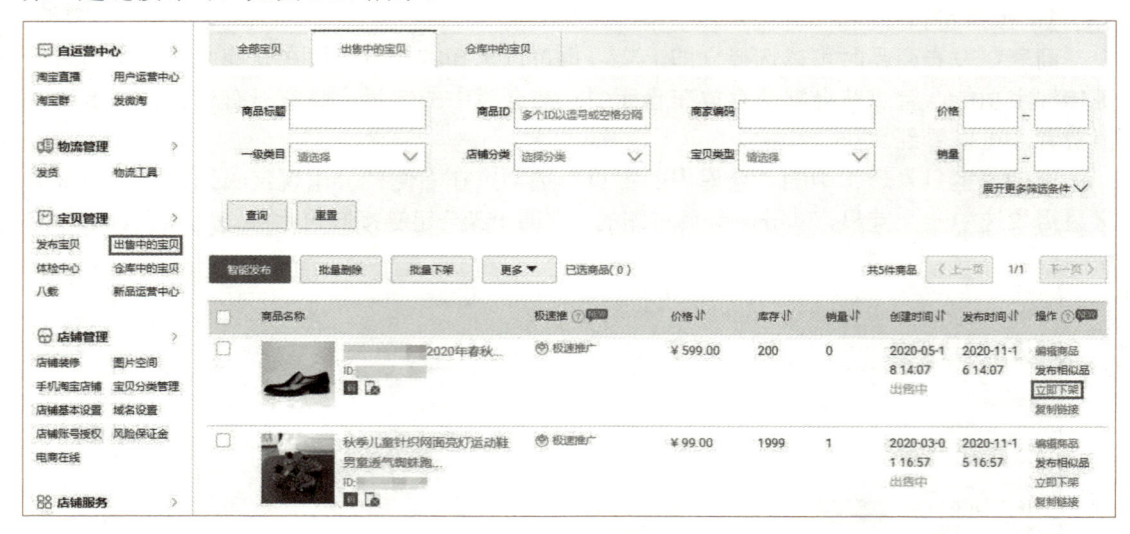

图2-27　下架出售中的宝贝

3. 修改出售中的宝贝的信息

在出售中的宝贝界面中，商家可以直接修改宝贝的标题、价格和库存，如图2-28所示。

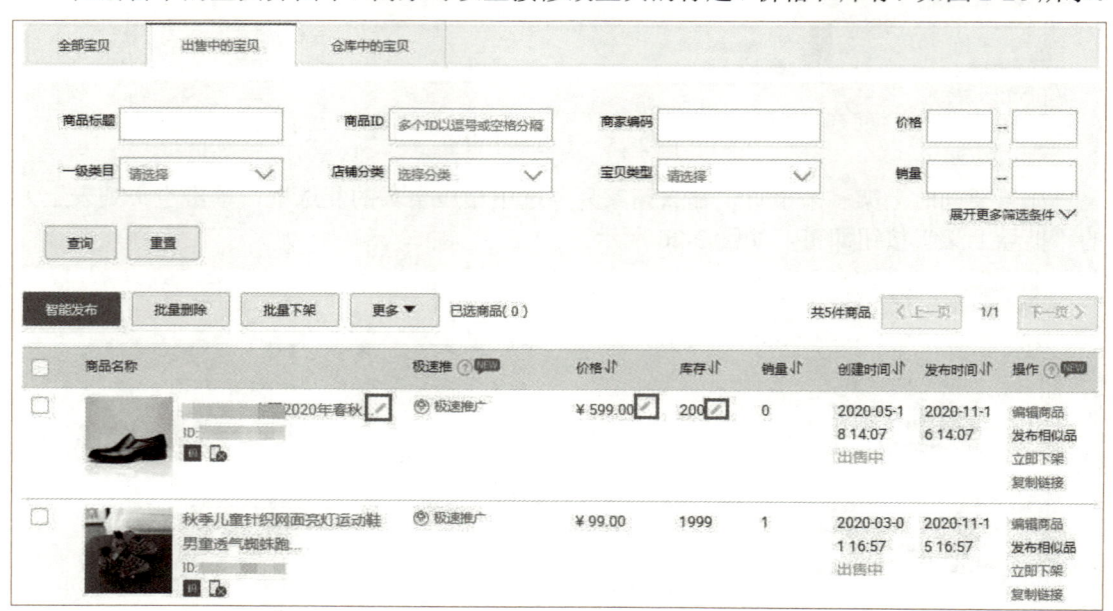

图2-28　修改出售中的宝贝的信息

如果想修改宝贝的其他信息，那么可以单击"编辑商品"超链接，如图2-29所示。在新进入的界面中，商家可以对宝贝的相关信息进行修改。

图 2-29 单击"编辑商品"超链接

4．删除仓库中的宝贝

对于某些不再销售的宝贝，商家可将其删除。选择"宝贝管理"中的"仓库中的宝贝"选项，在右侧出现的宝贝列表中选中要删除的宝贝，单击"批量删除"按钮，即可删除该宝贝，如图 2-30 所示。

图 2-30 删除仓库中的宝贝

5．让宝贝在指定的时间自动上架

淘宝网规定，商品的有效期时间为 7 天，商品在上架 7 天后自动下架，又会马上自动上架。为什么要有这个规定呢？主要是为了公平，商品的评价、销量、价格等因素都不会影响商品的下架周期，对所有商品都是公平的。淘宝网对某些类目的商品会给予下架时间特别高的权重，快下架的商品将有可能排名特别靠前，如排在搜索结果页的第一页，如图 2-31 所示。

商家可以在商品发布界面中设定商品的上架时间。在售后服务界面中，选中"定时上架"单选按钮，就会出现上架时间的选择，如图 2-32 所示。

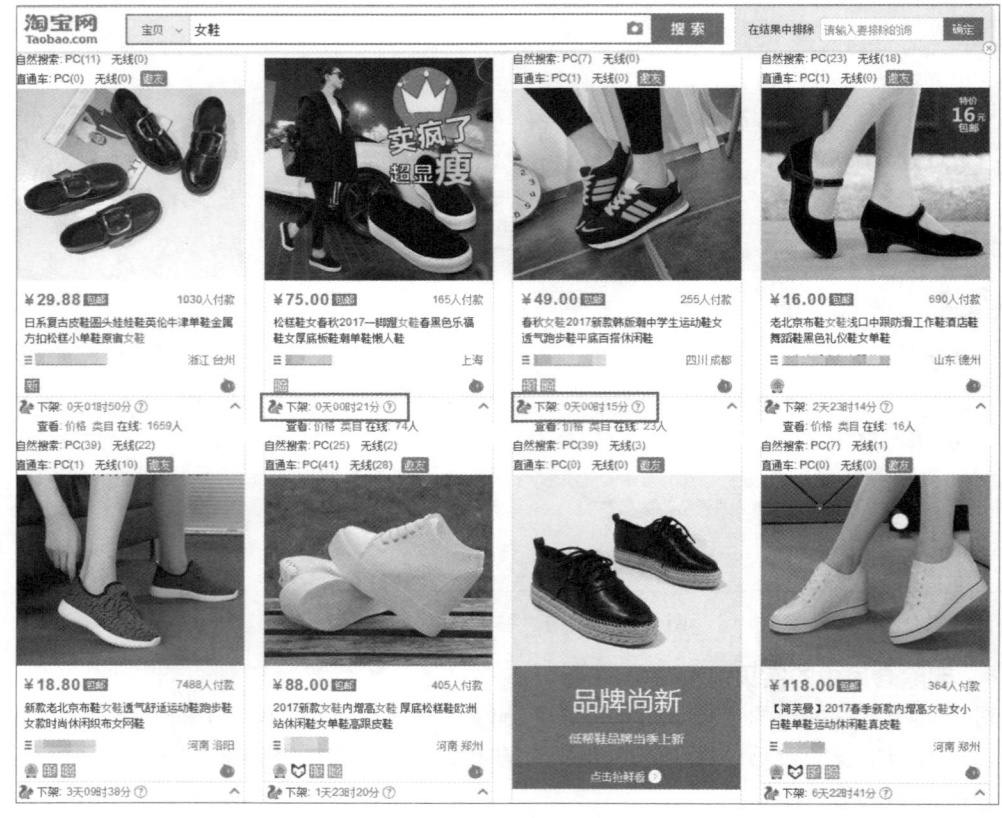

图 2-31　快下架的商品排名靠前

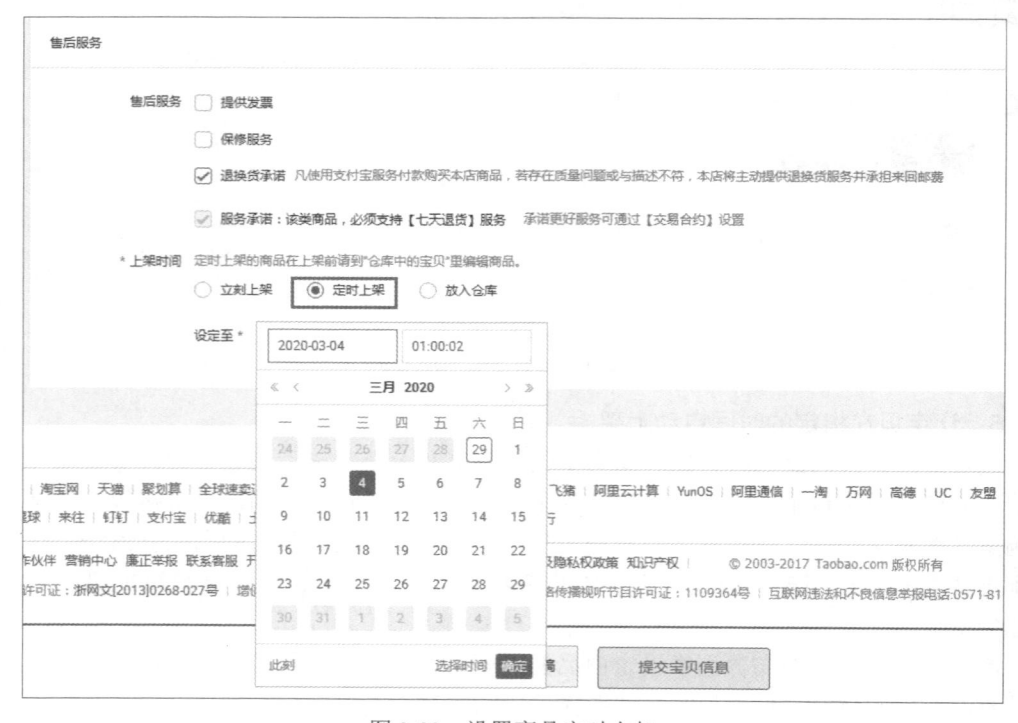

图 2-32　设置商品定时上架

在选好时间后单击"确定"按钮,就可以确定商品上架的时间。单击"发布"按钮,商品将会暂时存放在仓库中,等上架时间到了,商品就会自动上架。

任务 2.3 店铺管理

2.3.1 店铺设置

1. 设置店铺的基本信息

进入卖家中心,选择"店铺管理"中的"店铺基本设置"选项,即可进入店铺基本设置界面,如图 2-33 所示。商家可以设置自己的店铺名称、店铺标志、店铺简介等信息。

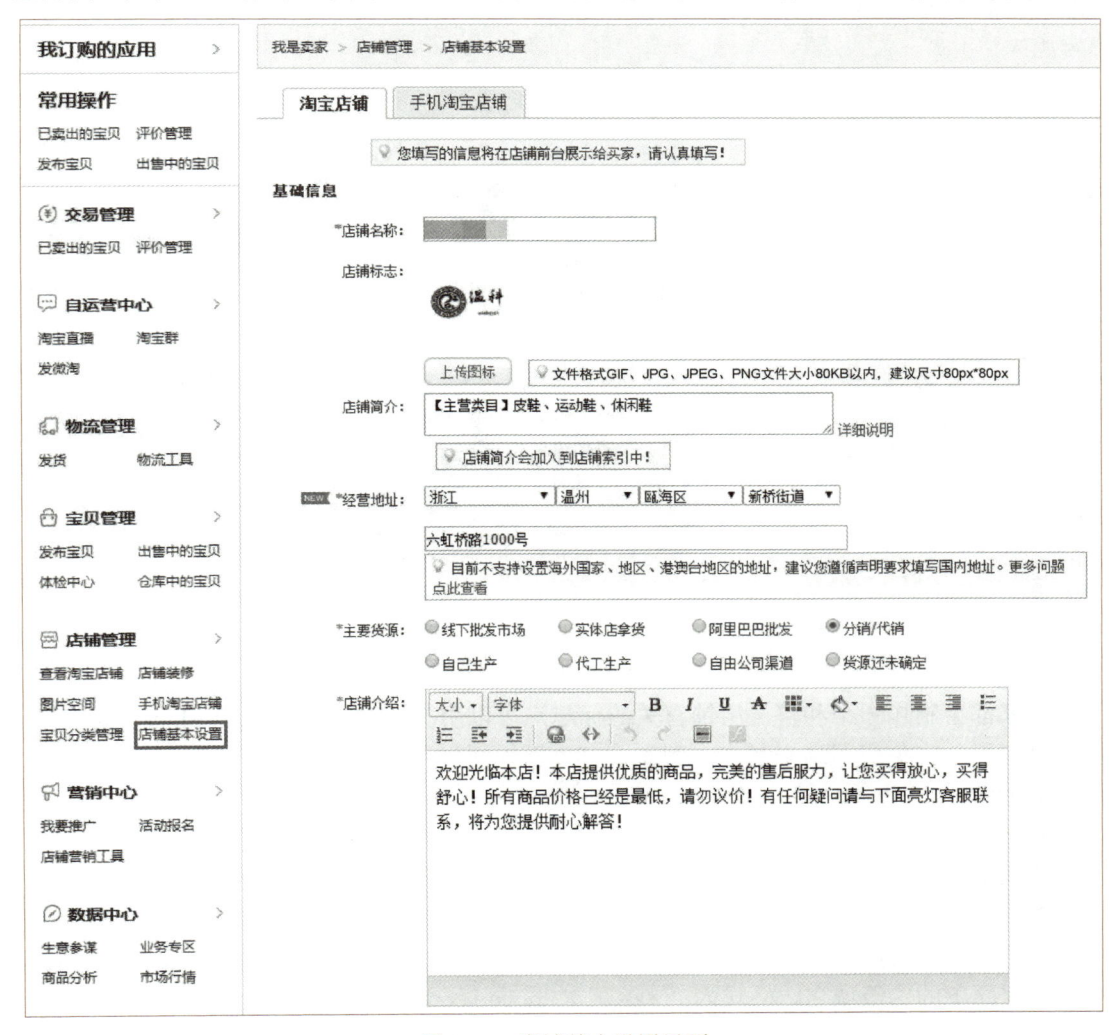

图 2-33 店铺基本设置界面

店铺名称对淘宝店铺来说是非常重要的,一个好的店铺名称可以让消费者记忆深刻,而一个不好的店铺名称容易让消费者产生反感。因此，商家在设置店铺名称时要遵循以下规则。

（1）尽量使用汉字，不要使用字母和数字，因为字母和数字比汉字要难记很多。如果商家想和外国人做生意，或者有特殊用意，就另当别论了。

（2）店铺名称要与店铺经营的商品相吻合。消费者习惯通过店铺名称来判断商家卖的是什么商品，一般专业的店铺名称大多与商品有关。例如，韩都衣舍卖的就是韩版服装，阿芙精油卖的就是精油，小狗电器卖的就是电器。

（3）店铺名称要简洁、易读、易记。店铺名称是要让消费者记住的，所以要简洁，要容易读、容易记。七格格、麦包包、御泥坊等店铺名称就非常简洁，易于传播。有些店铺名称中有繁体字和异体字，很多消费者都不认识，更别说记住了。

店铺标志会在消费者搜索店铺时显示出来（见图2-34），是消费者对店铺的第一印象。

图 2-34　店铺标志在消费者搜索店铺时显示

商家都会制作一个和自己店铺有关的标志，可以用制图软件（如 Photoshop）来制作，也可以利用一些免费网站来制作。例如，有用模板网可以帮助商家免费制作店铺标志，如图 2-35 所示。

2. 设置域名

进入卖家中心，选择"店铺管理"中的"域名设置"选项，即可进入域名设置界面，如图 2-36 所示。

所谓域名，是指网站的网址，如淘宝网的域名是"www.taobao.com"。淘宝店铺的网址都是淘宝网下的二级域名，格式为"××××.taobao.com"。如果商家没有设置过域名，淘宝网就会给店铺自动分配一个域名，格式为"shop+数字.taobao.com"。例如，"shop64072572.taobao.com"就是淘宝网自动分配的一个店铺域名。这样的域名在字面上没有任何意义,不容易记住,所以一般网店都会设置自己的域名,如韩都衣舍官方店铺(淘宝企业店铺)的域名是"hstyle.taobao.com",奥康名品馆(淘宝企业店铺)的域名是"akpx2008.taobao.com"。

图 2-35　有用模板网

图 2-36　域名设置界面

有些新手商家可能会发现自己的店铺无法设置域名，这是因为只有付费专业版/智能版旺铺的用户才能免费设置域名。一钻以下免费升级为专业版的用户，无法设置域名。淘宝店铺的二级域名只能修改 3 次。

商家在设置域名时，可以输入想好的域名，查询是否已被他人占用。如果已被他人占用，就只能更换新的域名，如图 2-37 所示。一旦域名申请成功，原先店铺显示的域名将被新域名替换。

图 2-37　域名已经被占用

2.3.2　店铺装修

1. 店铺装修概述

进入卖家中心，选择"店铺管理"中的"店铺装修"选项，即可进入淘宝旺铺后台页面，如图 2-38 所示。

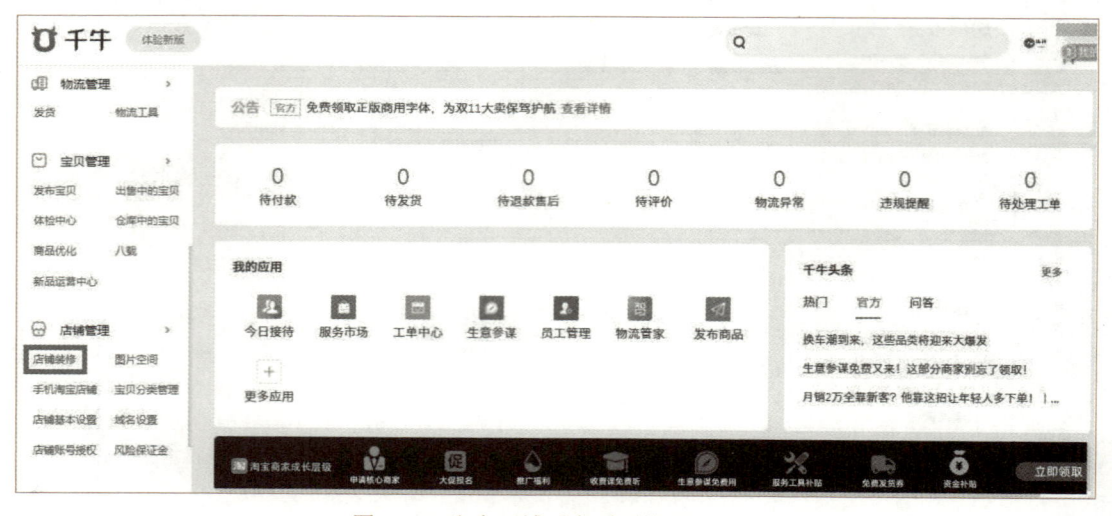

图 2-38　淘宝旺铺后台页面的进入路径

在淘宝旺铺后台页面的左上角可以看到当前淘宝旺铺的版本，如图 2-39 所示。

图 2-39　当前淘宝旺铺的版本

淘宝旺铺版本分为基础版和智能版。基本版对所有用户永久免费。从 2020 年 2 月 12 日起,智能版实行免费订购(含专业版所有功能),天猫、淘宝商家可直接"0 元订购"。智能版提供了更强大的装修能力,可提升商家的装修效率和数据化运营能力。笔者建议商家直接将自己的淘宝旺铺版本升级为智能版,智能版比基础版的功能要多很多。

在淘宝旺铺页面,依次单击"店铺装修""PC 装修",就可以进入 PC 端页面装修选择页面,单击首页的"装修页面"按钮,即可进入 PC 端首页装修页面,进入路径如图 2-40 所示。

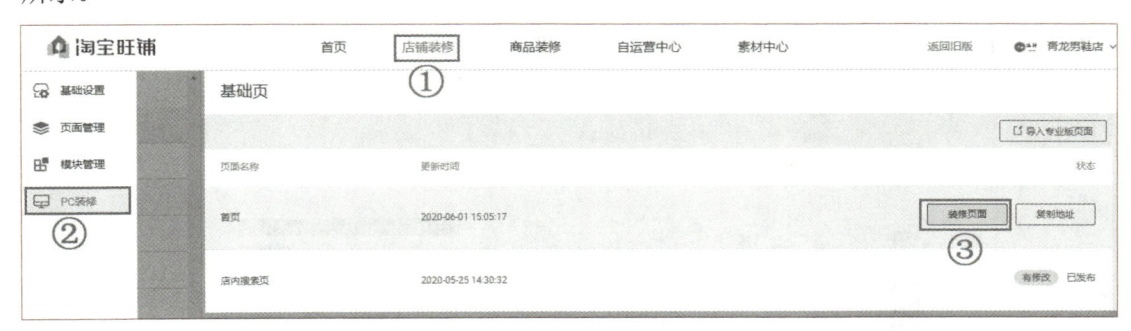

图 2-40　PC 端首页装修页面的进入路径

PC 端店铺装修页面分为两个区域:工具栏和编辑区,如图 2-41 所示。工具栏提供了模块添加、配色、页面背景设置等功能;在编辑区,商家可以实时对页面的各个模块进行装修。

2. 店铺装修的主要操作

在淘宝旺铺的 PC 装修页面中,单击"导入专业版页面"按钮,如图 2-42 所示,就可以导入在专业版/天猫版中订购期内的模板。

在导入专业版页面中,商家可以选择自己订购的模板,如图 2-43 所示。如果商家前期没有在装修市场中订购模板,那么可以根据自己的需求选择淘宝网提供的 3 个免费的 PC 端页面模板。

图 2-41　PC 端店铺装修页面

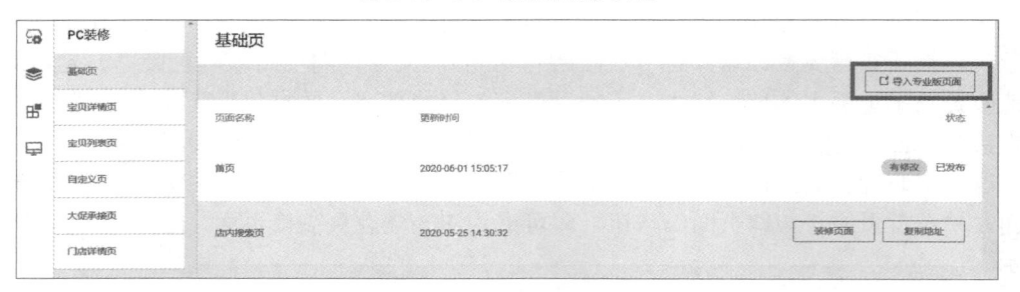

图 2-42　单击"导入专业版页面"按钮

图 2-43　选择模板

在 PC 端店铺装修页面中，单击左上角的"首页"下拉按钮，就可以在弹出的下拉列表中选择具体的页面进行装修，系统默认显示的页面是首页，如图 2-44 所示。

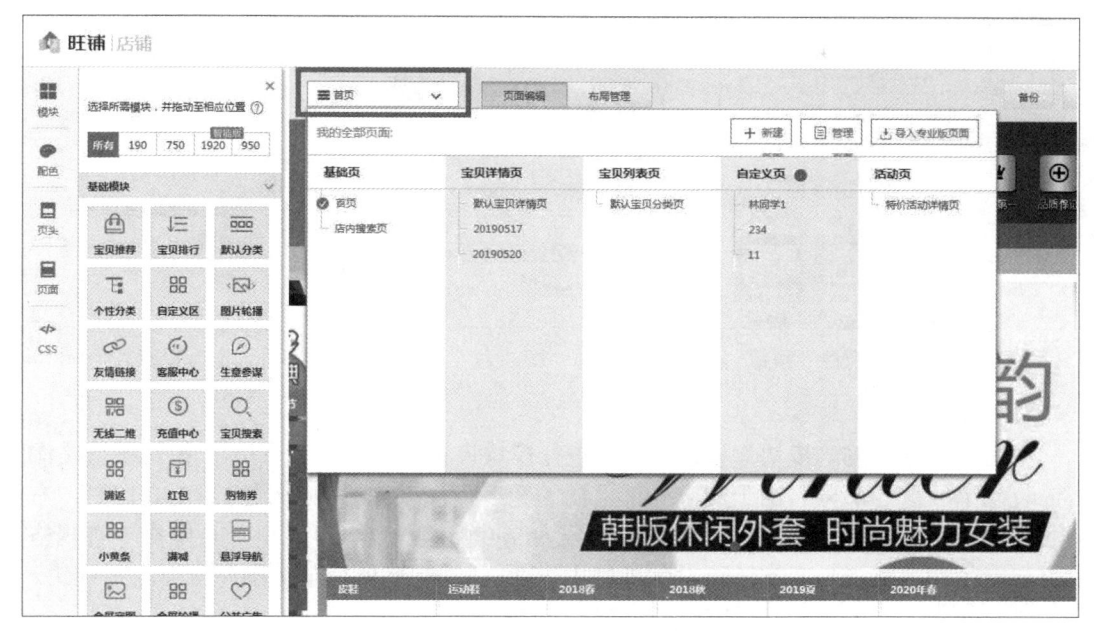

图 2-44　装修页面选择

单击"布局管理"按钮，即可对当前页面的布局进行修改，如图 2-45 所示。

图 2-45　单击"布局管理"按钮

单击工具栏中的"配色"按钮，可以更换当前模板的整体配色方案，如图 2-46 所示。

单击工具栏中的"页头"和"页面"按钮，可以更改页面的页头和页面背景，如图 2-47 所示。

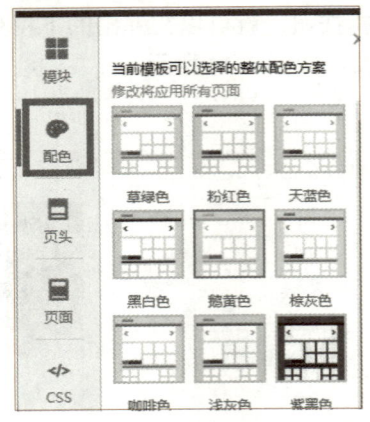

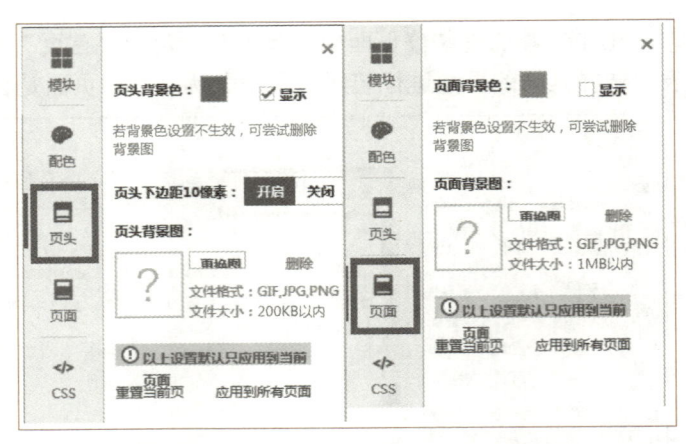

图 2-46　单击"配色"按钮　　　　　图 2-47　单击"页头"和"页面"按钮

3. 模块

单击工具栏中的"模块"按钮，可以进行模块设置，如图 2-48 所示。模块设置是淘宝店铺装修中的核心部分。由于淘宝店铺页面的宽度为 950 像素，左侧栏为 190 像素，右侧页面为 750 像素，因此淘宝网提供的模块分为 950 像素、190 像素和 750 像素 3 种规格。使用智能版淘宝旺铺，商家还可以额外使用 1920 像素规格的全屏宽图和全屏轮播模块。

图 2-48　模块设置

商家要在页面中添加某个模块，就在工具栏中选中具体模块，按住鼠标左键，将其拖动到编辑区。例如，商家要在导航栏的下面添加一个图片轮播模块，只需在工具栏中选中"图片轮播"模块，将其拖动到相应的位置即可，如图 2-49 所示。

将鼠标指针移动到模块区域，右上角就会显示模块的操作菜单，商家可以选择移动、编辑和删除该模块，如图 2-50 所示。

单击"编辑"按钮，就可以对该模块进行相应的设置，如图 2-51 所示。如果商家不会设置这个模块，那么可以单击右上角的"使用帮助"按钮，来查看这个模块的使用教程。

项目 2　网店开设

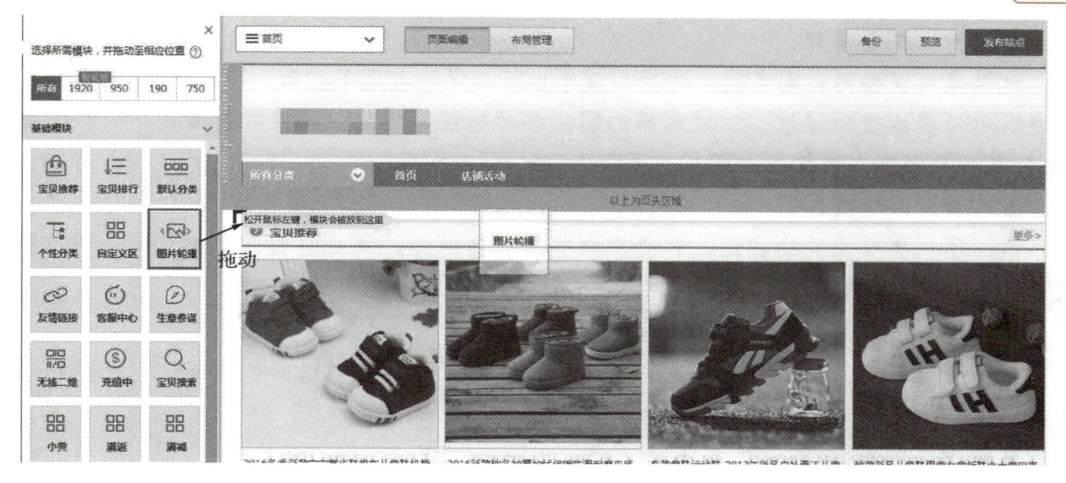

图 2-49　添加模块

图 2-50　模块的操作菜单

图 2-51　对模块进行相应的设置

成功实战派

退伍兵哥哥的淘宝开店绝招

店铺店招设置

小 A 是位退伍军人，在退伍后的几年中做过销售人员、餐饮服务人员、一线操作工、汽车修理员等。2013 年年底，小 A 突然想在淘宝网上开店，卖什么好呢？拿什么特色和竞争对手比拼呢？最后，小 A 决定卖自家生产的商品——塑料制品。在做了一段时间后，小 A 取得了一些成绩，于是在网上发了一篇帖子，讲述自己的开店绝招。

第一步：拍照修片。

这是尤为重要的！淘宝网上的商品成千上万，竞争者数不胜数。图片漂亮、有吸引力，才能吸引消费者查看详情，所以商品的图片务必夺目。修改图片的常用工具有美图秀秀、Photoshop及淘宝自身的图片编辑工具等。

第二步：详情描述。

商品不仅要有漂亮的主图，还要有细节图和高清图。商品的属性、特点、尺寸、颜色及运费说明等都需要描述清楚。

第三步：店铺装修。

把准备好的商品上传到店铺中。至于模板，商家可以去模板商城购买，也可以自己制作：创建一个自定义栏，把需要的代码复制进去，操作相对烦琐。

第四步：标题优化。

这是影响免费流量的一个关键因素。标题过于简单、缺少关键字、字数太少都会直接影响自己的商品在同类商品中的排名，导致自己的商品被浏览的机会变少。据统计，80%的流量来自淘宝站内免费搜索。假如你卖的是女式牛仔裤，那么你要注意几个关键词——季节（秋装）、牛仔裤（蓝色）、包邮、促销等。

第五步：上下架时间和橱窗推荐。

上下架时间是决定商品排名的一个重要因素，黄金时间为 8:00—11:30、13:30—16:00、20:00—22:30。橱窗推荐的橱窗位要全部用完。

第六步：参加促销等活动。

对于打折、买几送几、满就送、仅限3天等活动，商家能参加的都要参加。新手商家参加活动受信誉等级限制，如天天特价、聚划算等活动都要求商家具有相应的等级信誉度才能参加。因此，新手商家在前期一定要参加能够参加的活动，促销自己的商品。

第七步：推广。

新手商家每天的工作量非常大：①整理、检查自己的店铺；②在淘宝社区逛一逛，进行学习和交流；③寻找客户；④写帖子（精华帖可以赚取几倍于平时的流量），加入帮派发帖、逛各大论坛和网站；⑤向同行学习，在不断摸索中形成属于自己的推广风格。

商家一定不能懒，要勤快一点，用心经营网店，不要因为几天没生意就把网店放一边不管了，一定要坚持，不要放弃！

（资料来源：甩手网，2014-2-21）

经典实训

实训 2.1　注册及开店认证

实训目的

通过本次实训，学生要学会注册淘宝账号和进行开店认证，了解电商平台注册开店的流程，加深对网店开设的认识。

项目 2　网店开设

实训内容与步骤

（1）进入淘宝网首页，单击左上角的"免费注册"按钮，如图 2-52 所示。

图 2-52　单击"免费注册"按钮

（2）仔细阅读注册协议，单击"同意协议"按钮，如图 2-53 所示。

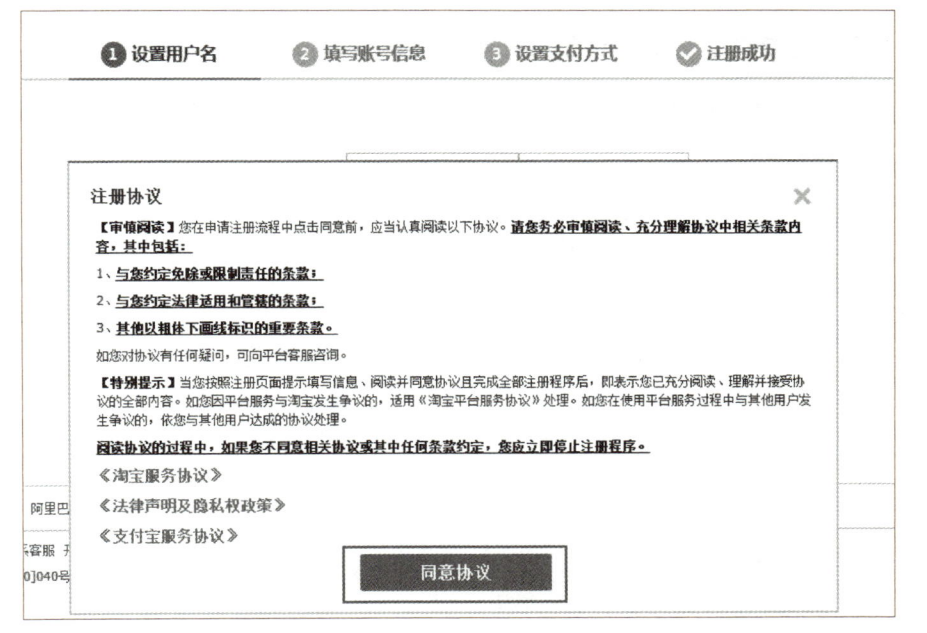

图 2-53　单击"同意协议"按钮

(3)输入手机号码,进行验证,如图 2-54 所示。

图 2-54　输入手机号码

(4)输入校验码,单击"确定"按钮,如图 2-55 所示。

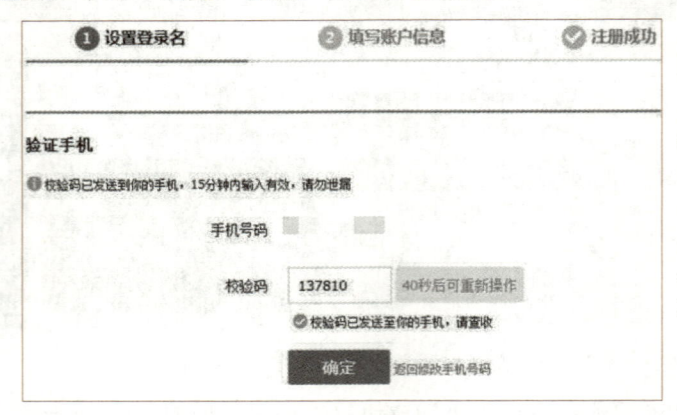

图 2-55　输入校验码

(5)填写登录密码、会员名等账户信息,如图 2-56 所示。

图 2-56　填写账户信息

（6）单击"确定"按钮，提交淘宝账号，完成淘宝账号注册，如图2-57所示。

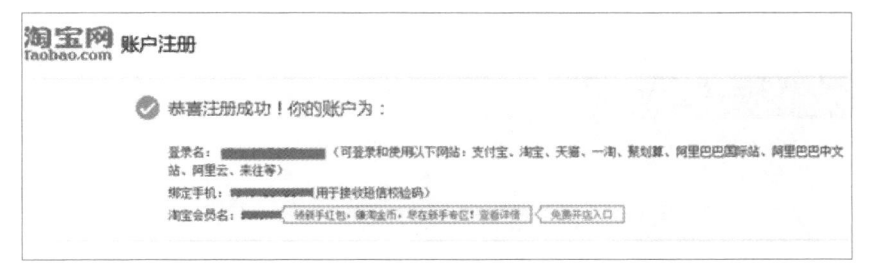

图2-57　完成淘宝账号注册

（7）进入淘宝网首页，单击"千牛卖家中心"按钮，如图2-58所示。

图2-58　单击"千牛卖家中心"按钮

（8）输入会员名和登录密码，登录淘宝账号，如图2-59所示。

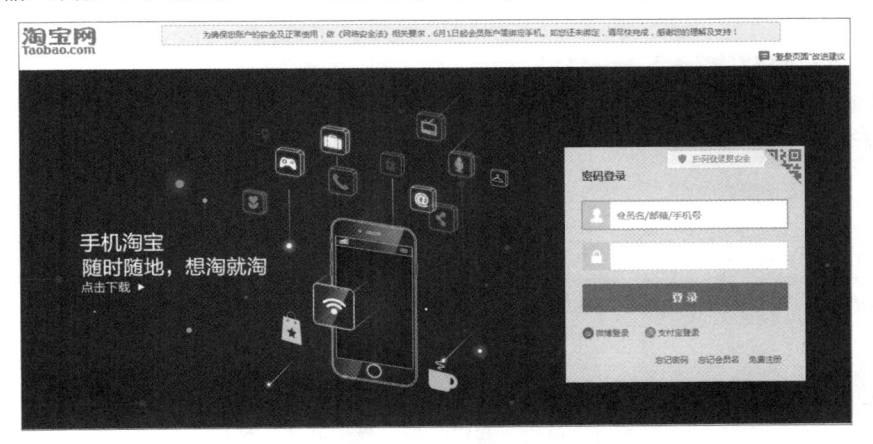

图2-59　登录淘宝账号

（9）进入卖家中心的免费开店界面，单击"创建个人店铺"按钮，如图2-60所示。

图 2-60　单击"创建个人店铺"按钮

（10）阅读开店须知，单击"我已了解，继续开店"按钮，如图 2-61 所示。

图 2-61　单击"我已了解，继续开店"按钮

（11）单击"立即认证"按钮，进行支付宝实名认证和淘宝开店认证，如图 2-62 所示。

图 2-62　进行支付宝实名认证和淘宝开店认证

（12）在认证过程中，商家需要在手机上安装阿里钱盾客户端，通过阿里钱盾客户端进行认证，如图 2-63 所示。

图 2-63　通过阿里钱盾客户端进行认证

（13）在认证过程中，商家还需要上传手持身份证照片、身份证正面照片，如图 2-64 所示。

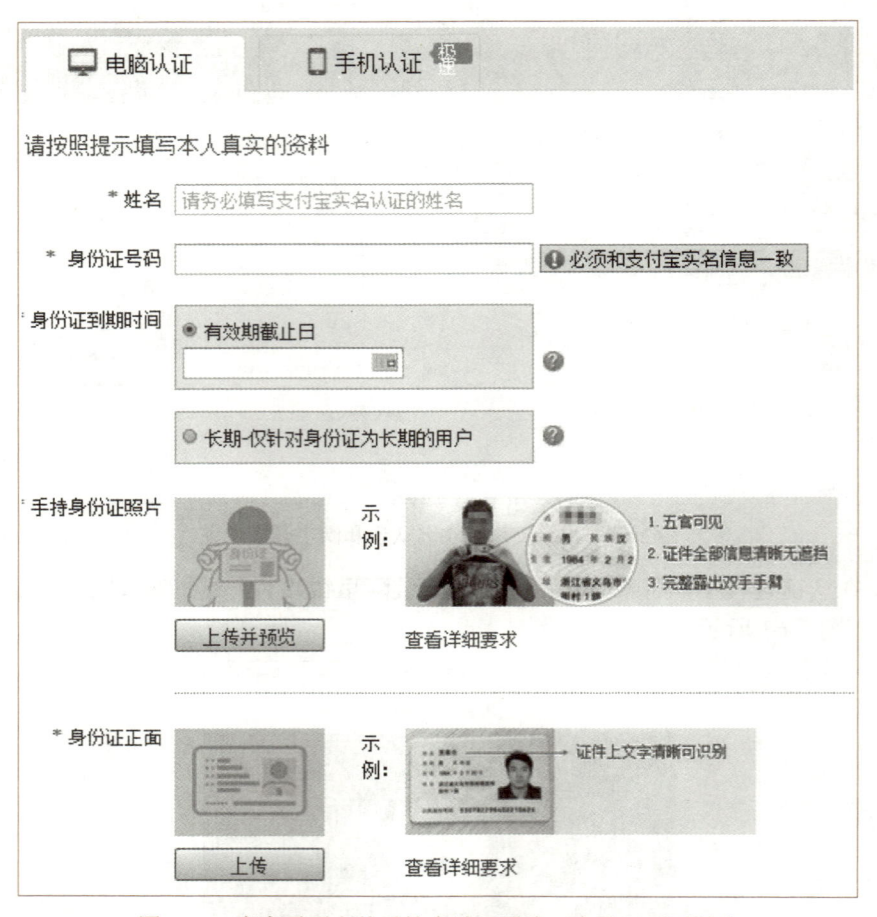

图 2-64　商家需要上传手持身份证照片、身份证正面照片

（14）在提交认证信息之后，淘宝网需要用 1～3 天的时间来进行审核。等认证信息都审核通过后，店铺就开设成功了。

实训提示

注册淘宝账号需要一个未在淘宝网注册过的手机号，开店认证需要身份证正反面照片、手持身份证照片和用同一个身份证注册的银行卡。学生在做实训前请提前准备好这些东西。

思考与练习

请你注册一个淘宝账号，进行开店认证，以文字配截图的形式记录操作过程，并回答下列问题。

（1）一个手机号最多可以注册几个淘宝账号？

（2）个人店铺和企业店铺有什么不同？如果你有一家企业，那么你更愿意创建哪种类型的店铺？为什么？

（3）在淘宝网上开店与在线下开实体店有什么不同？请分析二者的优缺点。

（4）经过本次实训，你认为淘宝开店认证的过程有哪些不足之处？应如何改进？

实训 2.2　商品发布

实训目的

通过本次实训，学生要能够熟悉在电商平台上发布商品的流程，能够比较和分析网店的商品和线下实体店的商品的优缺点，加深对电商平台上的商品的认识。

实训内容与步骤

（1）进入卖家中心，选择"宝贝管理"中的"发布宝贝"选项，如图 2-65 所示。

图 2-65　选择"发布宝贝"选项

（2）上传商品主图，最多可以选择 4 张商品主图，淘宝网会自动生成白底图及长图。若商品含条码，则可以输入商品条码或者上传商品条码图片，如图 2-66 所示。

图 2-66　上传商品主图

（3）确认商品类目，填写品牌和货号，单击"下一步，完善商品信息"按钮，如图 2-67 所示。

图 2-67　确认商品类目

（4）在"基础信息"选项卡中，选择宝贝类型，设置宝贝标题、类目属性等基本信息，如图 2-68 所示。

图 2-68　设置基础信息

（5）在"销售信息"选项卡中，设置颜色分类、尺码、价格、数量等销售信息，如图 2-69 所示。

图 2-69 设置销售信息

（6）在"图文描述"选项卡中，添加宝贝图片和主图视频（商家需提前准备好这些素材），如图 2-70 所示。

（7）设置支付信息和物流信息，如图 2-71 所示，并选择相应的运费模板。

（8）在"售后服务"选项卡中，设置售后服务类型、商品上架时间和会员是否参与打折等售后服务信息，单击"提交宝贝信息"按钮，如图 2-72 所示。

（9）商品发布成功，如图 2-73 所示。发布成功的商品通常要在 30 分钟后才能在店铺、分类、搜索结果中显示出来。

（10）单击"查看该宝贝"按钮，就可以看到发布成功后的商品的具体信息，如图 2-74 所示。

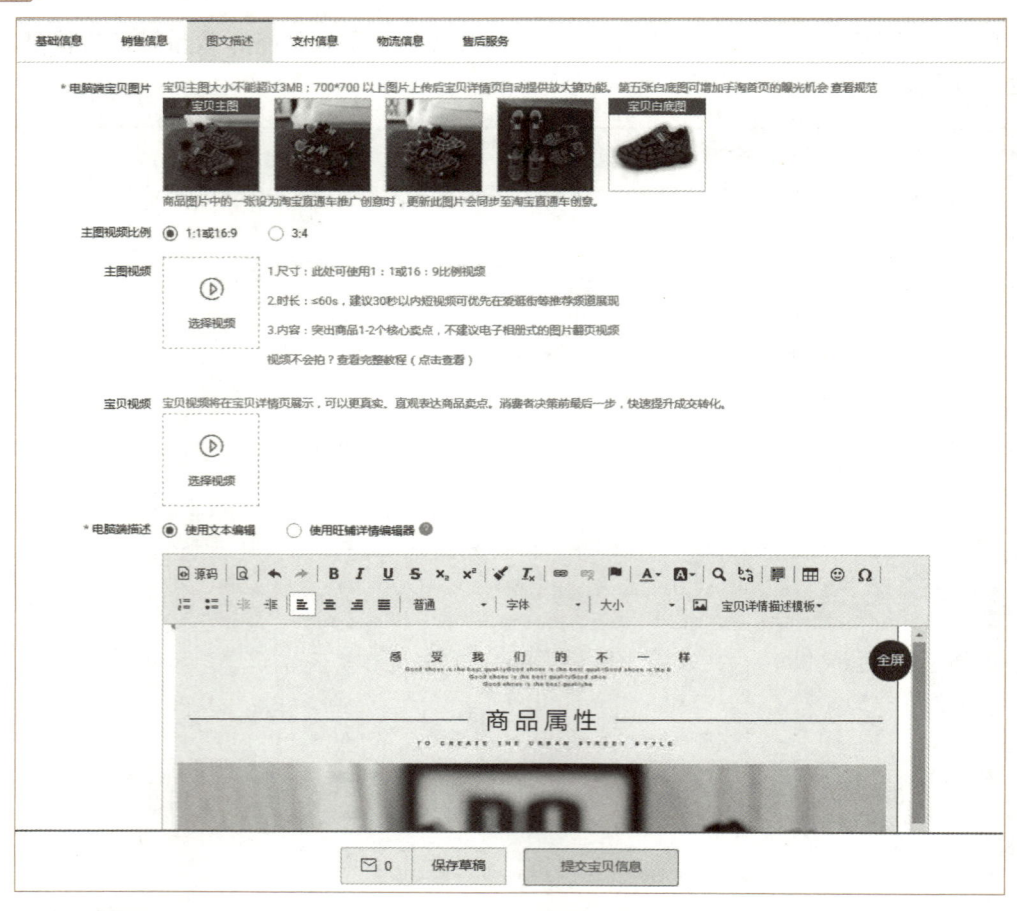

图 2-70　设置图文描述信息

图 2-71　设置支付信息和物流信息

图 2-72 设置售后服务信息

图 2-73 商品发布成功

图 2-74 发布成功后的商品的具体信息

实训提示

在发布商品时需要填写商品属性、上传商品图片,因此学生在做实训前要提前准备好这些素材。商品详情页最上面的 5 张图片的大小一般为 800 像素×800 像素,电脑端详情页中的图片宽度为 750 像素,手机端详情页中的图片宽度一般为 480~1242 像素,高度一般不超过 1546 像素。

思考与练习

请你发布一个淘宝商品,以文字配截图的形式记录操作过程,并回答下列问题。
(1)用框图描述淘宝商品发布的流程。
(2)在淘宝网上发布的商品有哪几种类型?这些商品类型有什么不同?
(3)请你分析网店的商品和线下实体店的商品的优缺点。
(4)经过本次实训,你认为淘宝网的商品发布有什么特点?还有哪些地方需要改进?

实训 2.3　装修模板选用

实训目的

通过学习淘宝店铺免费模板的使用,以及在该模板上进行简单的装修,学生要加深对网店装修的理解和认识。

实训内容与步骤

(1)进入卖家中心,选择"店铺管理"中的"店铺装修"选项,如图 2-75 所示,进入淘宝旺铺页面。

图 2-75　选择"店铺装修"选项

(2)在淘宝旺铺页面,依次单击"店铺装修""PC 装修",进入 PC 端页面装修选择界面,如图 2-76 所示。

图 2-76　PC 端页面装修选择页面的进入路径

（3）单击"导入专业版页面"按钮，如图 2-77 所示，导入在专业版/天猫版中订购期内的模板。

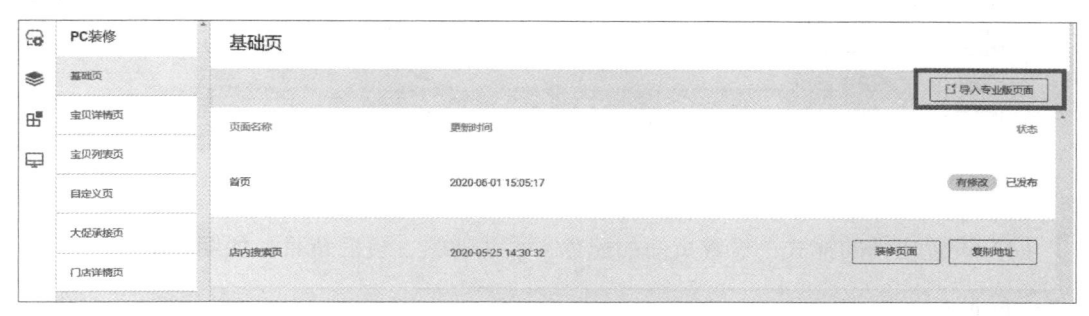

图 2-77　单击"导入专业版页面"按钮

（4）选择一个可用的模板进行导入，如图 2-78 所示。

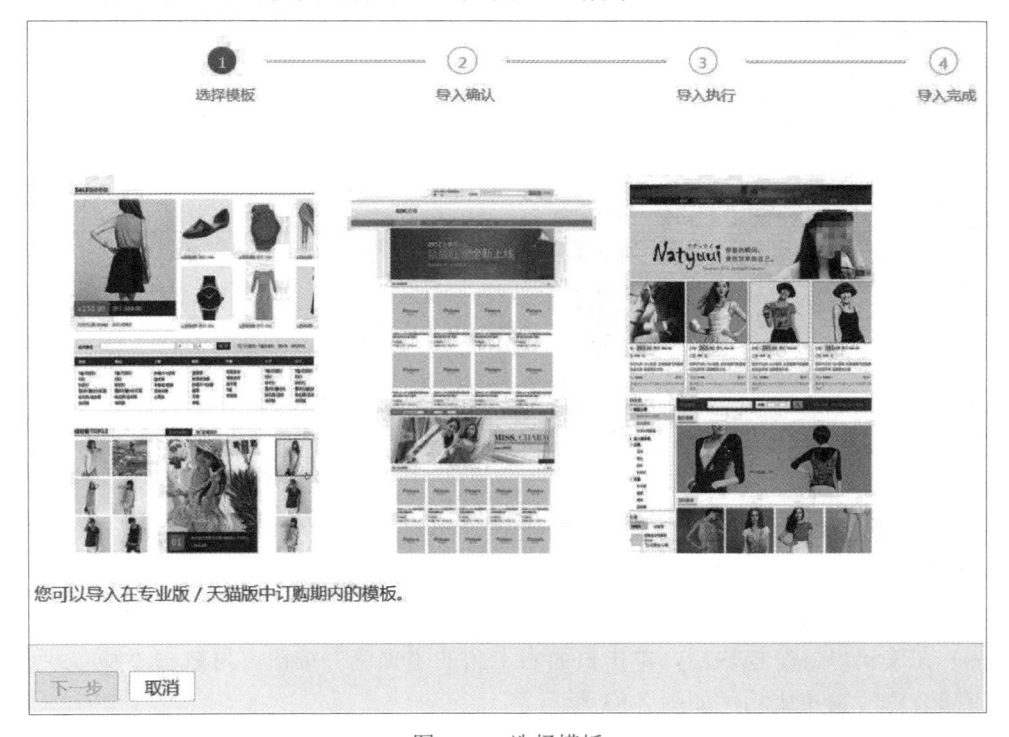

图 2-78　选择模板

（5）在模板导入成功后，选择需要装修的页面，如首页等，如图2-79所示。

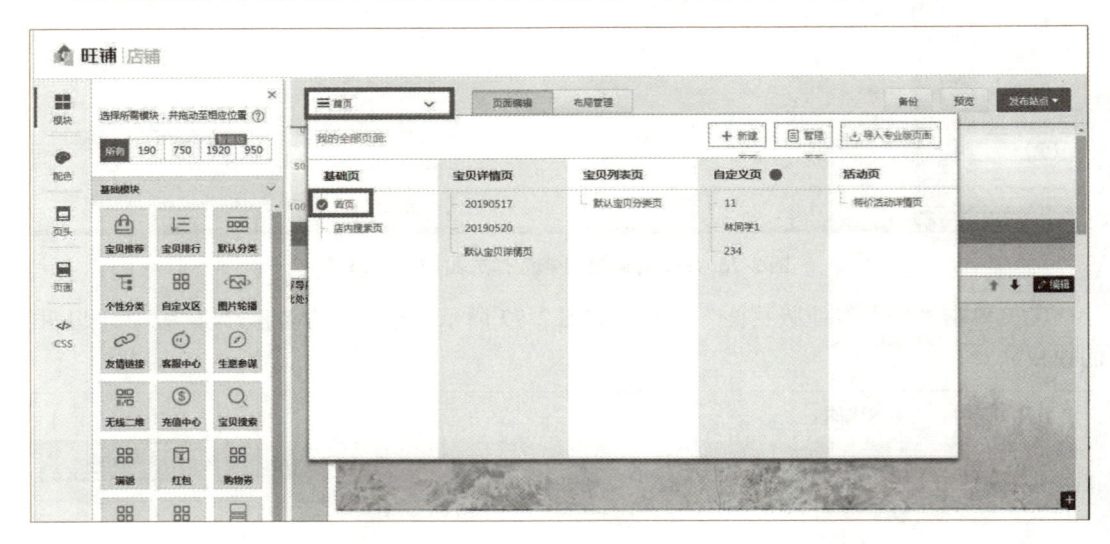

图2-79　选择需要装修的页面

（6）设置店铺的样式：设置页面的配色、页头背景、页面背景，如图2-80所示。

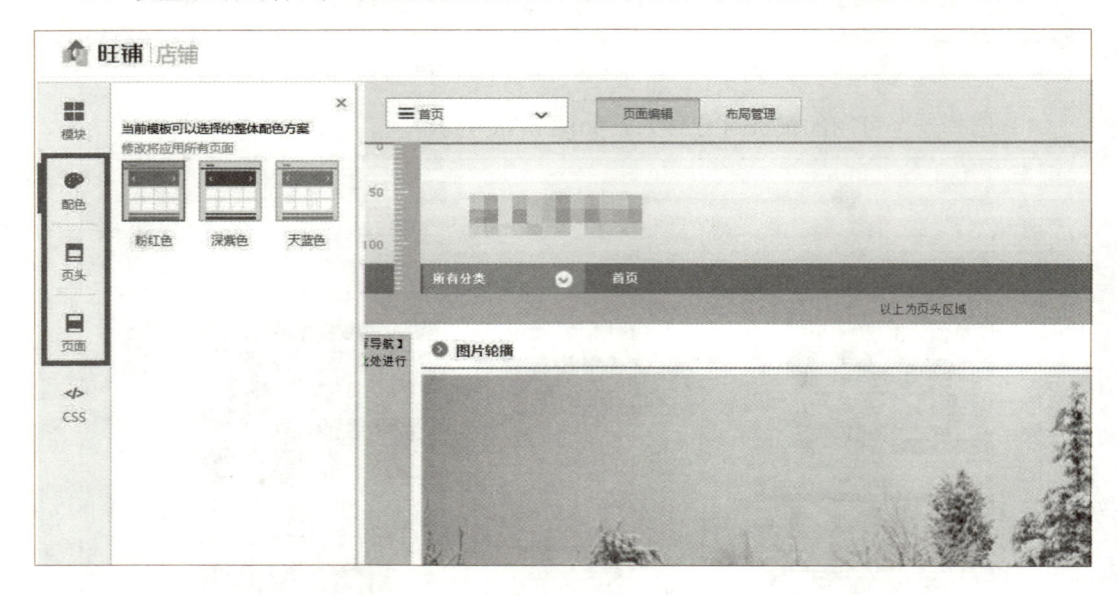

图2-80　设置店铺的样式

（7）单击"模块"按钮，设置模块的尺寸。选中一个模块，按住鼠标左键，将该模块拖动到编辑区，如图2-81所示。

（8）单击模块右上角的"编辑"按钮，编辑模块，如图2-82所示。

（9）在编辑好各个模块后，单击页面右上角的"预览"按钮，再单击"发布站点"按钮，店铺装修即发布成功，如图2-83所示。

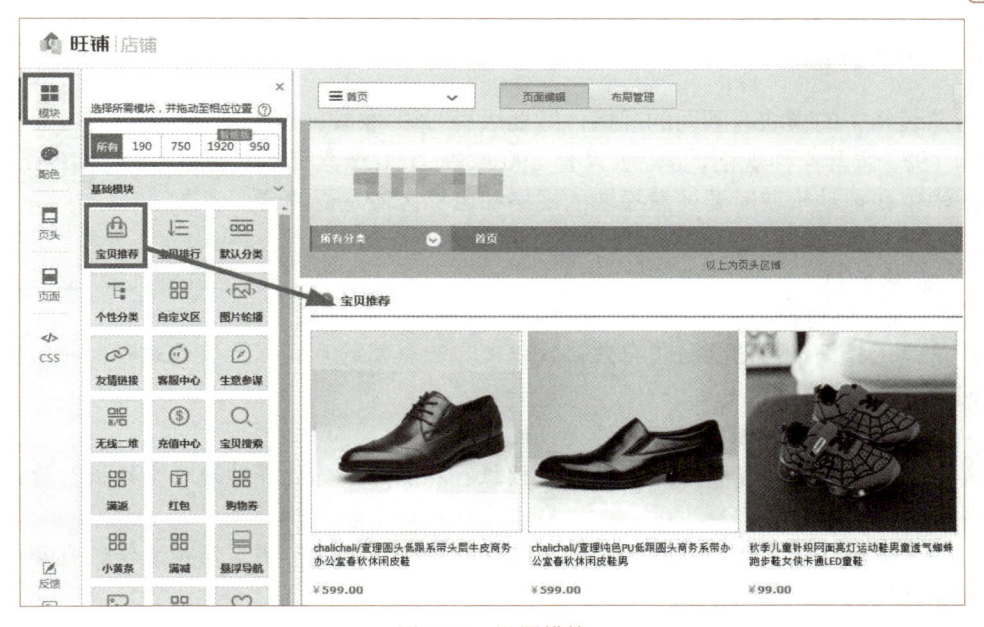

图 2-81 设置模块

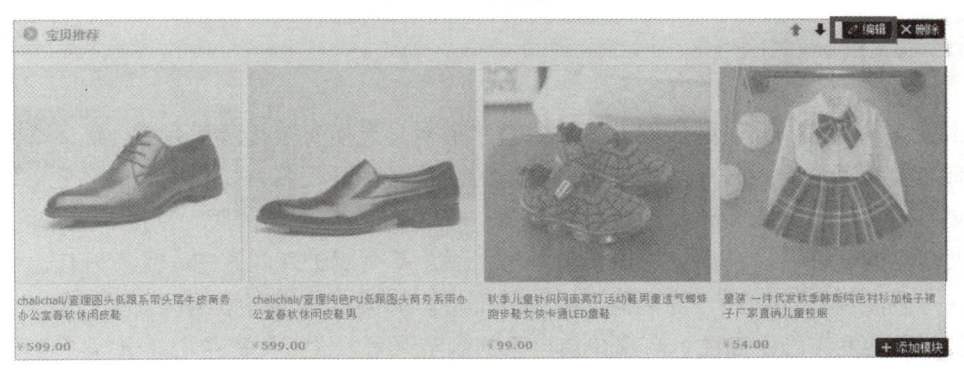

图 2-82 编辑模块

图 2-83 店铺装修发布成功

实训提示

店铺装修中的模块有不同的规格，智能版有 950 像素、190 像素、750 像素和 1920 像素 4 种规格，基础版只有 190 像素、190 像素和 750 像素 3 种规格。学生在拖动模块时要注意模块的规格和目标区域是否吻合。

使用模板装修

思考与练习

请你选择一个网店模板进行装修，以文字配截图的形式记录操作过程，并回答下列问题。

（1）用框图描述淘宝店铺装修模板使用的流程。

（2）淘宝网提供了哪些免费的系统模板？在装修中你选择的是哪个模板？请说明选择它的理由。

（3）经过本次实训，你认为好的网店装修有什么特点？淘宝店铺装修还有哪些地方需要改进？

项目小结

比较常见的可以开设网店的电商平台有淘宝网、天猫商城和京东商城，这 3 个电商平台只有淘宝网适合个人开店。在淘宝网注册的会员名叫旺旺名，如何取旺旺名呢？①尽量取中文名；②旺旺名要简单，字数控制在 3~6 个汉字；③取与品牌、功能相关的旺旺名；④取大众化的旺旺名。商家在注册淘宝账号之后，就可以进入卖家中心免费开店。

在开设淘宝店铺之后，商家需要缴纳保证金。如果商家没有缴纳保证金，就不能发布新商品，只能发布二手商品。商家登录自己的淘宝账号，进入卖家中心，选择"宝贝管理"中的"发布宝贝"选项，就可以发布商品了。除了在卖家中心发布商品，商家还可以使用一键传淘宝和淘宝助理发布商品。商家可以在"宝贝管理"中，进行上架宝贝、下架出售中的宝贝、修改出售中的宝贝信息、删除仓库中的宝贝，以及让宝贝在指定的时间自动上架等操作。

在店铺设置中，商家可以设置店铺名称、店铺标志、店铺简介、域名等信息。PC 端店铺装修页面分为两个区域：工具栏和编辑区。商家可以进行页面装修、模板管理、布局管理、模块设置等操作。模块设置是淘宝店铺装修中的核心部分，一般有 950 像素、190 像素、750 像素、1920 像素（智能版淘宝旺铺独有的）4 种规格。

项目测试

1. 单项选择题

（1）可以开设个人店铺的电商平台是（　　　）。

　　A．天猫商城　　　B．淘宝网　　　C．京东商城　　　D．当当网

（2）在淘宝网，商家如果想发布新商品，就需要（　　）。
　　　A．进行身份认证　　　　　　B．安装千牛工具
　　　C．联系淘宝小二　　　　　　D．缴纳保证金
（3）淘宝店铺的域名的格式为（　　）。
　　　A．www.taobao.com　　　　　B．××××.1688.com
　　　C．××××.taobao.com　　　 D．taobao.××××.com
（4）下列图片的宽度，符合手机端描述的合理宽度的是（　　）。
　　　A．450 像素　　B．380 像素　　C．620 像素　　D．1300 像素
（5）淘宝旺铺智能版对一钻以下商家的收费标准是（　　）。
　　　A．免费　　　B．10 元/月　　C．30 元/月　　D．50 元/月

2．多项选择题
（1）取旺旺名要注意（　　）。
　　　A．尽量用数字
　　　B．旺旺名要简单，字数控制在 3~6 个汉字
　　　C．取与商品及其品牌、功能相关的名字
　　　D．取大众化的旺旺名
（2）在淘宝网发布商品的方法有（　　）。
　　　A．在卖家中心发布　　　　　B．叫淘宝小二发布
　　　C．1688 一键传淘宝　　　　 D．使用淘宝助理发布商品
（3）在店铺基本设置中，商家可以设置（　　）。
　　　A．店铺名称　　B．店铺标志　　C．旺旺名　　D．店铺简介
（4）手机端描述可以添加的内容有（　　）。
　　　A．音频　　　B．图片　　　　C．文字　　　D．摘要
（5）以下选项属于店铺装修中模块规格的是（　　）。
　　　A．950 像素　　B．190 像素　　C．750 像素　　D．1000 像素

3．分析题
（1）分析淘宝店铺装修和线下实体店装修的异同点。
（2）分析 3 种商品发布方法（在卖家中心发布商品、一键传淘宝和淘宝助理）的优缺点。

项目 3

日常运营

项目重点和难点

千牛的使用；订单管理；物流配送；阿里旺旺快捷短语的设置；淘宝助理工具的使用；运费模板的设置；批量上传淘宝商品及生成手机端详情页的方法。

思政目标

培养遵纪守法、诚实守信的职业素养，树立积极、向善、诚信、奉献的商业伦理价值观。

项目导图

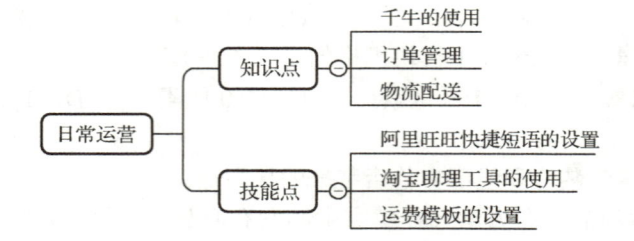

```
                        ┌─ 千牛的使用
              ┌─ 知识点 ─┼─ 订单管理
              │         └─ 物流配送
   日常运营 ──┤
              │         ┌─ 阿里旺旺快捷短语的设置
              └─ 技能点 ─┼─ 淘宝助理工具的使用
                        └─ 运费模板的设置
```

引例

随着淘宝网的发展，淘宝店铺内的分工也出现了细化，店长总管大局，客服、美工各司其职，甚至在客服中间也出现了售前和售后的细分。随着这些工作的专业化，相应人员的收入也有了大幅提升。

小王在做网店客服之前，在一家数码产品公司做客服，负责处理客户的询问，以及接洽维修。工作之余，小王就在电脑旁聊天、发帖子，练就了快速打字的本领。在一个朋友的推荐下，小王被一家大型网店录用了，工作仍然是客服，但是工作内容和她曾经做过的客服不大相同。

每天早上 8:30，小王准时坐在电脑旁，打开千牛软件，开始"聊天"工作。客户的聊天窗口接二连三地弹出来，小王往往要同时面对四五十个窗口的"攻击"。客户发来的内容大多数是询问商品细节的,也有部分是要求进行售后服务的。小王早就背熟了网店商品的细节,回答起来十分熟练,对于售后的要求,小王也能酌情进行处理。这种同时面对数十人的高速交流,要一直持续到中午才会稍微慢下来。

小王平均一天能成功卖出五六十个商品,每天的提成都在四五百元。像小王这样的客服还有很多,不过,并不是所有人都有她那样的高收入。小王的优势是,在数码产品公司积累了售前和售后的服务经验,而且打字速度快。

> **引例分析**
>
> 卖家在淘宝网上的聊天工具叫千牛,淘宝客服就是用这个工具和客户聊天,最终让客户下单的。千牛有很多使用技巧,快捷短语就是其中之一。有了快捷短语,客服才能在短时间内快速回复客户。在客户下单后,卖家需要在淘宝后台对订单进行管理,还要将商品打包发送出去。卖家可以在淘宝后台设置运费模板,使用快递对商品进行物流配送,将商品安全地送到客户手中。此外,淘宝网还有一个叫作淘宝助理的工具,使用这个工具,卖家可以批量上传淘宝商品。以上内容,本项目都会介绍。

任务 3.1 客户服务

3.1.1 售前接待

售前接待对一家网店来说至关重要,良好的售前接待可以在很大程度上提高客户对网店的初始印象和服务意识的判断,直接决定客户接下来的购买行为。在淘宝网上,一般的售前接待都是通过千牛来完成的,下面我们就来了解一下这个工具吧。

1. 千牛的使用

1)千牛简介

千牛是淘宝网为客服提供的与客户进行沟通的聊天工具。该工具不仅可以让客服非常便捷地与客户沟通,还具有处理订单、管理商品、查看实时数据等功能。

千牛下载和安装

卖家可以从千牛的官方网站上下载千牛。千牛有电脑版和手机版两种版本,卖家在电脑上使用千牛就用电脑版千牛,在手机上使用千牛就用手机版千牛。

卖家在登录电脑版千牛后,会进入卖家中心。卖家在卖家中心可以对店铺进行一些常规的操作,如进行交易管理、物流管理、宝贝管理等。卖家中心的右上角有一个阿里旺旺按钮,如图 3-1 所示。

单击右上角的阿里旺旺按钮,就会打开阿里旺旺聊天窗口。该窗口的左侧是联系人列表,中间是聊天界面,右侧显示的是该联系人的足迹等信息,如图 3-2 所示。

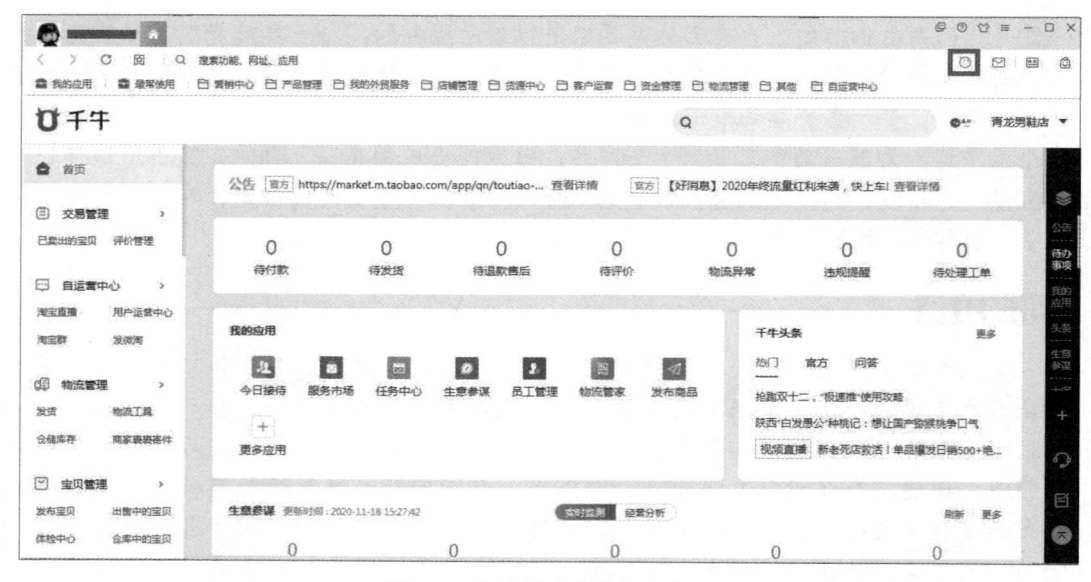

图 3-1 电脑版千牛的卖家中心

图 3-2 阿里旺旺聊天窗口

2）商品推荐的设置

在阿里旺旺聊天窗口的右侧，选择"推荐"选项卡，如图 3-3 所示。在该选项卡中，我们可以查看商品的 SKU、属性和给客户发送商品链接。

单击"管理"按钮，进入商品推荐管理界面，如图 3-4 所示。单击"添加商品推荐"按钮，我们就可以添加想要推荐的商品。

图 3-3 "推荐"选项卡

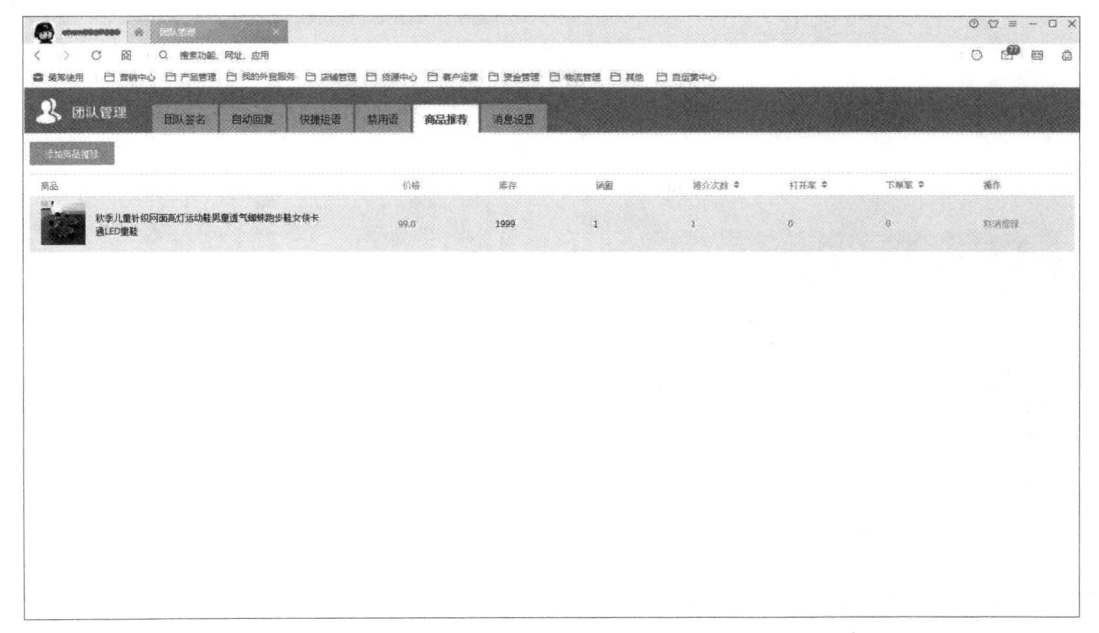

图 3-4 商品推荐管理界面

选中想要添加的商品,单击"确定添加"按钮,就可以将商品推荐到阿里旺旺聊天窗口了,如图 3-5 所示。

3)头像设置

在阿里旺旺聊天窗口中,单击个人账户名,如图 3-6 所示,弹出"我的资料"对话框。单击"修改"按钮,如图 3-7 所示,即可更改阿里旺旺的头像。

图 3-5　添加推荐商品

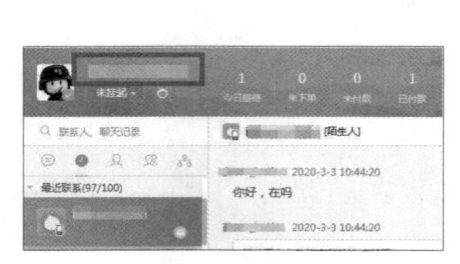

图 3-6　单击个人账户名

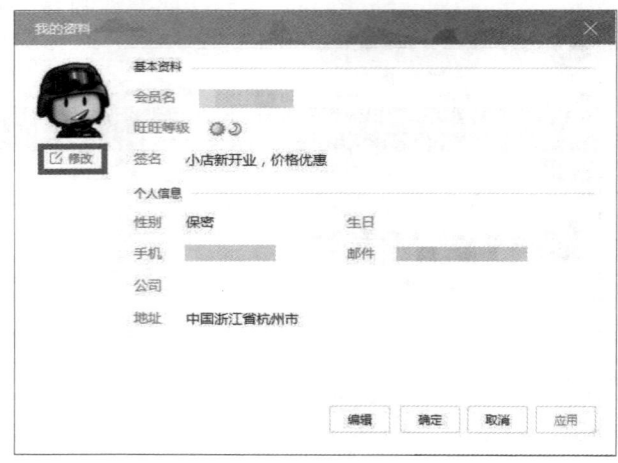

图 3-7　单击"修改"按钮

4）自动回复设置

在客服接待客户的过程中，有些问题是客户经常询问的，如"在不在""有没有货""发什么快递"等。对于这些客户经常询问的问题，卖家可以使用阿里旺旺的自动回复功能进行自动回复设置，从而提高客服的工作效率。

在千牛的"系统设置"对话框中，先选择"接待设置"中的"自动回复"选项，再单击"自动回复"按钮，进行自动回复设置，如图3-8所示。

5）快捷短语设置

针对客户经常询问的问题，除采用自动回复外，客服还可以使用快捷短语进行回答。相对自动回复的不灵活性，快捷短语非常灵活。

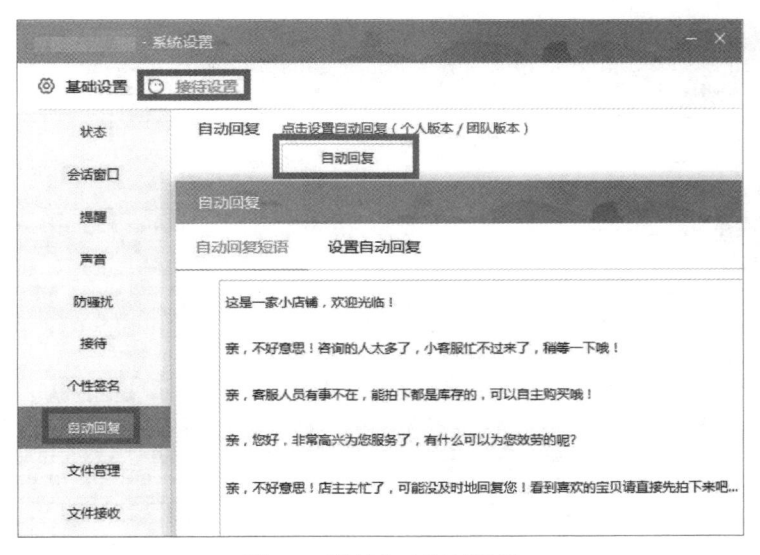

图 3-8　进行自动回复设置

在阿里旺旺聊天窗口中，单击"快捷短语"按钮，在阿里旺旺聊天窗口右侧就会显示快捷短语界面，如图 3-9 所示。

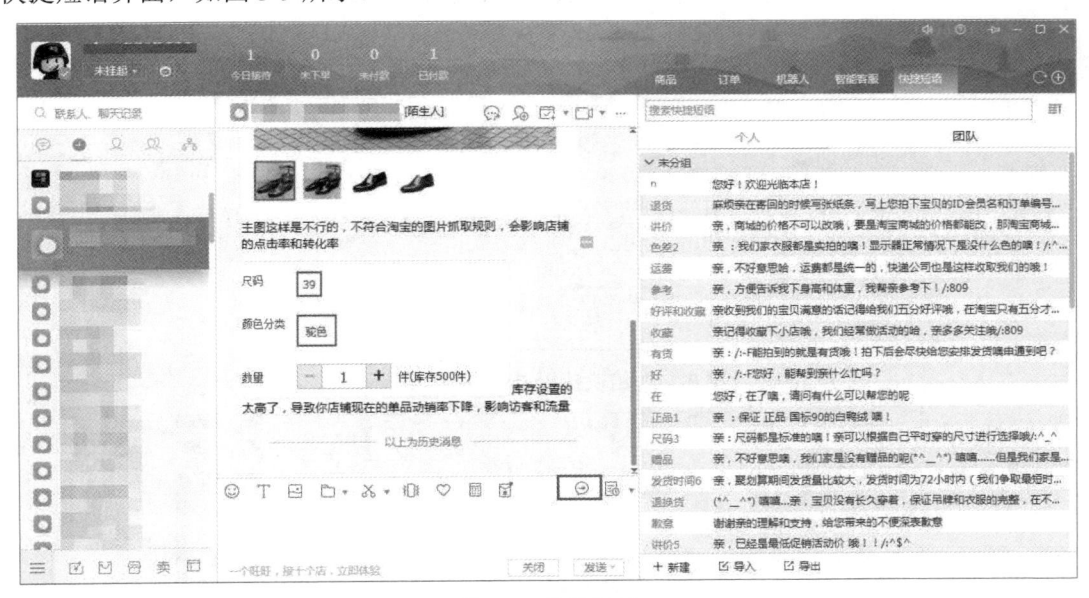

图 3-9　快捷短语

在这里，卖家可以对快捷短语进行新建、导入、导出等操作。快捷短语的文件格式有两种：CSV 和 XML 格式，卖家可以根据实际情况进行操作。

使用快捷短语非常简单，只需要单击快捷短语，设置好的快捷短语就会出现在阿里旺旺聊天窗口中，如图 3-10 所示。

在设置快捷短语时，卖家还可以给某个快捷短语设置快捷编码，如图 3-11 所示。

有了快捷编码，客服在阿里旺旺聊天窗口中只需要输入"/"加快捷编码，设置好的快捷短语就会显示出来，如图 3-12 所示。

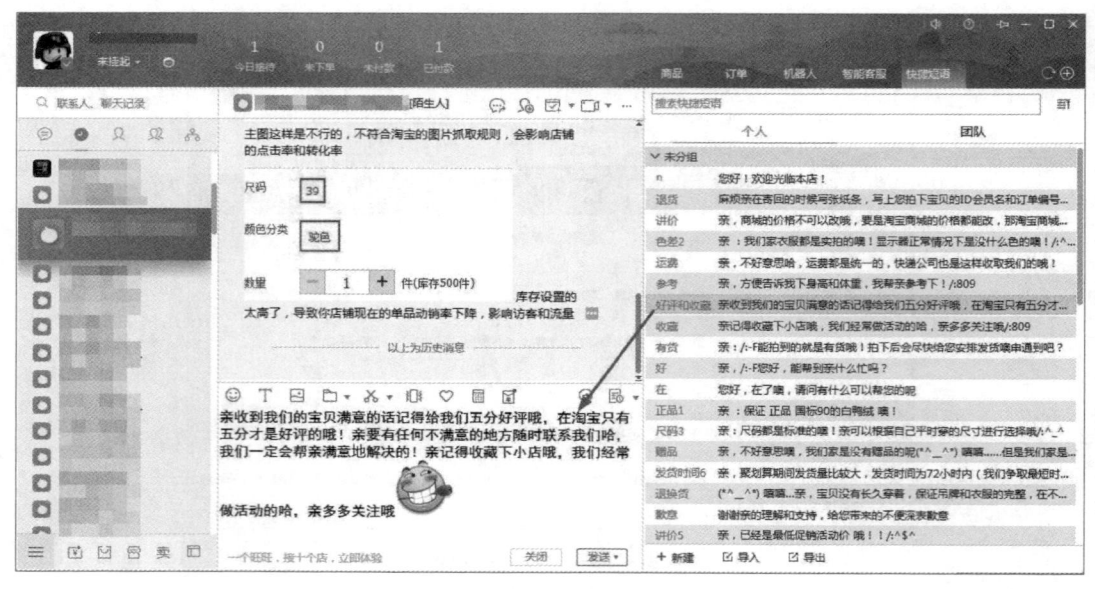

图 3-10 使用快捷短语

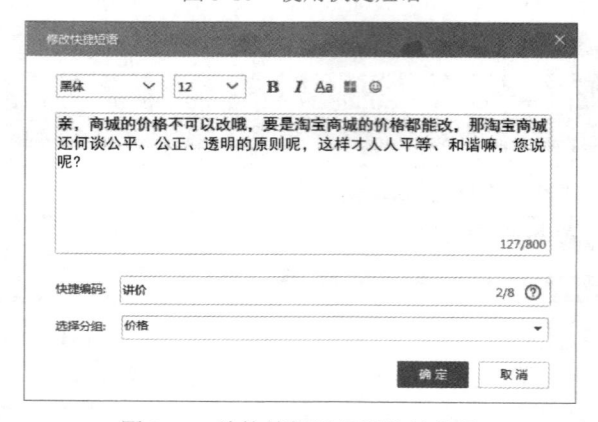

图 3-11 给快捷短语设置快捷编码

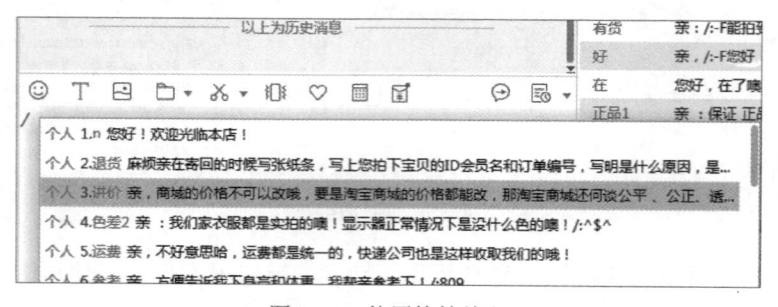

图 3-12 使用快捷编码

2. 子账号设置

一家大型的淘宝店铺会有多个客服，每个客服都需要一个账号才能正常工作。一个淘宝店铺只有一个主账号，卖家需要给每个客服额外分配一个子账号。子账号是淘宝网为了帮助卖家实现员工的角色权限分工、规范管理而制定的一套系统。在这个系统中，卖家可以设置不同的子账号角色，如运营、美工、客服等，并给这些角色分配不同的权限，让大家各司其职。卖家也可以通过子账号设置不同的客服，从而实现客服的分工，解决客户分流的问题。

在卖家中心选择"店铺管理"中的"子账号管理"选项，进入子账号管理界面，如图 3-13 所示。

图 3-13　子账号管理界面

单击"新建员工"按钮，就可以创建一个子账号，如图 3-14 所示。

图 3-14　创建子账号

子账号的账号名是在原账号的后面加上英文、数字、汉字等形成的，如"韩都衣舍旗舰店：2a"就是韩都衣舍店铺的一个子账号。

在"部门"下拉列表中，可以为子账号选择相应的部门，不同部门的账号权限不同。如果是客服账号，那么卖家后续也可以进行分组、分流的设置。

在子账号管理界面中单击"客服分流"按钮，就会进入客户分流设置界面，如图 3-15 所示。

单击"分组设置"按钮,进入分组设置界面,在设置中选择"管理客服"选项,如图3-16所示,进入客服分组界面。

图3-15 客服分流设置界面

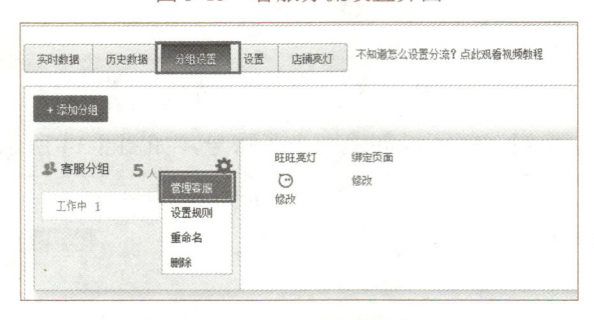

图3-16 选择"管理客服"选项

单击"添加客服"按钮,在弹出的对话框中选择相应客服,单击"确定"按钮,如图3-17所示。

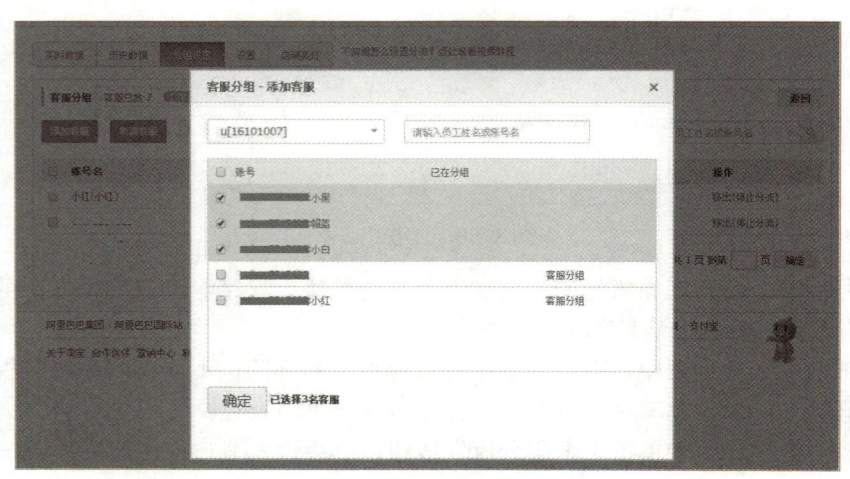

图3-17 添加客服

这样这些客服就被分配到同一个小组中了，如图 3-18 所示。在同一个小组中的客服可以为彼此分流客户。

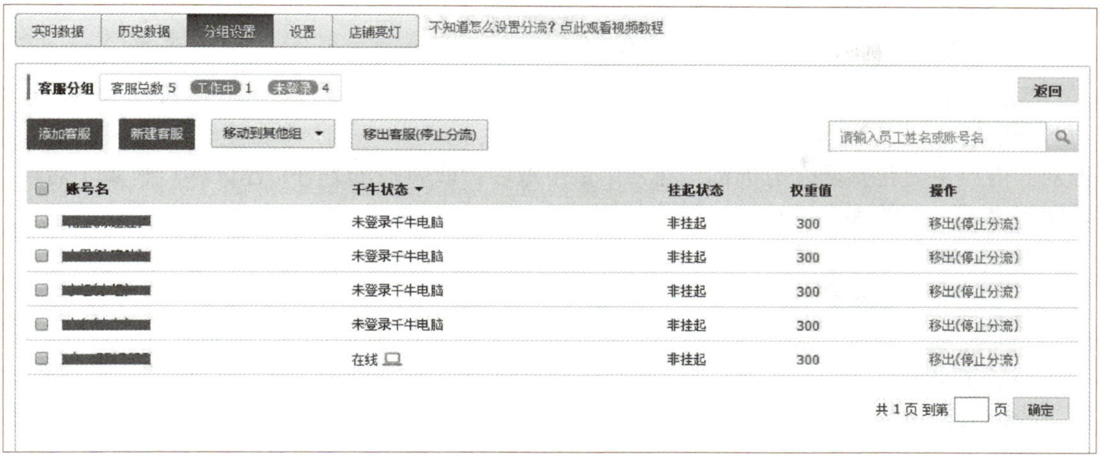

图 3-18　在同一个小组中的客服账号

3．售前客服的客户接待流程

一个专业的售前客服团队会拥有一套完整的客户接待流程，以便出色地完成售前工作，从而促成交易。售前客服的客户接待流程应该至少包含以下 4 个环节。

1）热情问好

由于网店的客服不能与客户面对面地交谈，因此其第一句话至关重要。这是客户对客服的第一印象，甚至影响到客户对店铺的第一印象。大多数客户是没有耐心的，如果客服在短时间内没有回复客户，客户就会离开。因此，当客户发出沟通信号时，客服必须在 30 秒内进行回复。客服的问候语要热情，并向客户表示欢迎。除此之外，客服的回复内容还可以加入客服的名字（或客服编号）、促销信息及恰当的表情等，如下面的案例。

客户：在吗？

客服（在 30 秒内回答）：亲，您好！欢迎光临×××店铺（店铺全名），我是客服小鱼，很高兴为您服务。

2）销售咨询

在热情问好后，客服要合理地回答客户的问题，为客户提供真实、可靠的商品信息及服务承诺。由于客服面对的客户各不相同，每个客户都有自己的个性，因此客服在回答客户的问题时，还要了解客户的相关信息，给予个性化的回答，如下面的案例。

客户：我想买一款面膜，有什么可以推荐的吗？

客服：亲，请问您的皮肤属于什么肤质？不同的面膜适用于不同的肤质哦。

客户：我的皮肤有些敏感，在用一些面膜时会有点痒。

客服：亲，您的皮肤属于敏感性肤质，我为您推荐一款能防止皮肤过敏的面膜。

3）促成交易

客户在购买商品时一般会货比三家，有些客户可能同时在跟几个销售类似商品的店铺的客服进行沟通。因此，客服需要及时引导客户拍下商品并付款，促成交易。客服可以对客户做一些简单的提醒，也可以灵活地向客户介绍搭配方法，推荐关联商品，及时引导客户拍下商品并付款，促成交易，如下面的案例。

客服：亲，如果没有什么疑问，就可以拍下宝贝哦。我们将在您付款后的第一时间为您发货，并提供 7 天无理由退换货服务。本次大促的价格非常优惠，赠品也很给力，亲，不要错过哦！

4）核实、告别

核实、告别是整个客户接待流程不可或缺的一个环节。无论是咨询过的客户，还是自助购物的客户，客服都需要向其核实订单内容及收货地址，有时候还需要核对备注信息。告别的内容主要包括两个方面的信息：尽量争取客户收货后的好评；建议客户收藏本店铺，以便不错过后期的优惠活动，如下面的案例。

客服：亲，您好！请核对您的订单信息及收货地址……

客户：订单信息和收货地址都是正确的。

客服：好的，亲，感谢您购买我们的商品。如果您对本商品满意，请给五分好评，它对我们非常重要，谢谢！如果您在收到商品后有问题，那么请您在做出评价前及时联系我们，我们会竭诚为您服务。欢迎收藏本店铺，关注本店活动。再次谢谢您的惠顾，祝您生活愉快！

3.1.2 售后处理

1. 树立良好的售后服务观念

（1）网店的售后服务比实体店更加困难。如果一家网店没有良好的售后服务，那么客户是不会成为回头客的。网店的售后服务与实体店的售后服务略有差异。网店的客服与客户的交流主要通过阿里旺旺或者电话进行，实体店的客服主要采用面对面交谈的方式与客户进行交流，效果会好很多。因此，网店的售后服务更难做。

（2）客服要树立为客户服务的意识。有了这样的意识，客服才能做好售后服务。

（3）客服要真诚地为客户服务。服务很难让所有的客户都百分之百地满意，在遇到客户对服务不满意的情况时，客服要淡然处之。

（4）客服在接到投诉后要及时与客户沟通。当出现客户投诉时，如果客服在 30 秒内没有做出回应，客户就有可能流失。因此，在接到投诉后，客服要尽快与客户进行沟通，争取通过双方的协商解决问题。如果双方实在协商不了，那么可以请淘宝的工作人员介入处理。

2. 退换货处理

网店的退换货情况比实体店要多很多，总结起来有 4 个原因：质量问题、规格问题、个人喜好问题和描述不符。

（1）质量问题。质量是商品的生命，质量不好的商品要想在网店中进行大量销售几乎是不可能的。当客户由于质量问题要求退换货时，卖家一般应无条件退换货。如果该商品长期存在质量问题，那么笔者建议卖家把商品下架，等处理好质量问题再进行销售。

（2）规格问题。服装、鞋等商品很容易出现规格问题。客户在没有试穿的情况下，只靠网页上的商品描述来确定规格是有一定难度的。在遇到这类问题时，卖家一般应无条件退换货。

为了减少因为规格问题而出现的退换货情况，卖家在商品描述及客服的最后确认中一定要提醒客户看清商品规格，甚至可以将试穿者的情况写出来，让客户可以更加直观地了解商品的规格,如图 3-19 所示。

尺码	肩宽	胸围	腰围	下摆	衣长	袖长	袖肥	袖口
S	33	90		76	57.5	59	25.5	15
M	34	94		80	58.5	60	26.5	16
L	35	98		84	59.5	61	27.5	17
XL	36	102		88	60.5	62	28.5	18

不可漂白　建议手洗　低温熨烫

试穿者	身高	体重	三围	试穿尺码	试穿体验
Anne	150	44	82/65/88	S	面料舒适,有品质感,大小合适
Ivan	159	52	86/67/90	M	版型好,穿着合身,显瘦
Renee	167	56	87/69/94	L	领型显瘦,衣服的做工也很好

图 3-19　商品描述中的商品规格

(3) 个人喜好问题。从网店购买商品不同于从实体店购买商品,客户从网店购买商品需要等一段时间才能拿到商品,有些客户在拿到商品时不喜欢自己购买的商品了,要求退货。在这种情况下,卖家可以和客户约定好:由于个人喜好问题而产生的退货,运费由客户承担。

(4) 描述不符。网店中的大多数商品都会经过 Photoshop 等图像处理软件的处理,商品的图片比实物更好看,更能吸引客户的眼球。如果图片处理不好,使图片和实物的差别太大,客户就会感到非常失望,从而要求退货。这种情况往往是由卖家过度处理图片引起的。因此,卖家在处理图片时,一定要注意不能使图片和实物的差别太大,否则图片好看了,退货就多起来了。

3. 正确对待中差评

(1) 中差评是正常的。当一家店铺有一定的销量时,就会出现对店铺商品不满意的客户,从而给店铺打出中差评。卖家经过努力,可以让一些客户将中差评修改为好评。如果出现客户不同意修改评价的情况,那么卖家也不要气馁,要接受现实,继续把店铺做好。如果遇到职业差评师,那么卖家要收集证据并上交给淘宝客服,一般淘宝客服在认定某人是职业差评师后,就会把他的评价删除。

卖家在看到中差评后,一定要保持冷静,不能让几个中差评影响店铺的整体运行。

(2) 找出中差评的原因,积极对待。只要客服耐心地向客户解释,大多数客户是不会给中差评的。例如,有些心急的客户会抱怨物流速度太慢,对于这类客户,客服一定要跟他解释清楚物流公司的速度是卖家无法控制的。

客户在对客服的服务态度不满意时会给中差评。对于这类问题,卖家要好好培训自己的客服,让客服及时回复客户。大多数客户在 30 秒内没有收到回复就会不耐烦。因此,客服的及时回复对提升客户的满意度是非常有帮助的。但是,当客户数量太多,客服没有办法立即回复时,客服要向客户表达自己的歉意,客户一般会理解的。客服也可以提前设置好自动回复和机器人回复,这样客户就可以及时收到回复。

客户在对商品的质量和性能不满意时会给中差评。导致客户对商品的质量和性能不满意的可能原因是卖家在商品描述中夸大了商品的质量和性能,如商品明明是普通运动鞋,卖家却说它是多功能运动鞋。

（3）引导客户修改中差评。大多数中差评是由卖家和客户之间的误会引起的，卖家在与客户沟通后可以让客户修改中差评。

卖家在收到客户的中差评后，要先冷静地分析情况。如果是卖家自身的问题，卖家就要诚恳地向客户道歉，在得到客户的原谅后，再请求客户修改评价。如果客户不知道如何修改评价，卖家就要及时把修改方法告诉客户。如果客户不愿意修改评价，那么卖家也不要死缠烂打，以免引起客户的反感，得不偿失。正确的做法是卖家接受这个中差评，找出原因，争取在以后的工作中引以为戒，减少中差评。

遇到恶意中差评怎么办？千万不要忍！

任务 3.2 交易管理

3.2.1 订单管理

1. 查看订单详情

在买家下单后，卖家就可以在淘宝后台看到订单的详情。卖家进入卖家中心，选择"交易管理"中的"已卖出的宝贝"选项，就可以看到已卖出的宝贝，如图 3-20 所示。

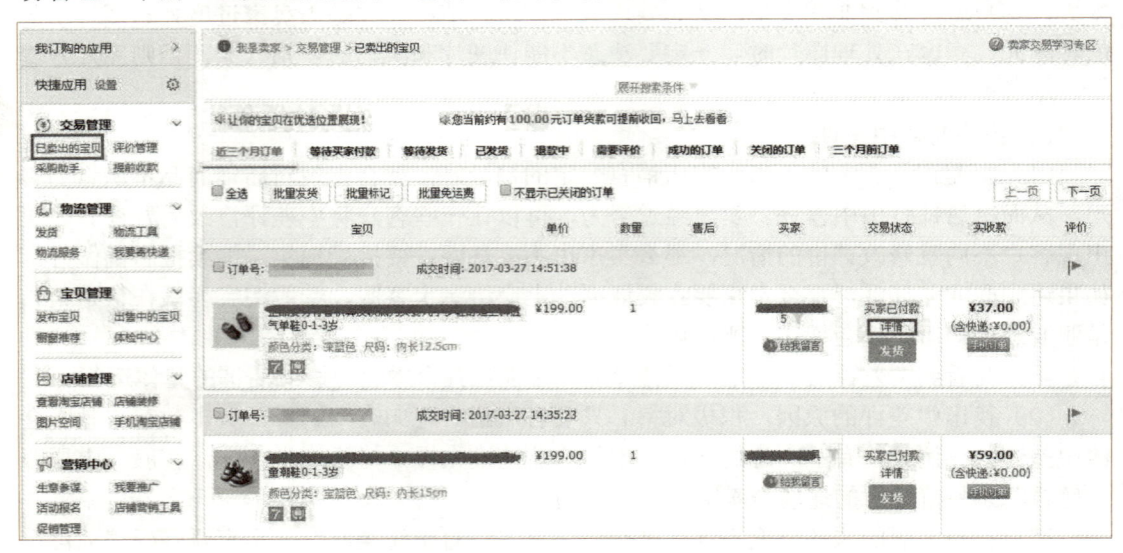

图 3-20 已卖出的宝贝

单击"详情"超链接，可以看到订单编号、付款时间、宝贝属性等订单信息，如图 3-21 所示。

选择"收货和物流信息"选项卡，可以看到收货地址、运送方式、运单号等信息，如图 3-22 所示。

单击"查看物流信息"超链接，可以查看物流的实时动态，如图 3-23 所示。

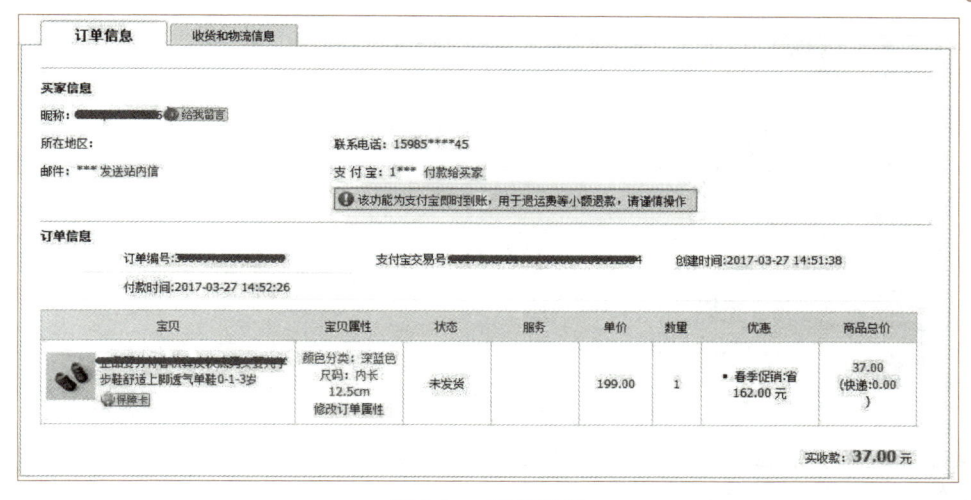

图 3-21 订单信息

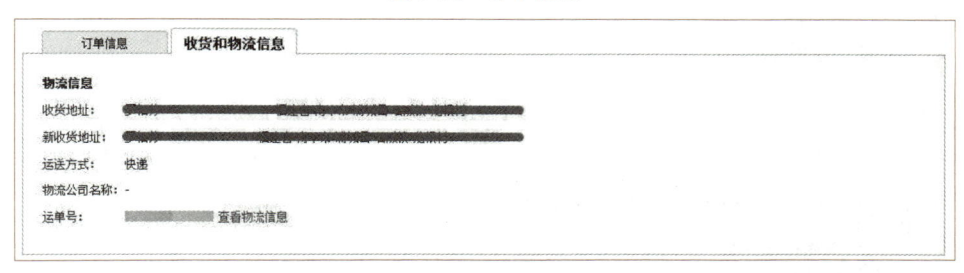

图 3-22 收货和物流信息

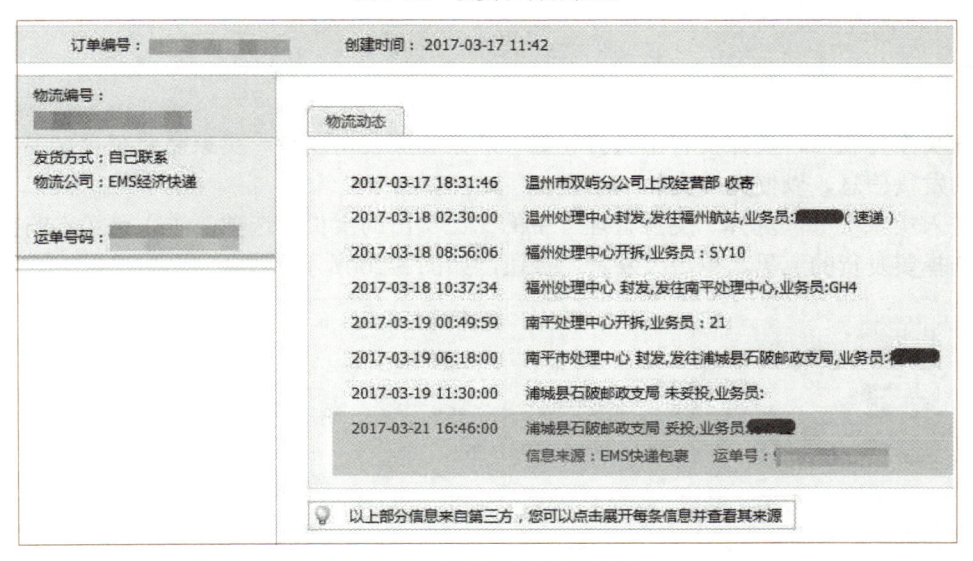

图 3-23 查看物流的实时动态

2. 修改价格

当买家讨价还价时,卖家可以在买家拍下宝贝后,在后台修改宝贝的价格。

卖家进入卖家中心,选择"交易管理"中的"已卖出的宝贝"选项,进入已卖出的宝贝界面,选择要修改价格的宝贝,单击"修改价格"超链接,如图 3-24 所示。

图 3-24　单击"修改价格"超链接

卖家在进入价格修改界面后，输入修改后的价格，单击"确定"按钮，即可完成宝贝价格的修改，如图 3-25 所示。

图 3-25　修改宝贝的价格

3. 确认发货

在买家付款后，卖家要将宝贝打包好，联系物流公司发货。卖家需要在卖家中心填写具体的发货信息，以便完成交易。

进入卖家中心，选择"交易管理"中的"已卖出的宝贝"选项，进入已卖出的宝贝界面。选择要发货的宝贝，单击"发货"按钮，如图 3-26 所示。

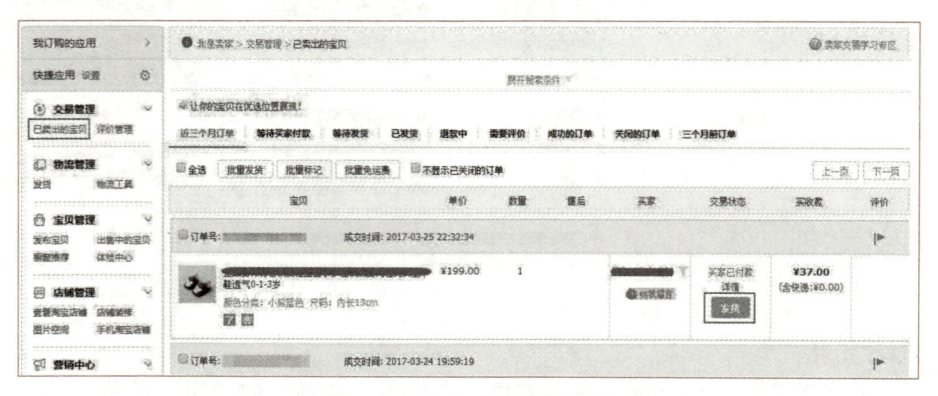

图 3-26　单击"发货"按钮

进入发货界面，在"第三步"区域中填写运单号，选择相应的物流公司，单击"发货"按钮，即可完成发货操作，如图 3-27 所示。

图 3-27　填写订单物流信息

在发货界面中,卖家还可以修改买家的收货信息及卖家的发货和退货信息。

4．添加标记

卖家可以给订单添加不同的标记,用来区分不同类型的订单。卖家进入卖家中心,选择"交易管理"中的"已卖出的宝贝"选项,进入已卖出的宝贝界面,单击需要添加标记的订单右上角的小旗子形状的按钮,如图 3-28 所示。

订单发货

图 3-28　单击小旗子形状的按钮

卖家在进入标记添加界面后,选择标记符号,输入标记信息,单击"确定"按钮,就完成标记添加了,如图 3-29 所示。

图 3-29 设置标记信息

卖家返回已卖出的宝贝界面,将鼠标指针移动到标记上,就可以看到刚刚标记的信息,如图 3-30 所示。

如果需要标记的订单比较多,那么卖家可以使用批量标记功能:选中需要标记的订单,单击"批量标记"按钮,就可以对选中的多个订单进行标记了,如图 3-31 所示。

图 3-30 查看标记的信息

图 3-31 批量标记订单

3.2.2 评价管理

1. 对买家进行评价

在买家确认收货后,卖家应该及时对买家进行评价。在已卖出的宝贝界面,选择需要评价的宝贝,单击其右侧的"评价"按钮,如图 3-32 所示。

评价管理

图 3-32 单击"评价"按钮

卖家在进入评价界面后,选择"好评""中评""差评"中的一个,还可以在文本框中输入评价信息,单击"发表评论"按钮,如图 3-33 所示。

图 3-33 评价界面

在评价成功后,系统会显示"信用评价成功 1 个"等字样,还会显示卖家当前的店铺等级和信誉分,如图 3-34 所示。

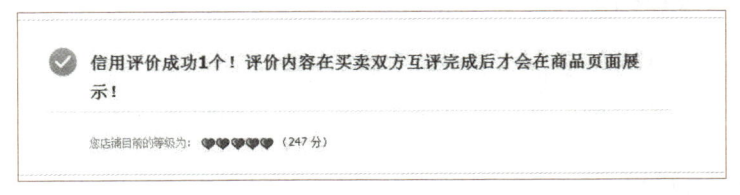

图 3-34 评价成功

2. 淘宝评价规则

淘宝的评价分为好评、中评、差评 3 种，每种评价都对应一个信用积分：好评加 1 分，中评不加分，差评扣 1 分。淘宝会员每使用支付宝成功交易一次，就可以给交易对象做一次信用评价。

卖家的信用等级如图 3-35 所示。

积分	等级
4~10分	❤
11~40分	❤❤
41~90分	❤❤❤
91~150分	❤❤❤❤
151~250分	❤❤❤❤❤
251~500分	💎
501~1000分	💎💎
1001~2000分	💎💎💎
2001~5000分	💎💎💎💎
5001~10000分	💎💎💎💎💎
10001~20000分	👑
20001~50000分	👑👑
50001~100000分	👑👑👑
100001~200000分	👑👑👑👑
200001~500000分	👑👑👑👑👑
500001~1000000分	👑
1000001~2000000分	👑👑
2000001~5000000分	👑👑👑
5000001~10000000分	👑👑👑👑
10000001分以上	👑👑👑👑👑

图 3-35　卖家的信用等级

如果评价方打了中评或者差评，那么在 30 天内有一次自主修改或者删除评价的机会，可以将评价修改为好评，也可以删除评价。评价一经修改，就不能被删除或者再次修改，修改后的评价也会被按淘宝评价规则计分。

在每个自然月中，相同买家和卖家之间的评价积分不得超过 6 分。超出计分规则范围的评价将不计分。如果在 14 天内，相同买家和卖家之间就同一宝贝有多次支付宝交易，那么多个好评只记 1 分，多个差评只记-1 分。

任务 3.3　物流管理

3.3.1　商品打包

在买家下单后，卖家就要把商品打包，通过物流送到买家手中。因此，商品打包是完成交易的一个必要环节。商品打包的原则有哪些？常见的包装材料有哪些？如何降低包装成本呢？

1. 商品打包的原则

商品包装是体现商品附加价值的一个非常重要的方式，有特色、有品质的商品一般在包装上会和其他同类商品不同,以体现自己的优势。卖家在进行商品打包时要遵循以下几个原则。

1)商品相符,数量准确

在交易过程中,买家下单的商品和卖家实际发出的商品不相符的情况时有发生:商品的颜色、尺码、数量不对;卖家承诺发赠品,结果没有发。无论是哪种情况,买家在收到商品后都会很失望。买家多会生气地找卖家理论,卖家就得赔礼道歉,补发商品。财务的损失是小,如果买家以后不再光顾,卖家就损失了一位客户,影响就比较大了。因此,卖家在发货时一定要核对商品,保证所发商品和买家下单的商品相符,而且数量要准确。

在发货上做得比较认真的卖家都会要求至少两个人核对发货信息。有些卖家还要求对每个包裹都进行拍照,一来是为了确认发货信息准确,二来是为了防止有些恶意买家以商品不符为由来讹诈卖家。当有赠品时,卖家会要求客服用统一的标记来标记商品,并且在标记信息中写明赠品(见图3-36),这样打包人员在看到标记时就会特别注意,确保将赠品放进去。

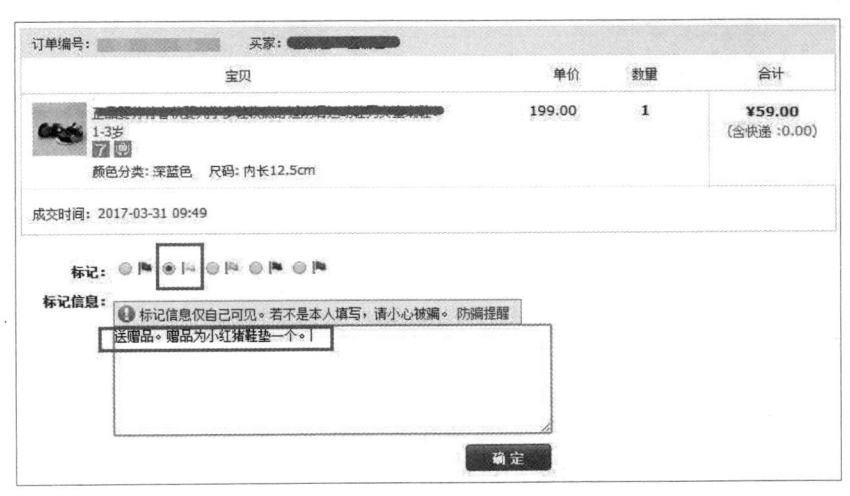

图 3-36 在标记信息中写明赠品

2)包装要结实

卖家的商品经过物流公司长途运输,要和其他商品挤压在一起,有些物流公司还会进行暴力分拣,这些都会对商品及包装有所损害。因此,卖家在打包商品时,应考虑商品在运输过程中会不会被损坏。

为了防止商品被损坏,卖家可以在包装中加入气泡膜、泡沫箱等防震辅助材料,以便更好地保护商品。在纸箱的选购上,卖家一定要先对纸箱做一些简单的测试,保证纸箱的牢固性。例如,卖家可以用纸箱将样品包装好,做一次摔箱实验,检查其边、面、角是否被损坏。在纸箱测试合格后,卖家再进行批量采购。

3)包装要美观

卖家在包装商品时要尽量多下点功夫,让商品在包装上显得高端、大气、上档次,一来是为了迎合买家的喜好,二来是为了提高自己商品的附加价值。

有营销头脑的卖家会把包装当作营销手段,褚橙在这方面就是佼佼者。褚橙的营销团队受到可口可乐的启发,在包装箱上加上了一系列个性化标语,如"即便你很有钱,我还是觉得你很帅"等,如图 3-37 所示。这种包装受到了年轻人的欢迎,也使褚橙在市场上大卖。

2. 常见的包装材料

为了避免因暴力分拣等原因导致商品在运输过程中的损坏,卖家要了解商品的包装,使用最合适的包装材料对抗暴力分拣。常见的包装材料有以下几种。

(1) 纸箱。纸箱(见图 3-38)是在电商中应用最广的包装材料。纸箱的安全性高,可以有效地保护商品。一般卖家会在纸箱内部添加填充物,以缓解运输过程中的挤压或冲击,填充物可以选择泡沫、废报纸等。在商品包装完后,卖家应用胶带对包装口进行密封,以防止商品在运输过程中掉落。

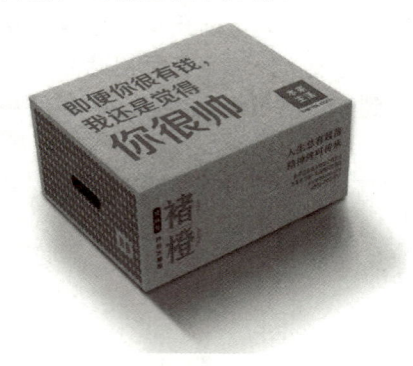

图 3-37　褚橙的个性化标语 　　　　　　　　图 3-38　纸箱

(2) 气泡膜。气泡膜(见图 3-39)是一种可提高包装缓冲性能的内包装材料,瓷器、玻璃饰品、茶具等易碎品的包装都离不开气泡膜。气泡膜的价格较低、质量较小,可以较好地防止挤压,对商品的保护性比较强。气泡膜一般被作为填充物放入纸箱等外包装中。

(3) 珍珠棉。珍珠棉(见图 3-40)是一种新型的环保包装材料。它隔水、防潮、保温、可塑性强,常用于电子商品的包装,对保护商品起到非常重要的作用。珍珠棉包装给人的感觉非常干净、利索,能给买家带来较好的购物体验。

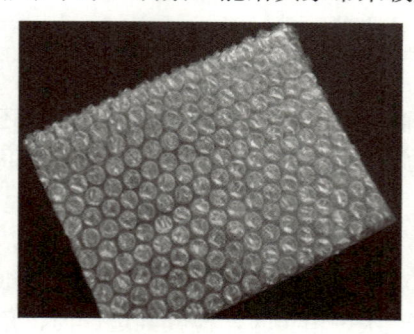

图 3-39　气泡膜 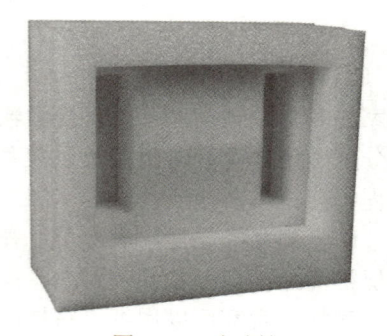　　　　　　　　图 3-40　珍珠棉

(4) 空气柱。空气柱(见图 3-41)的减震效果非常好,使用起来非常方便。有不少卖家把怕挤压的饮料、电子商品等都先用空气柱包好,再放到纸箱里。

(5) 泡沫箱。泡沫箱(见图 3-42)可以起到很好的保鲜作用,销售水果、海鲜等生鲜类商品的卖家都会采用泡沫箱包装商品。此外,泡沫箱还有减震作用,可以很好地保护商品不被暴力分拣等外力损坏。

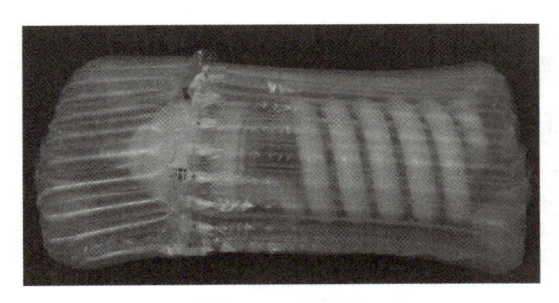

图 3-41　空气柱　　　　　　　　　　　图 3-42　泡沫箱

3. 降低包装成本

（1）自制纸箱。在刚开店没有太多订单时，卖家完全可以用自制纸箱包装商品，以降低包装成本。因为从工厂或者经销商处购买纸箱，通常是至少购买 200 个，这会是一笔不小的费用。卖家可以将平时不用的废纸箱收集起来，等发货时用。

（2）从网上购买包装材料。从网上购买包装材料一般比从实体店购买要便宜，所以卖家在购买包装材料时可以优先选择从网上购买，这样可以节省不少钱。

（3）使用免费的填充物。卖家平时应注意收集一些废报纸、废纸板等材料，作为包装的填充物。物流公司对于超重的商品是要另外收费的，而这些材料的质量非常小，即使加到包装里也不会增重太多。

打包材料选购

3.3.2　物流配送

1. 运送方式的选择

商品的运送方式有 3 种：平邮、EMS 和快递。

1）平邮

平邮是一种非常常见的邮寄方式，在邮局寄信采用的就是这种方式。平邮虽然运费低，但是速度慢，所以卖家一般不会选择这种方式。平邮不会上门取件，如果卖家要使用平邮方式，就要去邮局发货。在发货时，卖家购买一张绿色的平邮单，在填好信息后将其贴在包裹上即可。

物流方式选择

2）EMS

EMS（Express Mail Service）是邮政特快专递服务，是中国邮政推出的一种快递服务。EMS 主要采用空运方式运送商品。EMS 依靠中国邮政强大的物流布点，连偏远山区都能送到，而且送货快，安全有保障。但是 EMS 的价格较高。

3）快递

快递是卖家使用最多的一种运送方式。市场上主要的物流公司有顺丰速递、宅急送、申通快递、圆通快递、韵达快递等。顺丰速递是业内口碑较好的一个物流公司，其服务多、质量好、速度快、送达区域广，不过运费也比其他物流公司高。其他几家物流公司总体来说区别不大，无论是价格、速度，还是送达区域，都没有太大差别。

卖家在选择物流公司时，首先要看这家物流公司能否将商品安全地送到买家手中；其次要看物流公司的诚信度，卖家可以从网上查看用户对物流公司的评价；最后要看物流公司的运费。一般物流公司会按照运送距离的长短来确定运费。某地区韵达快递的运费如图 3-43 所示。

韵达快递	首重/元	续重/(元·千克$^{-1}$)	时间/天
江苏 浙江 上海 安徽	5	1	1～2
舟山	8	2	1～3
广东 福建 山东 河南 湖南 湖北 江西 北京 天津	7	5	3～4
重庆 四川 河北	10	8	3～5
云南 贵州 广西 陕西 山西 辽宁 吉林 黑龙江	11	9	3～5
青海 甘肃 宁夏 海南 内蒙古	14	10	4～7
新疆 西藏	20	18	4～7

图 3-43　某地区韵达快递的运费

2. 运费模板

在确定好物流公司后,卖家就可以根据物流公司提供的运费在卖家中心设置一个运费模板,这样就可以方便地为同一批宝贝设置同一个运费。当运费模板设置后,这些关联的宝贝运费也会一起被修改。

进入卖家中心,选择"物流管理"中的"物流工具"选项,进入物流工具设置界面。选择"运费模板设置"选项卡,单击"新增运费模板"按钮,如图 3-44 所示。

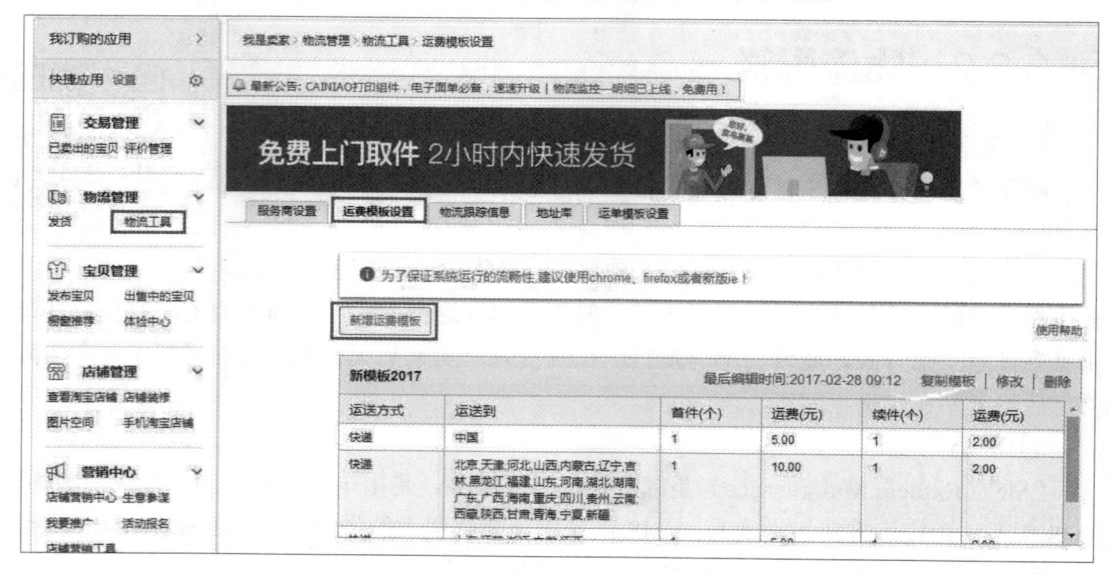

图 3-44　新增运费模板

设置模板名称、宝贝地址和发货时间,是否包邮选择"自定义运费",计价方式选择"按重量",运送方式选择"快递",单击"为指定地区城市设置运费"超链接,如图 3-45 所示。

设置默认运费,单击"编辑"按钮,如图 3-46 所示。

在弹出的"选择区域"对话框中选择相应的地区,单击"保存"按钮,如图 3-47 所示。

图 3-45 设置运费模板

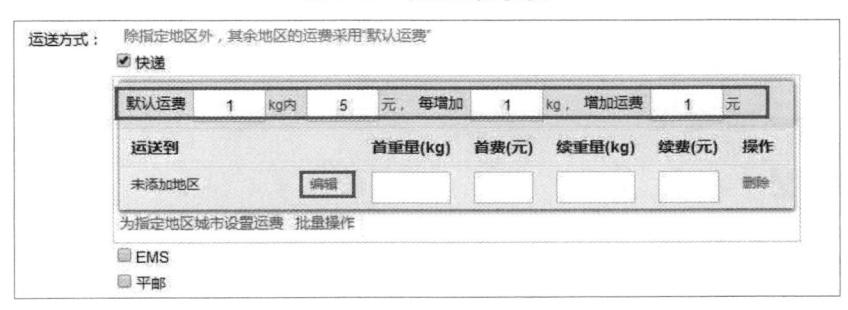

图 3-46 设置默认运费

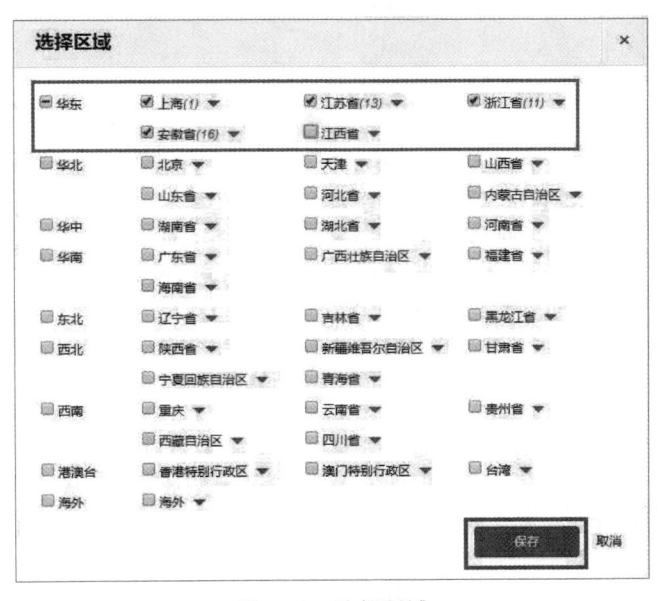

图 3-47 选择区域

设置指定地区的首重量、首费、续重量和续费，在全部地区都设置完毕后，单击"保存并返回"按钮，如图 3-48 所示。

图 3-48　设置指定地区的运费

设置成功的运费模板如图 3-49 所示。

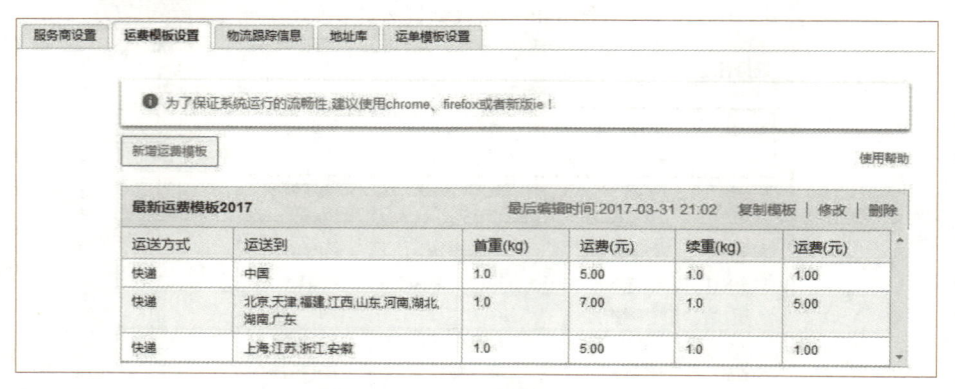

图 3-49　设置成功的运费模板

3．追踪物流进度

目前，大多数物流公司都提供在线追踪物流进度的服务。卖家在发货后，可以登录物流公司的网站，根据运单号查询物流动态信息。中通快递官网的物流动态信息如图 3-50 所示。

淘宝网已经和各大物流公司合作，卖家在淘宝后台就可以查询物流动态信息。

进入卖家中心，选择"交易管理"中的"已卖出的宝贝"选项，在已卖出的宝贝界面中单击"详情"超链接，进入订单详情界面。单击"收货和物流信息"中的"查看物流信息"超链接，如图 3-51 所示。

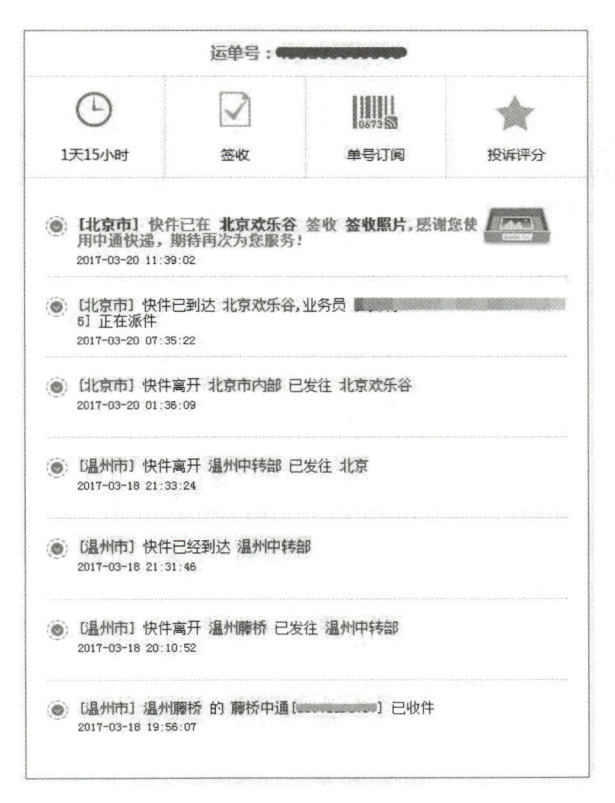

图 3-50　中通快递官网的物流动态信息

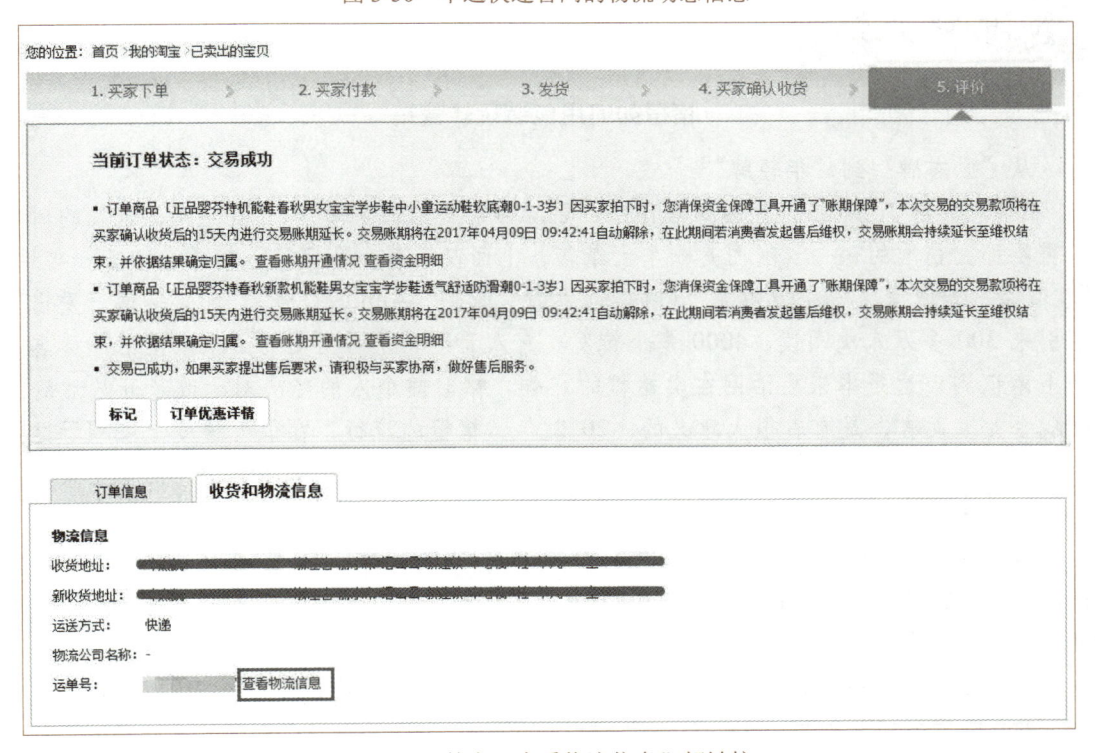

图 3-51　单击"查看物流信息"超链接

进入物流详情界面,可以看到物流动态信息,如图 3-52 所示。

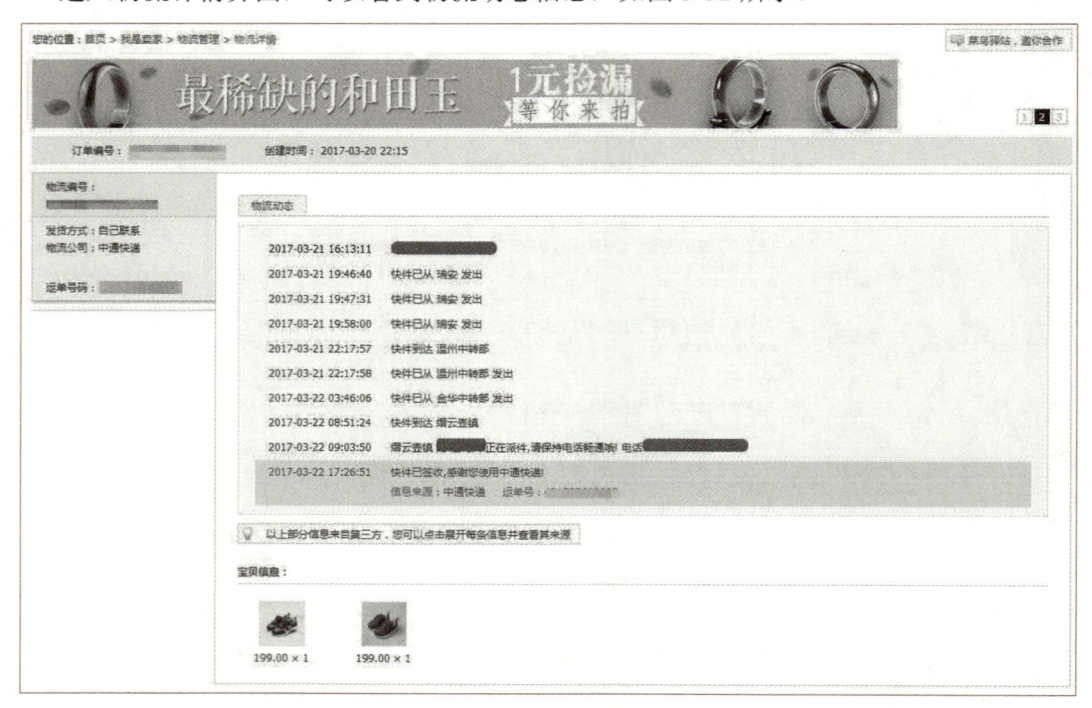

图 3-52　物流动态信息

成功实战派

褚橙如何用包装玩转营销

从"励志牌"到"年轻牌"

2013 年 11 月 16 日,我国知名作家、导演韩某发了一条微博:"我觉得,送礼的时候不需要那么精准的……"附图是一个大纸箱,上面仅摆着一个橙子,箱子上印着一句话:"在复杂的世界里,一个就够了"(韩某创办的"一个"App 的口号)。此条微博一发出,便引来 300 多万人次阅读、4000 多个转发。有人看到箱子右上角的"本来生活"标志,马上意识到:这是本来生活网在卖褚橙的广告。褚时健个人的经历对于改革开放后的第一代企业家而言,是有着很大意义的。2012 年,褚橙的流行,在很大程度上依赖于这些企业家在微博等社交平台上的主动传播,"励志橙"的名字也正是由于这一批企业家的推广才叫起来的。

本来生活网 2013 年主抓的两点:第一,让更多年轻人参与进来;第二,落脚到生活方式的传播。在本来生活网的团队看来,2012 年关于褚橙进京的话题,主要还是从财经的角度来讲的,而在食物本质或者生活方式这种诉求上还有发掘空间。

本来生活网与韩某及"一个"App 团队的合作也是从以上两点出发的。2012 年,在"一个"App 的上线发布会上,褚橙是发布会现场的一个礼品。正是从那时开始,本来生活网与韩某的"一个"App 的团队结下了缘分。当 2013 年褚橙的推广再次开始时,本来生活网在

"一个"App 上投放了一些广告,并通过个性化的包装设计,与韩某在微博上进行了互动。

把包装变成营销工具

本来生活网对个性化包装进行了进一步的创新与升级:一方面通过自身团队的创新,另一方面通过官方微博等渠道与网友互动,推出了一系列印有个性化标语的包装。"即便你很有钱,我还是觉得你很帅""2014,再不努力就胖了""微橙给小主请安"……这些个性化包装一经推出,便受到网友的热烈追捧。

为了让更多网友了解褚橙的个性化包装,本来生活网还借助了一些关键意见领袖的推力。例如,本来生活网送给阿芙精油和雕爷牛腩的创始人雕爷的礼物包装上的个性化标语是"即便你很有钱,我还是觉得你很帅",送给《后宫·甄嬛传》的作者流潋紫的礼物包装上的个性化标语是"微橙给小主请安"。这些调皮、有趣的定制化包装,让那些收到礼物的关键意见领袖们纷纷主动在网上晒单。这些特定圈子的关键意见领袖更平民化,也更乐意与网友互动,只要他们能影响到20%的人,对本来生活网而言,就已经足够了。

经典实训

实训 3.1 阿里旺旺快捷短语设置

实训目的

通过本次实训,学生要学会阿里旺旺快捷短语的设置方法,了解快捷短语的优点,加深对客户服务的认识。

实训内容与步骤

(1)打开千牛,输入会员名和密码,单击"登录"按钮,如图3-53所示。

(2)单击右上角的阿里旺旺按钮,打开阿里旺旺聊天窗口,如图3-54所示。

图3-53 登录千牛　　　　图3-54 单击阿里旺旺按钮

(3)选择一个联系人,打开对应的阿里旺旺聊天窗口,单击"快捷短语"按钮,如图3-55所示。

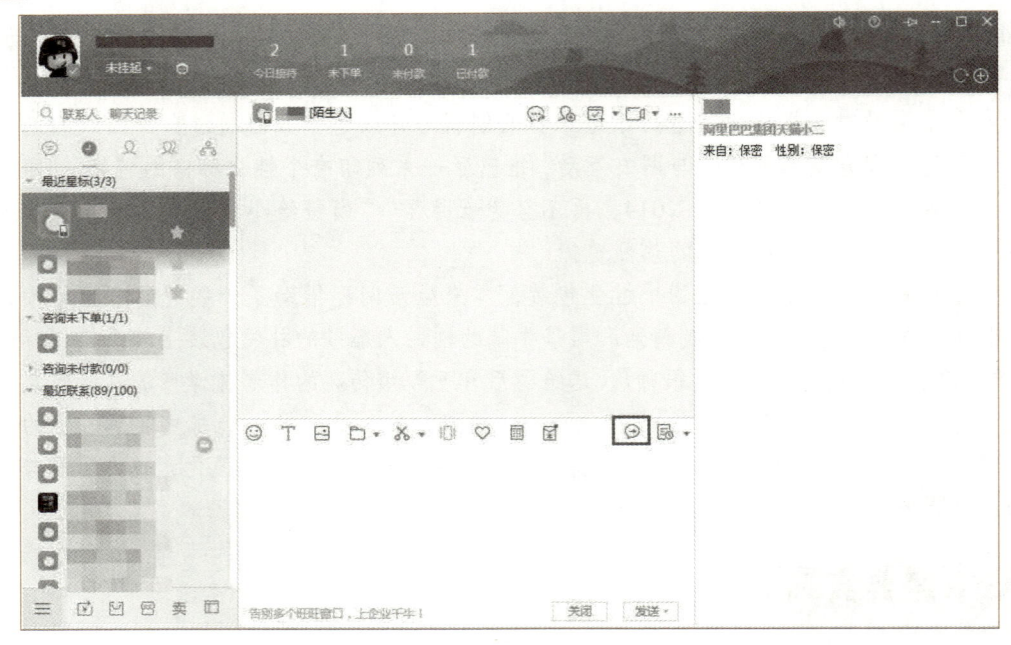

图 3-55 单击"快捷短语"按钮

（4）单击右下角的"新建"按钮，弹出"新增快捷短语"对话框，输入快捷短语，单击"保存"按钮，如图 3-56 所示。

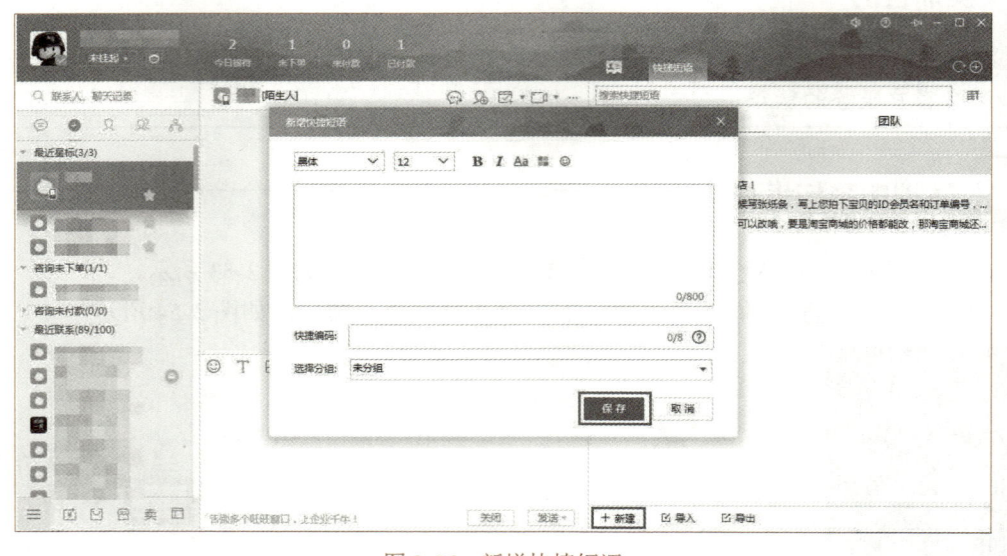

图 3-56 新增快捷短语

（5）单击右下角的"导入"按钮，弹出"导入快捷短语"对话框，选择相应的导入格式，单击"确定"按钮，如图 3-57 所示。

（6）选择准备好的快捷短语文件，单击"打开"按钮，如图 3-58 所示。

（7）在导入成功后，系统会弹出"导入"对话框，快捷短语也会显示在阿里旺旺聊天窗口的右侧，如图 3-59 所示。

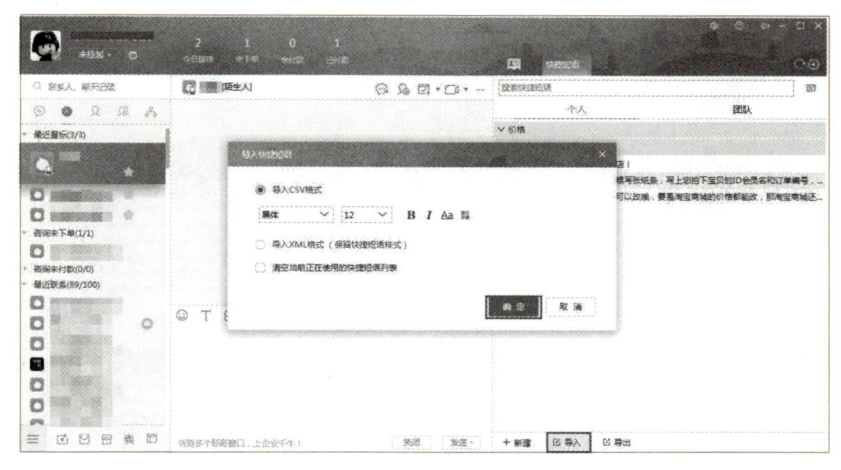

图 3-57 导入快捷短语

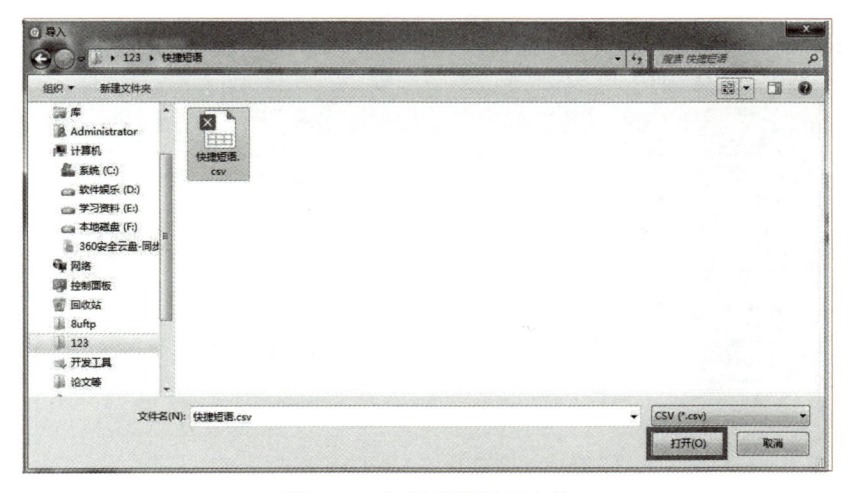

图 3-58 打开快捷短语文件

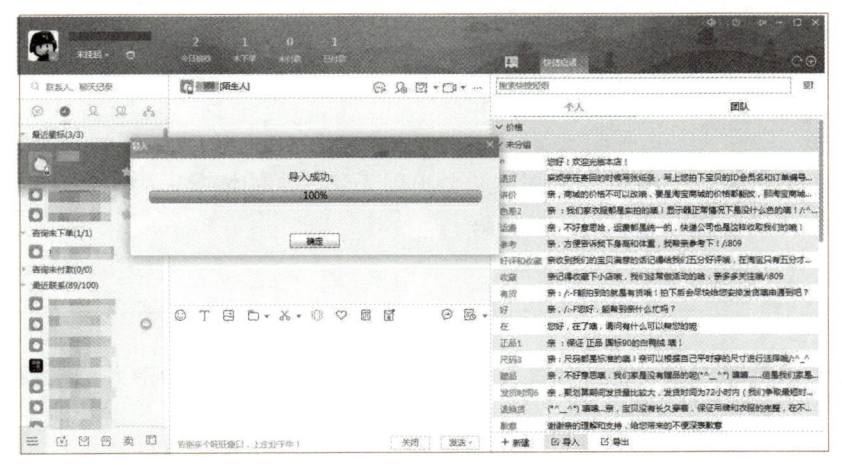

图 3-59 快捷短语导入成功

（8）单击右下角的"导出"按钮，弹出"导出快捷短语"对话框，选择相应的导出格式，单击"确定"按钮，如图 3-60 所示。

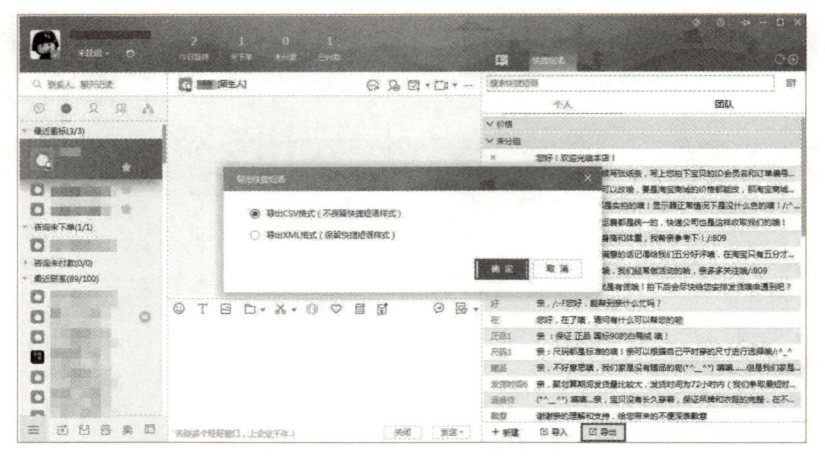

图 3-60　导出快捷短语

（9）选择相应的目录，输入文件的名称，单击"保存"按钮，快捷短语文件就被保存到电脑中了，如图 3-61 所示。

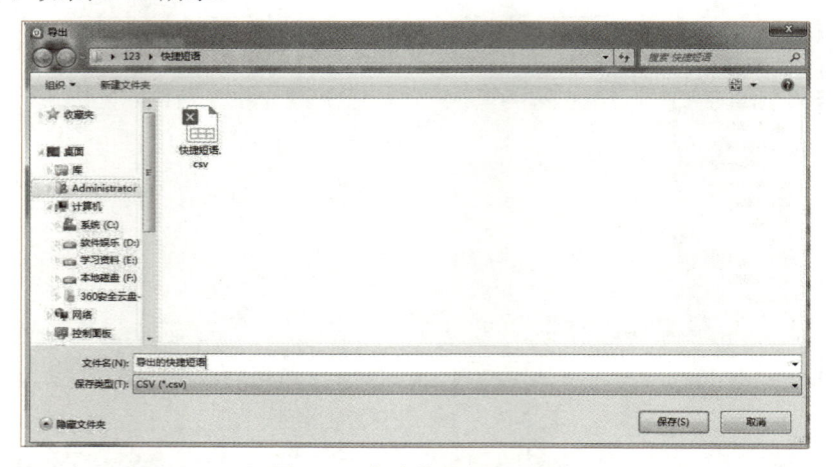

图 3-61　保存快捷短语文件

实训提示

请学生下载最新版的千牛，否则可能会出现无法登录的情况。由于本次实训需要快捷短语文件，因此学生在做实训前要准备好。

思考与练习

请你登录阿里旺旺，进行快捷短语的设置，以文字配截图的形式记录操作过程，并回答下列问题。

（1）在快捷短语设置完毕后，有哪几种方法可以使用这些快捷短语？

（2）快捷短语对客户服务有什么好处？

（3）经过本次实训，你认为一个好的快捷短语应该包括哪些内容？阿里旺旺的快捷短语功能还有哪些地方需要改进？

实训 3.2　淘宝助理工具使用

实训目的

通过淘宝助理工具使用的实践，学生要学会批量上传淘宝商品及生成手机端详情页的方法，加深对淘宝助理工具的理解和认识。

实训内容与步骤

（1）打开淘宝助理，输入会员名和密码，单击"登录"按钮，如图 3-62 所示。

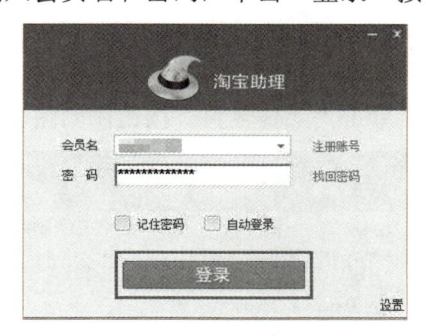

图 3-62　登录淘宝助理

（2）单击"宝贝管理"中的"导入 CSV"按钮，如图 3-63 所示。

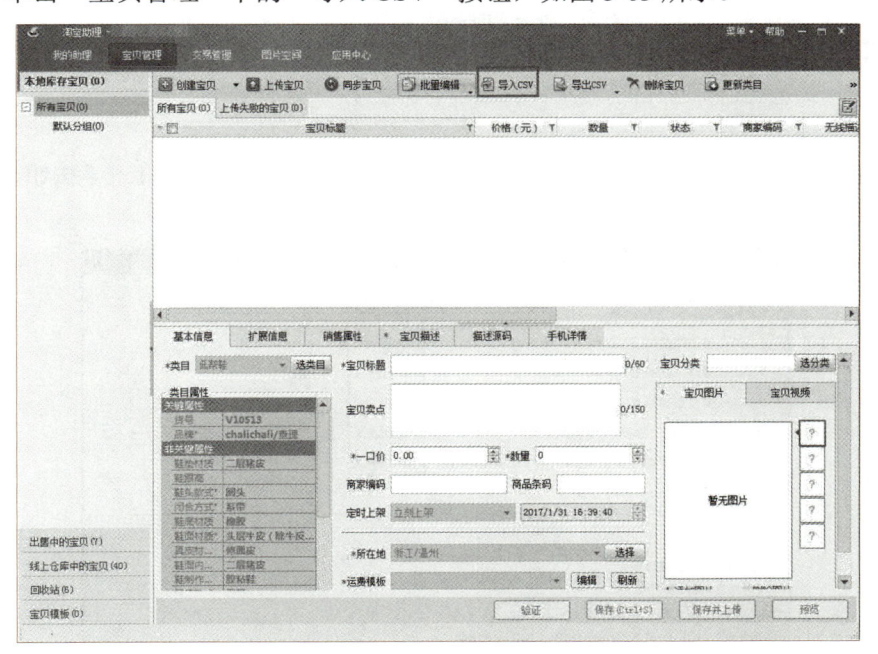

图 3-63　单击"导入 CSV"按钮

（3）选择要导入的数据包（*.csv 文件），单击"打开"按钮，如图 3-64 所示。

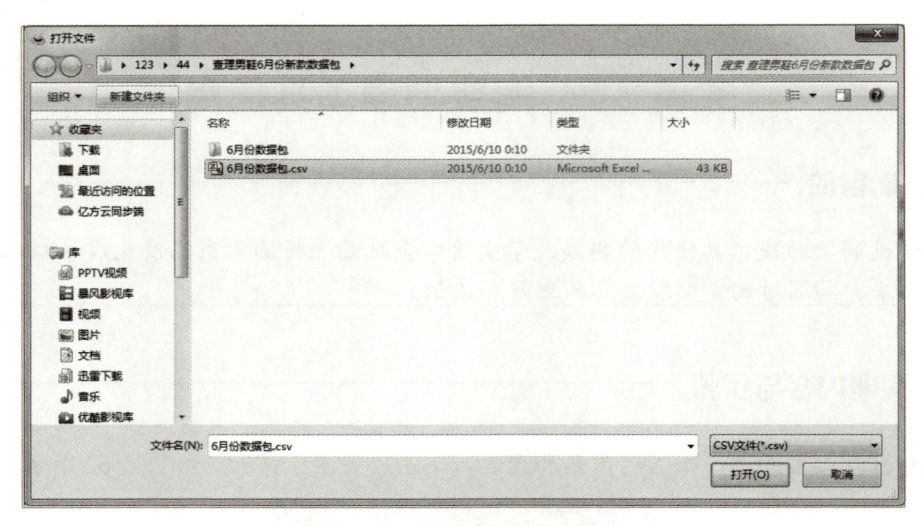

图 3-64　选择要导入的数据包

（4）选择要上传的宝贝，单击"上传宝贝"按钮，如图 3-65 所示。

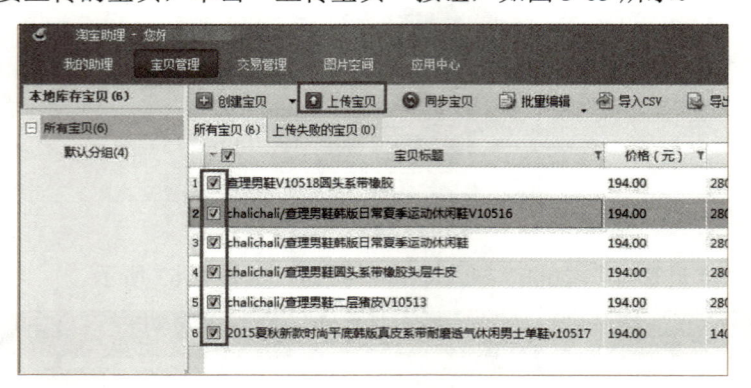

图 3-65　上传宝贝

（5）在弹出的"上传宝贝"对话框中可以看到宝贝的状态，单击"上传"按钮，如图 3-66 所示。

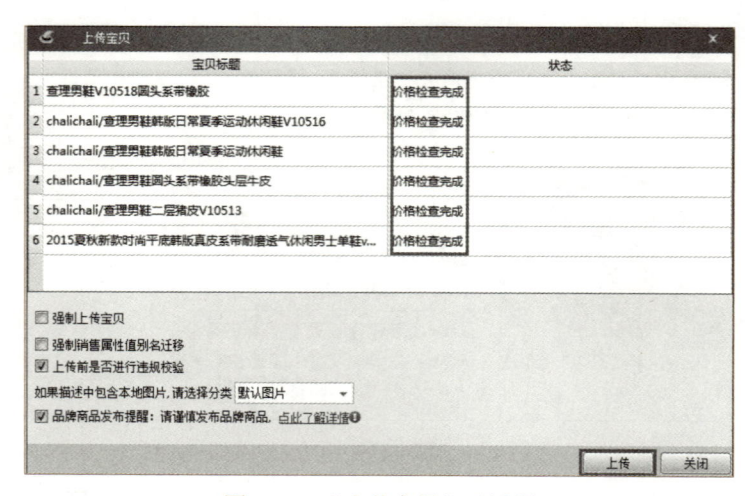

图 3-66　"上传宝贝"对话框

（6）在上传完成后，状态栏中就会显示上传成功，如图3-67所示。

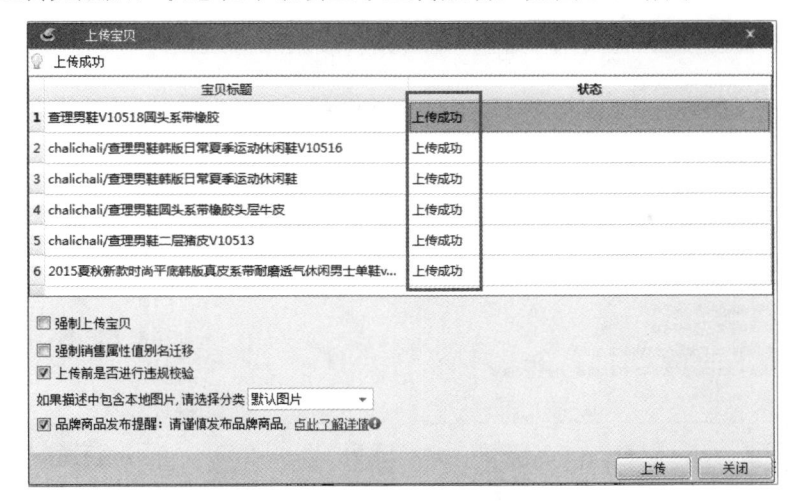

图3-67　上传成功

（7）选中一个宝贝，单击"手机详情"中的"导入"下拉按钮，在弹出的下拉列表中选择"导入页面版详情"选项，如图3-68所示。

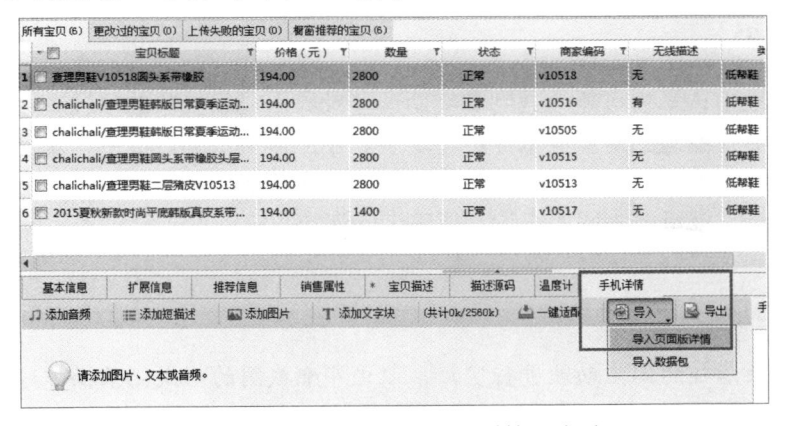

图3-68　选择"导入页面版详情"选项

（8）若导入的图片不符合淘宝网的尺寸要求，则单击"一键适配"按钮，如图3-69所示。

图3-69　单击"一键适配"按钮

（9）在适配成功后，单击"保存并上传"按钮，更新宝贝信息，如图3-70所示。

图3-70　更新宝贝信息

实训提示

在实训过程中，学生可能会遇到淘宝助理登录界面显示异常的情况，这时，学生应去官方网站下载淘宝助理的最新版本并进行安装。在上传宝贝的过程中，淘宝助理对信息不完善的宝贝会给出错误提示信息，这时，学生应先完善宝贝信息，再进行上传。学生如果看不懂提示信息，就可以去网上查询，或者询问淘宝小二。

思考与练习

请你登录店铺的淘宝助理进行实训，以文字配截图的形式记录操作过程，并回答下列问题。

（1）用框图描述淘宝助理上传宝贝的流程。

（2）淘宝助理一次最多可以上传多少个宝贝？你的店铺中有多少个宝贝？

（3）用淘宝助理上传宝贝和在网页中上传宝贝有什么不同？你认为哪种方式更好？

（4）经过本次实训，你认为一个好的淘宝辅助工具有什么特点？淘宝助理还有哪些地方需要改进？

项目小结

千牛是淘宝网为卖家的客服提供的与客户进行沟通的聊天工具。它具有设置头像、自动回复和快捷短语等功能。淘宝子账号是淘宝网为了帮助卖家实现员工的角色权限分工、规范管理而制定的一套系统。卖家通过子账号可以设置不同的客服，从而实现客服的分工，解决客户分流的问题。

卖家要树立良好的售后服务观念。①网店的售后服务比实体店更加困难；②客服要树立为客户服务的意识；③客服要真诚地为客户服务；④客服在接到投诉后要及时与客户沟通。网店的退换货情况比实体店要多很多，总结起来有 4 个原因：质量问题、规格问题、个人喜好问题和描述不符。卖家遇到中差评时要先找出原因，积极对待，再引导买家修改中差评。

在订单管理中，卖家可以进行查看订单详情、修改价格、确认发货、添加标记等操作。在评价管理中，卖家可以对买家进行评价，评价有好评、中评、差评 3 种。每种评价对应一个信用积分：好评加 1 分，中评不加分，差评扣 1 分。

商品打包的 3 个原则：①商品相符，数量准确；②包装要结实；③包装要美观。常见的包装材料有纸箱、气泡膜、珍珠棉、空气柱、泡沫箱等。卖家可以通过自制纸箱、从网上购买包装材料、使用免费的填充物等方法来降低包装成本。商品的运送方式有 3 种：平邮、EMS 和快递。快递是卖家使用最多的一种运送方式。卖家在选择物流公司时，首先要看这家物流公司能否将商品安全地送到买家手上；其次要看物流公司的诚信度；最后要看物流公司的运费。卖家在卖家中心可以设置运费模板和追踪物流进度。

项目测试

1. 单项选择题

（1）淘宝卖家的聊天工具是（　　）。
　　A．淘宝助理　　　　B．千牛　　　　C．直通车　　　　D．淘宝客
（2）客服在（　　）内没有回应，客户就有可能流失。
　　A．30 秒　　　　　B．1 分钟　　　　C．5 分钟　　　　D．半小时
（3）在给订单添加标记的操作中，小旗子有（　　）种颜色。
　　A．8　　　　　　　B．7　　　　　　C．6　　　　　　D．5
（4）一颗钻的信誉分是（　　）。
　　A．41～90 分　　　B．91～250 分　　C．251～500 分　　D．501～1000 分
（5）以下选项不是商品打包原则的是（　　）。
　　A．商品相符，数量准确　　　　　　B．包装要结实
　　C．包装要美观　　　　　　　　　　D．一律用贵的包装材料打包
（6）运费最高、安全有保障的运送方式或物流公司是（　　）。
　　A．平邮　　　　　B．EMS　　　　　C．顺丰速递　　　D．申通快递

2. 多项选择题

（1）千牛能进行的设置有（　　）。
　　A．个性签名　　　B．头像　　　　　C．自动回复　　　D．快捷短语
（2）网店退换货的原因有（　　）。
　　A．质量问题　　　B．规格问题　　　C．客服离职　　　D．个人喜好问题
（3）在卖家中心的订单管理中，卖家可以（　　）。
　　A．查看订单详情　B．批发进货　　　C．修改价格　　　D．添加标记

（4）淘宝会员每使用支付宝成功交易一次，就可以对交易对象做一次信用评价，可以选择（　　）中的一种进行评价。

　　　A．好评　　　　　　B．中评　　　　　　C．差评　　　　　　D．无效

（5）常见的包装材料有（　　）。

　　　A．电子秤　　　　　B．纸箱　　　　　　C．气泡膜　　　　　D．泡沫箱

（6）在（　　）可以凭借运单号查询物流动态信息。

　　　A．物流公司的网站　B．腾讯网　　　　　C．淘宝后台　　　　D．网易

3．分析题

（1）分析网店接待客户与实体店接待客户的异同点。

（2）淘宝网的评价体系为好评加 1 分，中评不加分，差评扣 1 分。请你分析这种评价体系的优缺点。

项目 4

数据运营

项目重点和难点

流量指标认识、流量来源分析；订单分析、RFM 客户分类。

思政目标

发扬锐意进取的工匠精神，树立求真务实的工作态度。

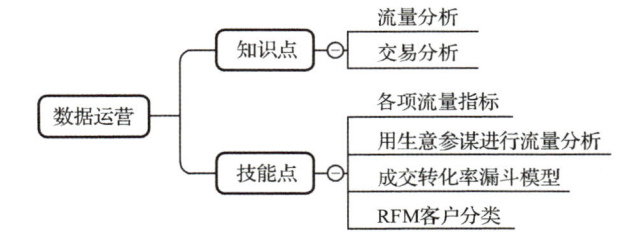

项目导图

```
                    ┌── 流量分析
        ┌── 知识点 ──┤
        │           └── 交易分析
数据运营 ┤
        │           ┌── 各项流量指标
        │           ├── 用生意参谋进行流量分析
        └── 技能点 ──┤
                    ├── 成交转化率漏斗模型
                    └── RFM客户分类
```

引例

小张接到领导分配的任务：根据公司半年来的销售数据，分析公司的流失和引进状况、业务的推广成效，以及新产品的发展潜力。他在查阅半年来与销售数据相关的订单和销售额后，发现无从下手，不得不请教葛老师。

引例分析

数据是电商背后的核心要素之一。运营产生数据，数据又反作用于运营，为运营提供更加科学、合理的参考依据。订单数据作为网店的实际销售产出的体现，承载了客户的最终购物行为信息及客户的基本信息，使商家的推广、选品、营销更加精准，更加节省运营成本。在数据分析的运用中，商家要结合实际业务，以业务目的为核心展开精准的分析，而且要善于从数据中发现问题。

数据化运营

任务 4.1　数据工具

在大数据时代，数据是数据产品的内核，没有数据的产品只是产品，有形无神，更无法成为赋能商家的数据标杆，无法"可深度发展"；没有产品的数据只是数据，对商家来说应用门槛太高，难以"可持续发展"。因此，数据产品就是要结合数据和产品的力量，赋能商家。下面介绍几个商家在网店运营中常用的数据工具。

4.1.1　百度指数

1. 百度指数简介

百度指数是以百度海量用户行为数据为基础的数据分析平台，可以研究关键词搜索趋势、洞察用户需求的变化、监测媒体舆情趋势、定位数字用户的特征；还可以从行业的角度分析市场特点。

百度指数的主要功能模块有基于单个词的趋势研究（包含整体趋势、PC 趋势、移动趋势）、需求图谱和人群画像。百度指数首页如图 4-1 所示。

图 4-1　百度指数首页

2. 趋势研究

在百度指数的搜索框中输入想要查找的关键词，单击"开始搜索"按钮，即可看到该关键词的搜索指数趋势。

搜索指数是指以用户在百度的搜索量为数据基础，以关键词为统计对象，通过科学分析而计算出的各个关键词在百度网页搜索中搜索频次的加权和。根据搜索来源的不同，搜索指数分为 PC 搜索指数和移动搜索指数。

如图 4-2 所示为关键词"风衣"近半年 PC+移动端全国搜索指数趋势图及其搜索指数概览，可以看到，该关键词近半年的搜索趋势较为平稳。在搜索指数趋势图的右上方可以选择时间段（实时、近 7 天、近 30 天、近 90 天、近半年、自定义）、客户端（PC、移动端、PC+移动端）、地域（全国、具体省份）进行查看。搜索指数趋势图的横坐标为时间，可选择任意时间区域；纵坐标为搜索指数。

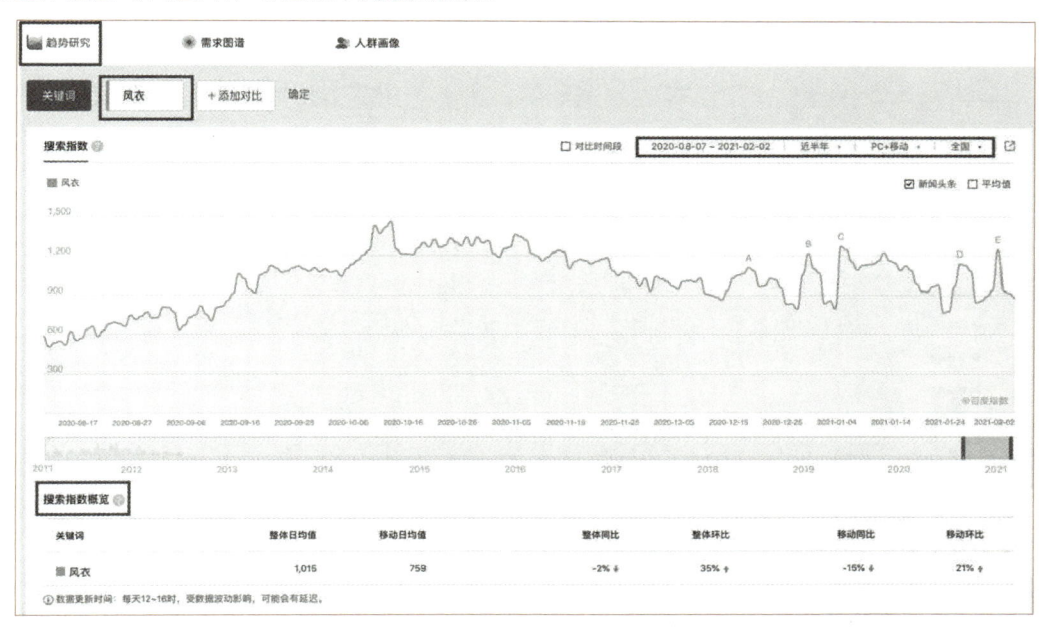

图 4-2 关键词"风衣"近半年 PC+移动端全国搜索指数趋势图及其搜索指数概览

1）搜索指数趋势对比

单击"添加对比"按钮，可查看不同关键词搜索指数趋势的对比。目前，百度指数最多支持 5 个关键词的比较检索。

如图 4-3 所示为"风衣""韩版风衣""外套""女士风衣""男士风衣"这 5 个关键词近半年在全国 PC+移动端的搜索指数趋势图及其搜索指数概览，搜索指数趋势图中不同颜色的线代表不同的关键词。商家在进行前期调研、关键词优化时，可以通过这一功能来初步判断不同关键词的搜索热度。

2）搜索指数趋势周期性

选取长时间段，可以查看关键词是否有周期性变化趋势。如图 4-4 所示为关键词"围巾"2013 年 1 月 1 日—2021 年 2 月 2 日的搜索指数趋势。从图 4-4 中可以看出，关键词"围巾"的搜索指数有周期性变化，基本在每年的 9 月开始上升，在 12 月达到顶点，在 1 月开始明显回落并在 5 月回到谷底，且近几年的整体搜索指数是在逐步下跌的。这一搜索指数趋势的周期性变化为围巾商家备货、上新、促销的时间提供了参考建议。

3．需求图谱

需求图谱是百度针对特定关键词的相关检索词进行聚类分析而得的词云分布图，是体现网民需求的分布图，可以作为网站优化人员改进网站用户体验的参考。需求图谱是百度指数平台的功能模块之一，是以百度海量网民行为数据为基础的数据分享。

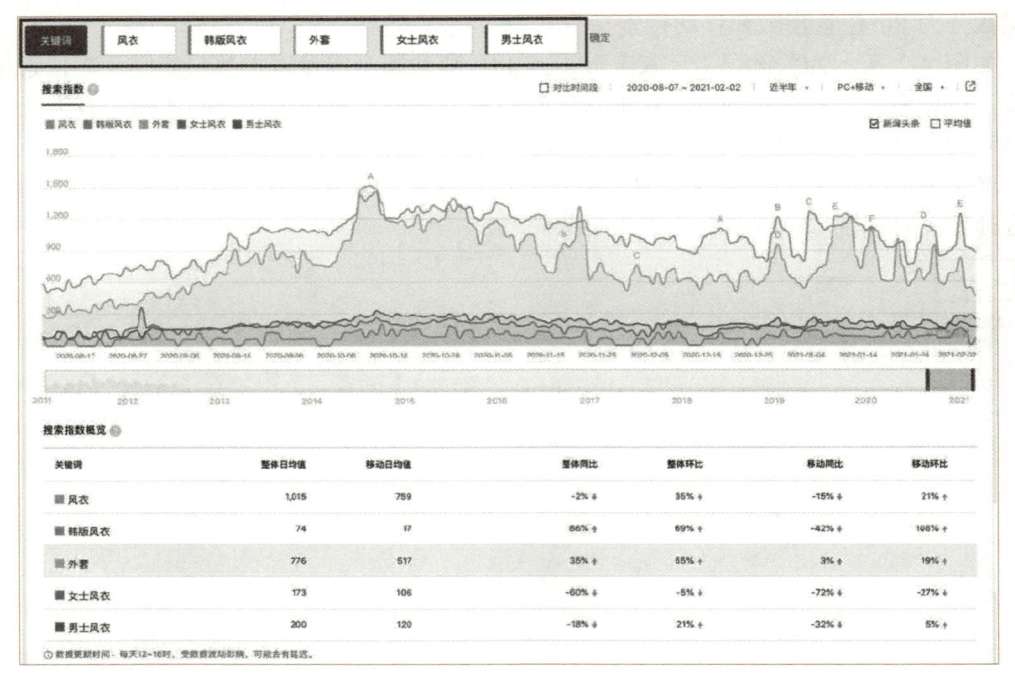

图 4-3 "风衣""韩版风衣""外套""女士风衣""男士风衣"这 5 个关键词近半年在全国 PC+移动端的搜索指数趋势图及其搜索指数概览

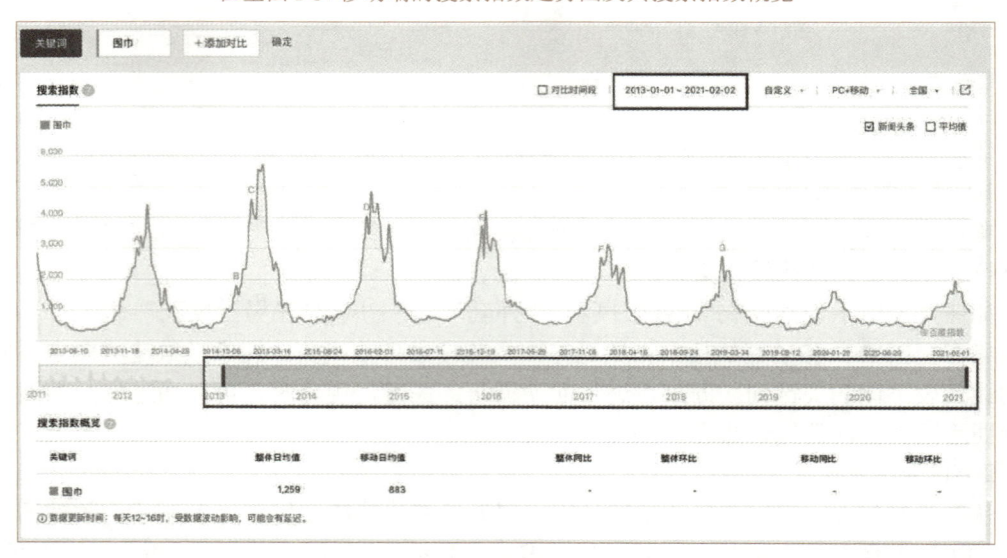

图 4-4 关键词"围巾"2013 年 1 月 1 日—2021 年 2 月 2 日的搜索指数趋势

如图 4-5 所示为用户在 2021 年 1 月 18—24 日期间对关键词"围巾"的需求图谱。需求图谱根据相关词与关键词"围巾"相关性的大小对相关词进行排布，相关词越靠近关键词"围巾"，则其与关键词"围巾"的相关性越大。相关词的圆圈越大，说明该词的搜索指数越大。相关词为绿色，说明其搜索指数呈上升趋势，为红色则为下降。"围巾的各种围法"是在该时间段内与关键词"围巾"的相关性最大、搜索指数最大且呈上升趋势的一个相关词。

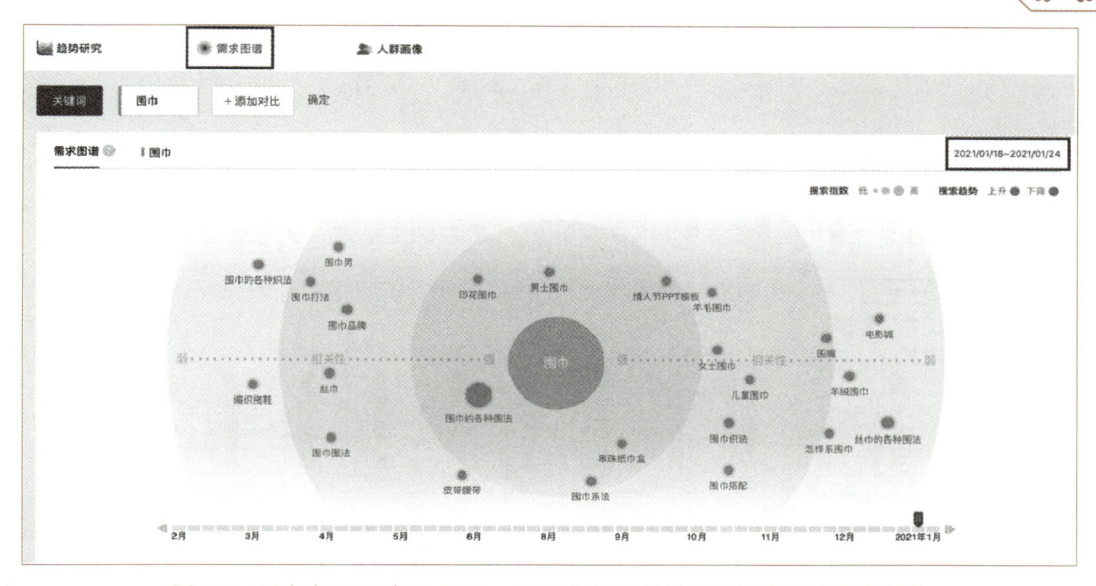

图4-5 用户在2021年1月18—24日期间对关键词"围巾"的需求图谱

4．人群画像

关键词的人群画像是根据百度用户搜索数据，采用数据挖掘方法，对关键词的人群属性进行聚类分析而得出的，主要分为地域分布、人群属性、兴趣分布3个模块。

地域分布提供关键词访问人群在各省市的分布，帮助商家了解关键词的地域分布和特定地域用户的偏好，以便进行针对性的运营和推广。如图4-6所示为关键词"奶茶"近30天的地域分布，在图的右上角可以选择时间段（实时、近7天、近30天、近90天、近半年、自定义）。

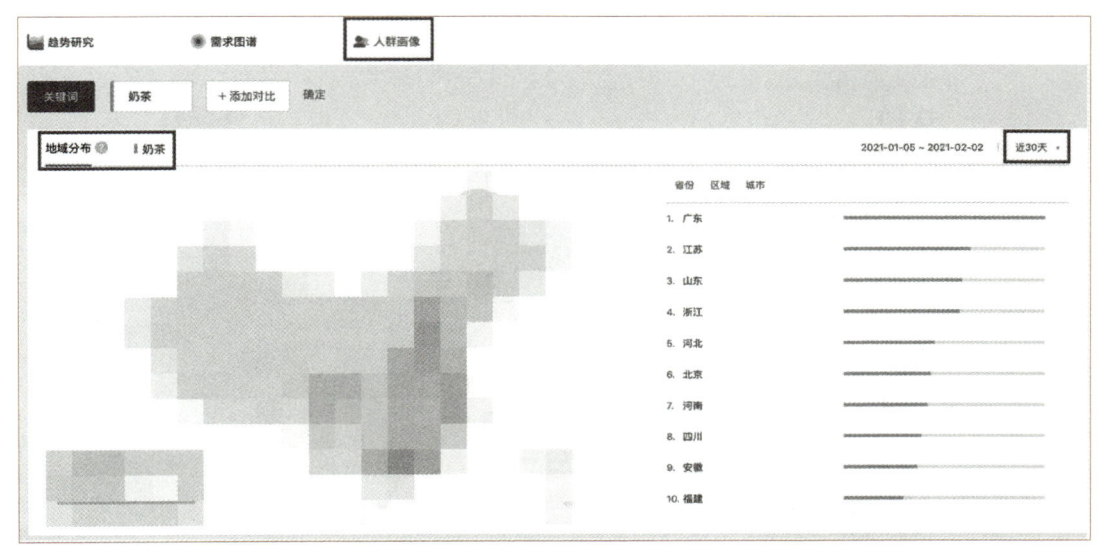

图4-6 关键词"奶茶"近30天的地域分布

人群属性提供关键词访问人群的年龄分布、性别分布等社会属性信息。兴趣分布基于百度用户搜索行为数据及画像库，刻画关注该关键词的人群分布情况。如图4-7所示为关键词"奶茶"的人群属性和兴趣分布，图右上角显示统计的时间。

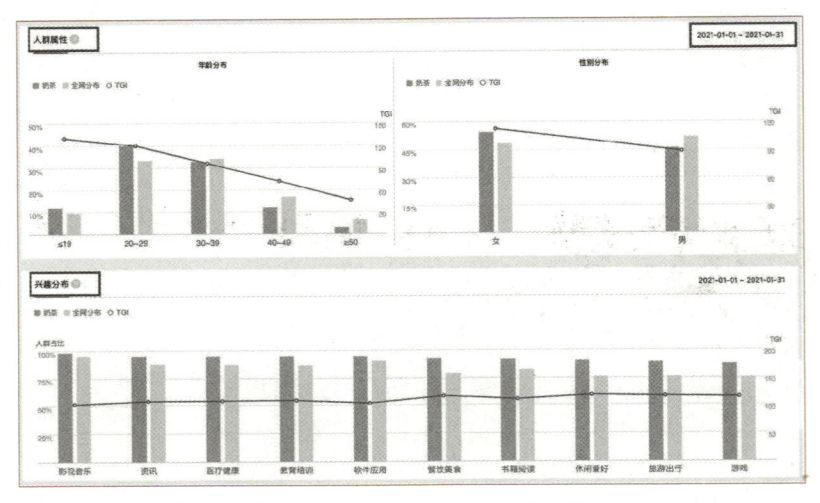

图 4-7 关键词"奶茶"的人群属性和兴趣分布

4.1.2 生意参谋

1. 生意参谋简介

生意参谋集数据作战室、市场行情、装修分析、来源分析、竞争情报等数据产品于一身，是商家端统一数据产品的平台，也是大数据时代下赋能商家的重要平台。

生意参谋一直致力解决看数据难、数据难懂、数据不全面等难题，逐步升级为商家端统一数据产品的平台。通过生意参谋，商家可以看到口径标准统一、计算全面且准确的店铺数据和行业数据。生意参谋是商家进行商务决策的参谋。

登录千牛，选择"数据中心"中的"生意参谋"选项，如图 4-8 所示，即可进入生意参谋首页，如图 4-9 所示。

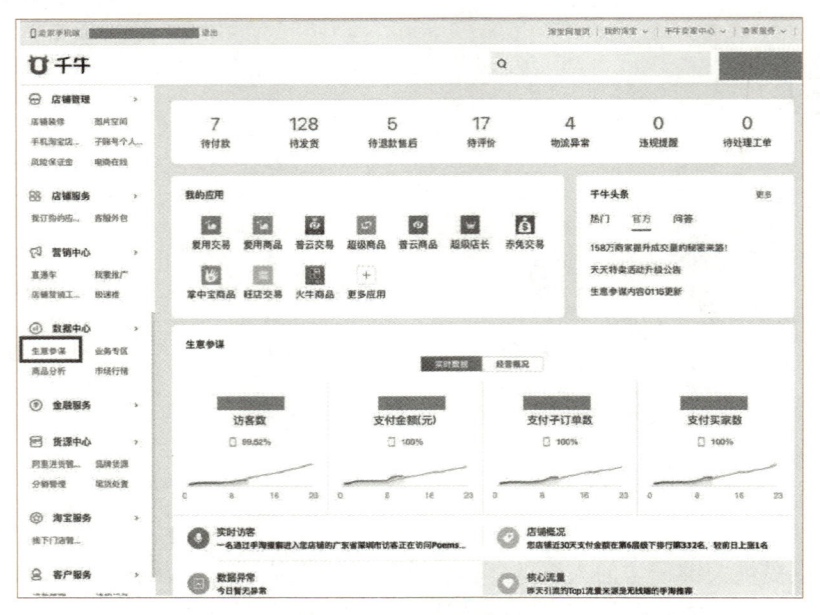

图 4-8 选择"生意参谋"选项

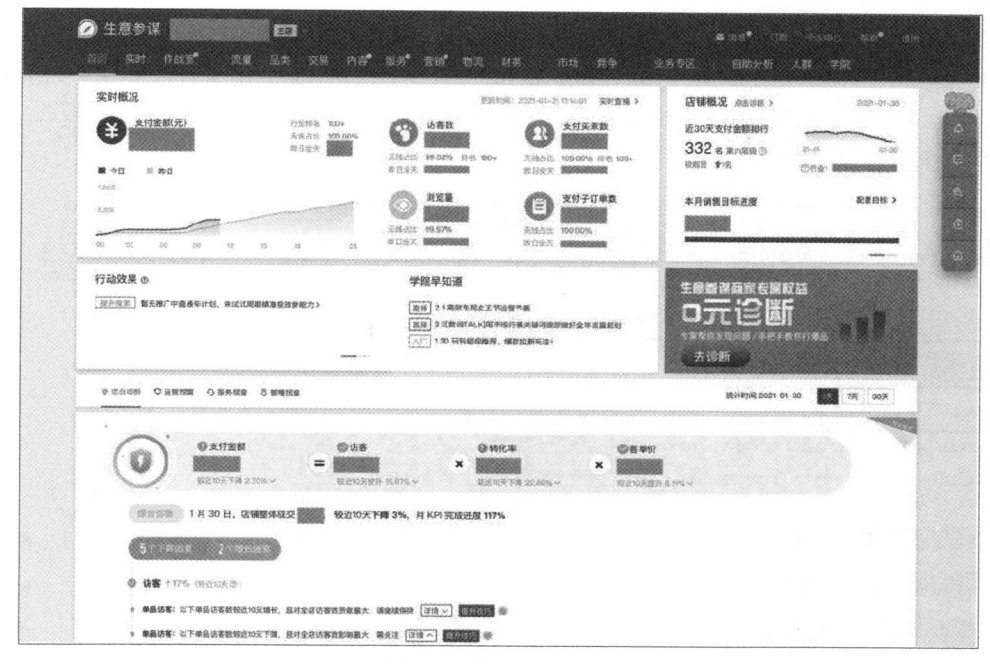

图 4-9　生意参谋首页

2．生意参谋的功能

1）首页

实时概况模块显示了当日的实时支付金额、店铺的行业排名、4 个关键流量指标（访客数、支付买家数、浏览量、支付子订单数）的实时情况，以及当日与昨日同一时间的数据对比，如图 4-10 所示。

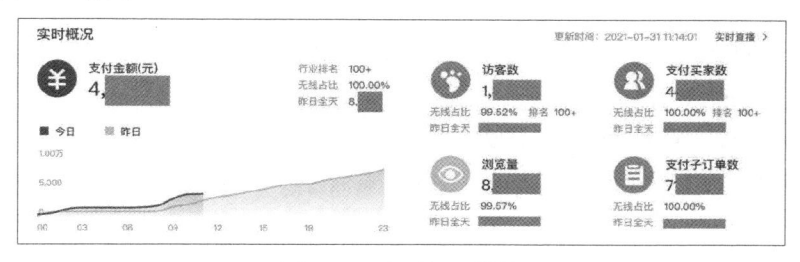

图 4-10　实时概况模块

店铺概况和实时访客榜模块如图 4-11 所示。店铺概况模块显示了近 30 天支付金额排行情况和本月销售目标进度等信息。实时访客榜模块显示了访客数最多的商品名称及访客数。

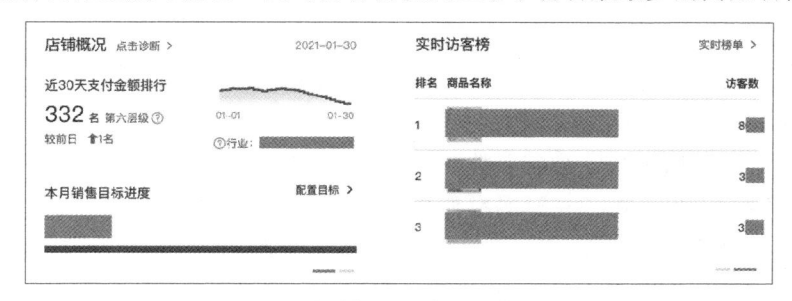

图 4-11　店铺概况和实时访客榜模块

首页中还有一个非常重要的模块——综合诊断。如图 4-12 所示，根据访客、转化率、客单价这几个指标的情况，给出综合诊断情况，如 1 月 30 日，店铺整体成交××，较近 10 天下降 3%，月 KPI（Key Performance Indicator，关键绩效指标）完成进度 117%，并给出每个指标的优化指导建议。

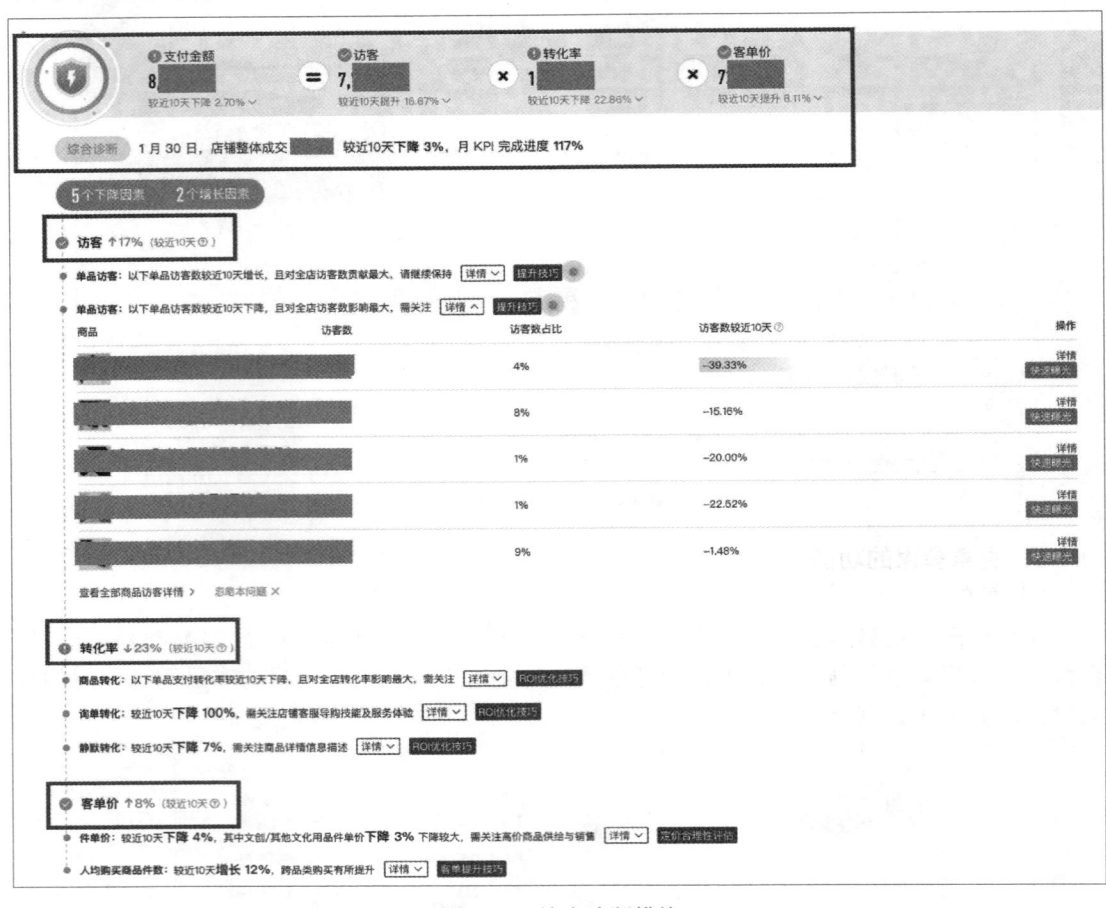

图 4-12　综合诊断模块

2）实时直播

实时直播包含实时概况、实时来源、实时榜单、实时访客、实时催付宝这几个模块，如图 4-13 所示。商家可以在此洞悉实时数据，抢占生意先机。

实时概况：显示店铺实时的流量指标、行业排名，即实时总览（见图 4-14）、实时趋势（见图 4-15）。

实时来源：显示各个流量来源的实时访客数及占比和各个地域的实时访客数及支付买家数，如图 4-16 所示。

实时榜单：按照访客数、加购件数、支付金额进行分类，显示排名前 50 的商品名称、浏览量、访客数、支付金额、支付买家数和支付转化率，如图 4-17 所示。

实时访客：显示最近 1000 条访问记录的明细，包括访问页面、入店来源、访客位置、访问时间、访客编号，如图 4-18 所示。

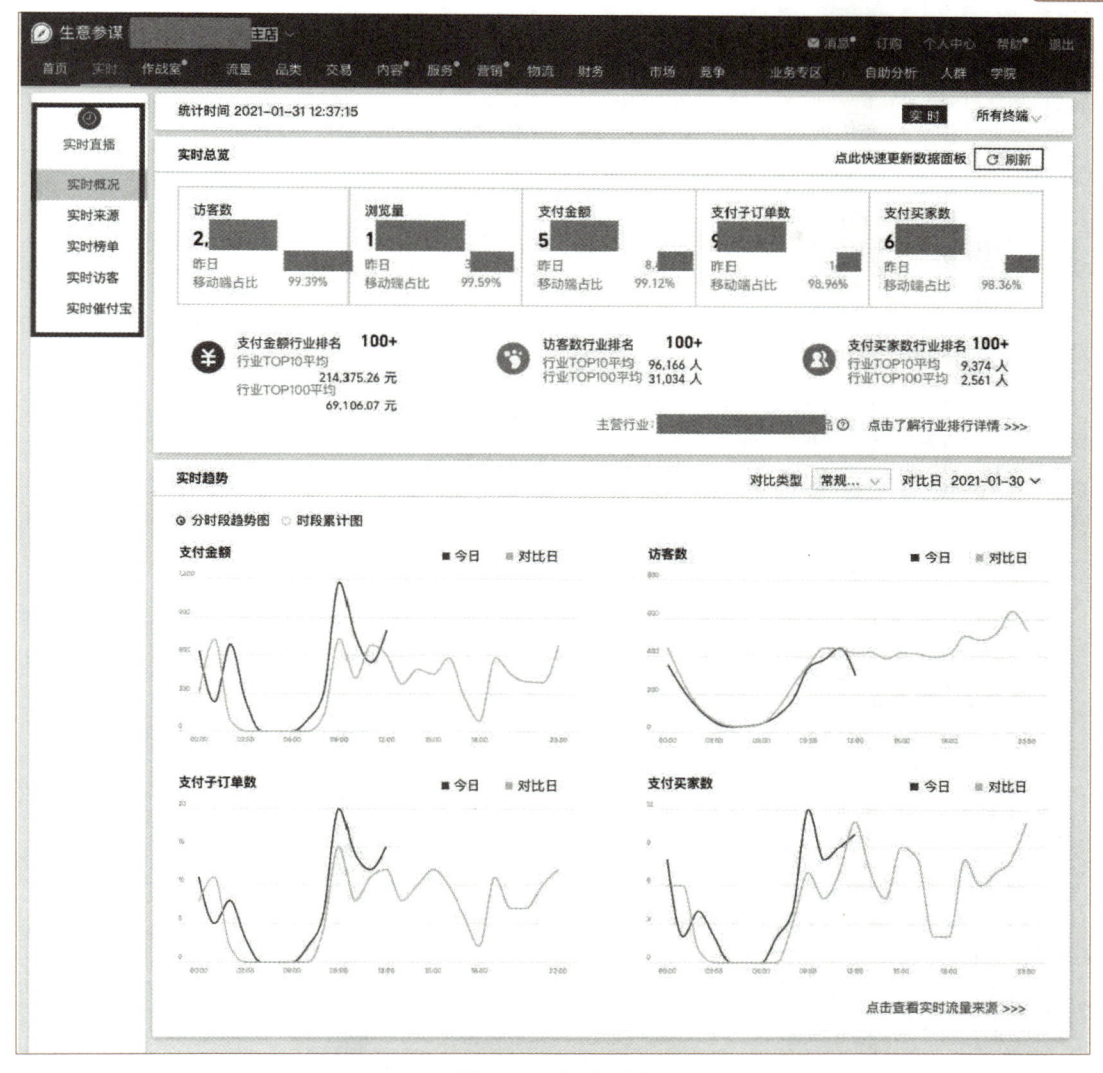

图 4-13 实时直播

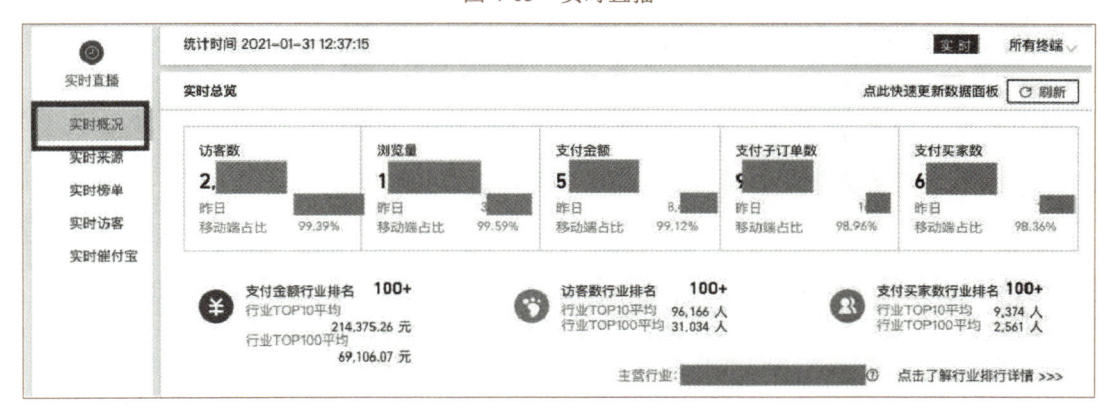

图 4-14 实时总览

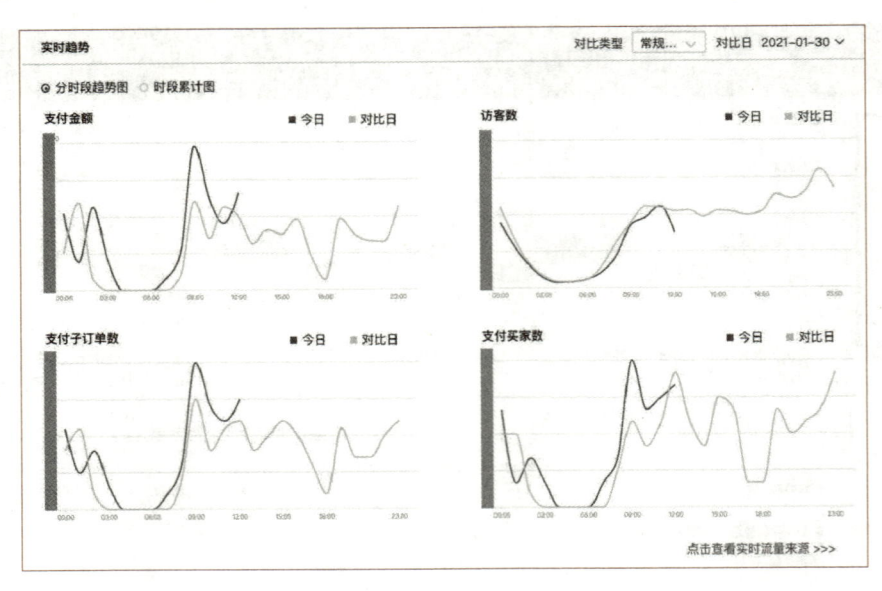

图 4-15 实时趋势

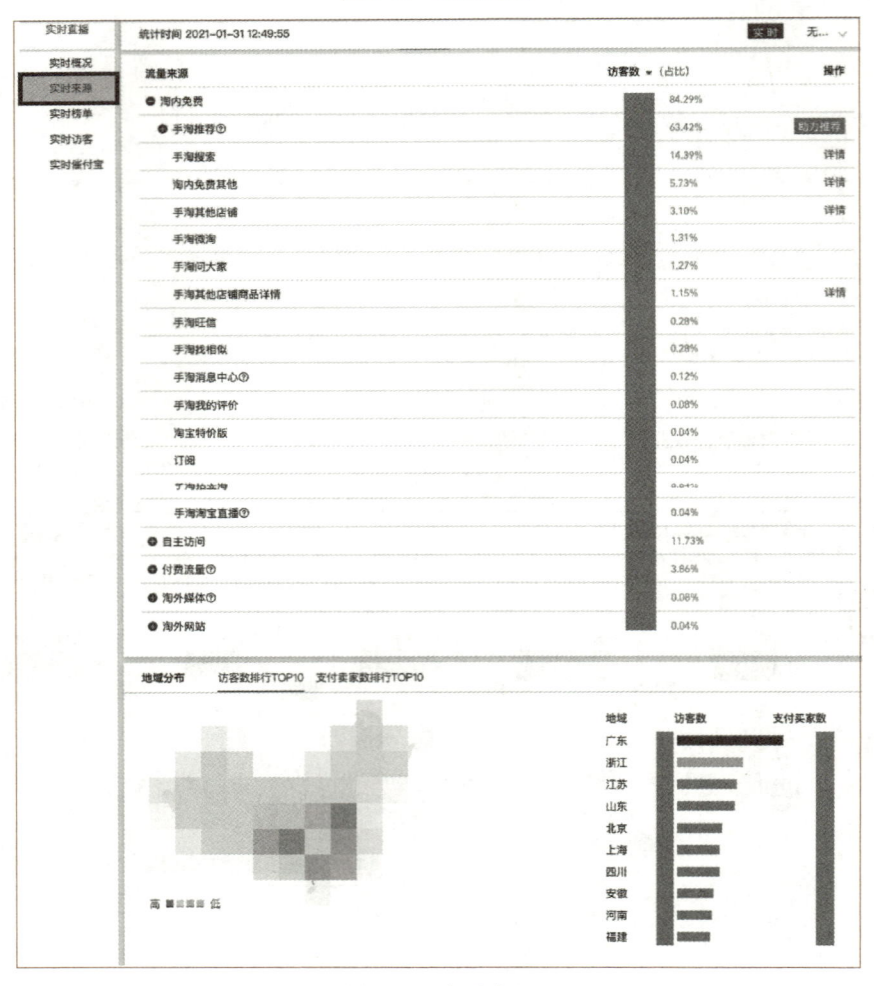

图 4-16 实时来源

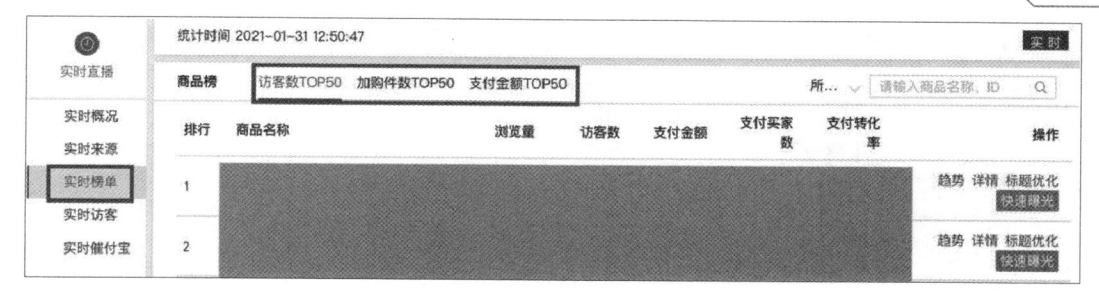

图 4-17 实时榜单

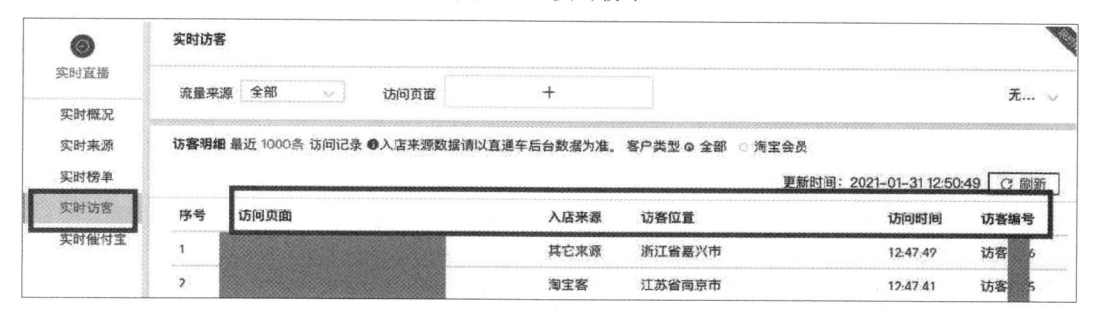

图 4-18 实时访客

实时催付宝：通过数据挖掘技术来精准锁定买家，帮助商家确认下单未支付的买家。

3）作战室

商家在作战室中可以展开超炫的实时数据大屏模式，洞悉实时数据，抢占生意先机。

4）流量纵横

流量纵横包含流量概况、来源分析、动线分析等模块。流量概况如图 4-19～图 4-21 所示。

图 4-19 流量概况

来源分析展示了流量来源构成情况，可以帮助商家进行关键词优化，如图 4-22 所示。
动线分析包含店内路径、流量去向、页面分析、页面配置等模块，如图 4-23 所示。

5）品类罗盘

商家在品类罗盘中可以宏观监控商品访客数、商品微详情访客数、商品浏览量、有访问商品数、支付金额、分期支付金额等，如图 4-24 所示。

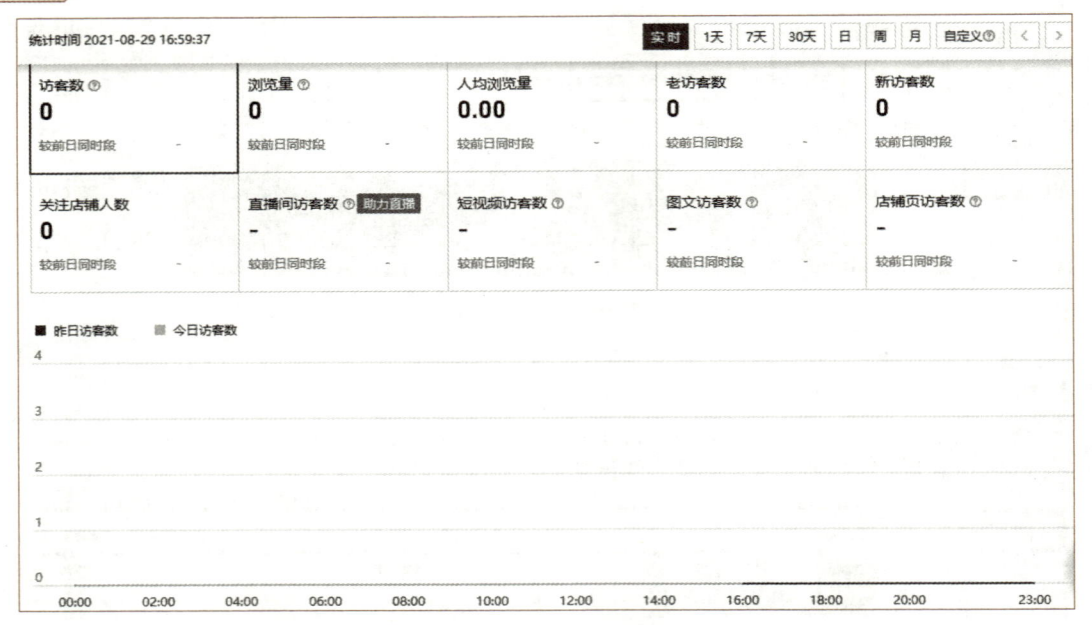

图 4-20　流量概况——流量看板

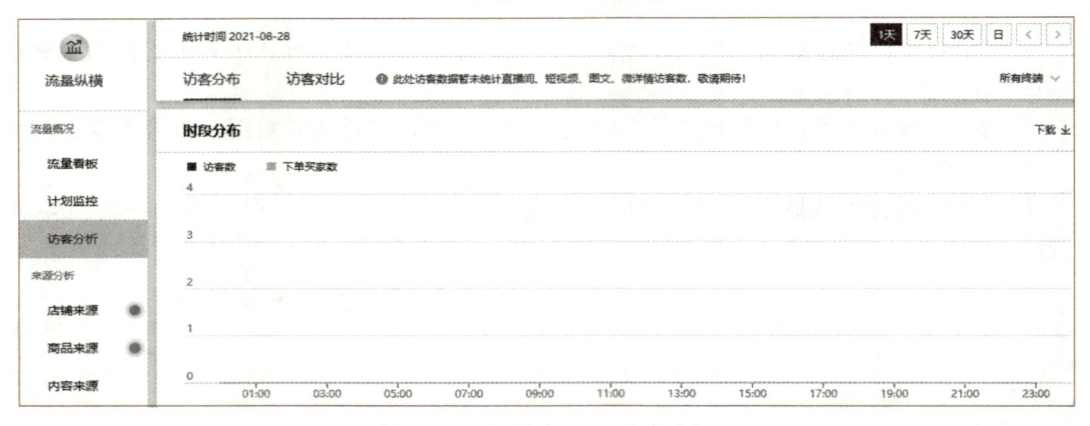

图 4-21　流量概况——访客分析

图 4-22　来源分析

图 4-23　动线分析

图 4-24　品类罗盘

6）交易分析

交易分析包括交易概况、交易构成和交易明细 3 个模块，从店铺整体到不同粒度细分店铺交易情况，有助于商家及时掌控店铺整体交易情况，如图 4-25 所示。

图 4-25　交易分析

7）内容分析

内容分析中从 Aware（内容能见度）、Appeal（内容吸引度）、Ask（内容引导力）、Act（内容获客力）、Advocate（内容转粉力）5 个维度对店铺的内容进行分析，如图 4-26 所示。内容分析提供了内容浏览人数、内容互动人数、引导进店人数等信息，可以让商家轻松地知道什么内容、什么渠道最能吸引访客并刺激购买，帮助商家打造最有效的商品布局。

图 4-26　内容分析

8）服务分析

服务分析显示了维权分析、评论分析，如退款率、投诉率、TOP 退款商品、TOP 负评商品等，可以帮助商家了解和提升商品、店铺及物流的服务质量。

9）营销分析

营销分析显示了营销推广工具的营销效果，可以帮助商家实施精准营销、提升销量，如图 4-27 所示。

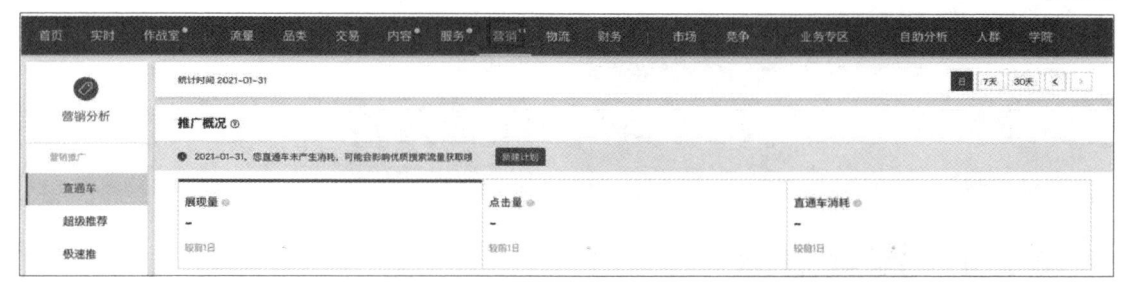

图 4-27　营销分析

10）物流分析

物流分析包含整体概况、异常雷达、效能提升等模块，可以帮助商家洞悉物流效率，进行物流监控，如图 4-28 所示。

图 4-28　物流分析

11）财务分析

财务分析有助于商家对店铺的财务概况和各种明细了如指掌，让商家做好商品成本配置。

12）市场行情

市场行情是一个极其重要的行业数据分析工具，提供行业大盘、品牌分析、商品分析、属性分析、商品店铺榜、买家和卖家画像等功能，提供全方位的行业数据分析，可以帮助商家把握市场动态和发掘市场先机。

任务 4.2 流量分析

4.2.1 流量指标

网店运营需要借助一些数据工具。虽然商家每天都在看生意参谋,但是大部分商家仅停留在"看"这个层面上,至于这些数据有什么用、应该怎么去分析、应该注意什么样的指标、如何优化不正常的指标,就很少有商家清楚了。生意参谋的流量概况示例如图 4-29 所示,其中涉及一些流量指标,我们先来认识这些流量指标。

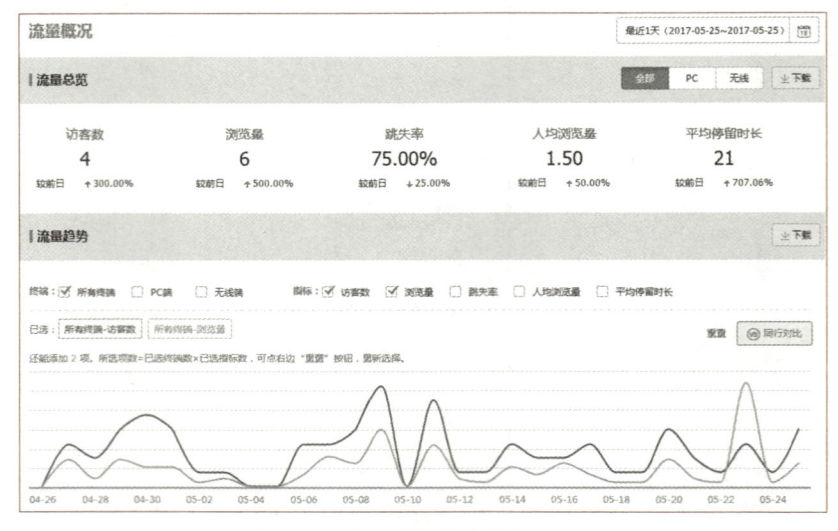

图 4-29 生意参谋的流量概况示例

1. 访客数和浏览量

访客数(Unique Visitor,UV)和浏览量(Page View,PV)是影响网店运营质量的重要指标。在电商领域中,正确地阅读和分析这两个指标,对企业的数据分析有非常重要的引导作用。

1)访客数和浏览量的含义

(1)访客数。

访客数是指全店各页面的访问人数。一个用户在一天内多次访问同一个网店被记为一个访客,访客数是以用户的淘宝 ID 作为唯一标识并去重的。目前,大多数统计工具只能统计到 IP(使用不同 IP 地址访问网店的用户数量)这个层面上,因此在大多数情况下,IP 个数与访客数相差不多。但由于校园网络、企业机关等一些部门的特殊性(通常一个 IP 会有多个人在使用),IP 已经很难真实反映网站的实际情况,因此我们引入更加精确的访客数概念。IP 是一个反映网络虚拟地址对象的概念,访客数则是一个反映实际使用者的概念,访客数相对于 IP,能够更加准确地对应实际使用者。使用访客数作为统计量,可以更加准确地了解单位时间内有多少个访客浏览过相应的页面。

(2)浏览量。

浏览量是指网店被浏览的总页面数。访客每一次对网店中的每个网页的访问均被记录一次,累计成为浏览量总数。网店内的页面被点击一次,即被记为一次浏览,一个访客多次点击或刷新同一个页面,会被记为多次浏览,累加不去重。例如,访客在进入网店首页后,浏览了 4 个不同的商品,且每个商品都只有 1 个页面,那么该访客对该网店产生了 5 个浏览(首页 1 个+4 个商品各 1 个)。浏览量是评价网店流量最常用的指标之一,也是用来衡量网店访客关注度的重要指标。

案例阅读

在某个家庭中,丈夫打开淘宝网主页,注册了淘宝账号,并在其中购买了一部手机。妻子见了,想在网上购买衣服,于是也注册了淘宝账号。由于夫妻两人使用的是同一台电脑,他们的 IP 地址是一样的,淘宝网的官方计数器记录到一个 IP 地址登录的信息,但其实夫妻两人是两个访客。

访客数是具有统计功能的系统,它可以为网站建设者提供真实、可信的信息。

2)分析访客数和浏览量数据

访客数和浏览量增加,说明网店页面被浏览的次数变多了,并且有更多的人来访问网店。但有时网店的访客数和浏览量并不一定是以相同的趋势变化的,网店可以根据访客数和浏览量的联动变化表(见表 4-1),了解网店运营情况,并制定改进方法。

表 4-1 访客数和浏览量的联动变化表

访 客 数	浏 览 量	结 论
增加	增加	运作良好
减少	增加	加大推广力度
增加	减少	优化内容
减少	减少	推广+优化

2. 跳失率

1)跳失率的含义

跳失率(Bounce Rate)是用户通过相应入口进入,只浏览一个页面就离开的访问次数占该页面总访问次数的比例。其计算公式如下:

$$跳失率=只浏览一个页面就离开的访问次数/该页面的总访问次数$$

跳失率是衡量被访问页面的一个重要因素,访客已经通过某种方式对页面形成事实上的访问,跳失的原因无非是感觉自己搜索和点击达到的页面与预期不符,即页面内容、服务,甚至整体网站的感觉与访客的预期不符。以某网店为案例,其跳失率如图 4-30 所示。

跳失率高说明进入网店后马上离开的访客数比浏览网店后再离开的访客数多,网店的访客体验做得不够好,需要优化。如果某网店的跳失率一直较高,淘宝网就会认为该网店没有吸引力,为其分配的权重会越来越低,因此该网店的排名会不断下滑,获得的流量会不断减少。反之,跳失率较低,则说明该网店做得不错,访客能够在该网店中找到自己感兴趣的内容,而且访客可能还会再次光顾该网店,从而该网店的访客回访度得到提高。

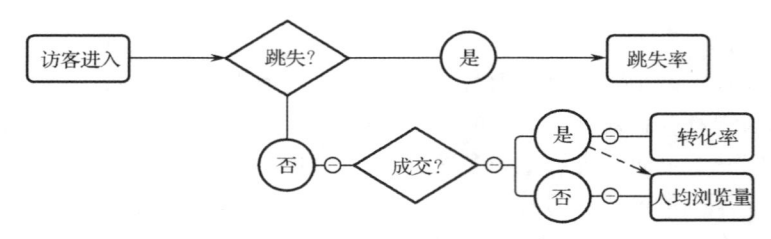

图 4-30 某网店的跳失率

2）分析跳失率数值

（1）评判网店跳失率的方法。

什么样的跳失率算正常呢？一般来说，跳失率低于 50% 属于正常。不到钻石等级的网店，跳失率为 60% 也属于正常；如果皇冠等级以上的网店的跳失率达到 50%，就说明该网店的首页或者商品描述不够吸引人，就属于不正常的情况。除此之外，我们还要考虑网店的运营时间、特点和过往的跳失率变化情况，才能做出最终的判断。

（2）跳失率过高的原因。

① 网站内容与访客需求不符。

② 访问速度过慢。网站的打开速度是影响访客体验的重要因素。研究表明，如果网站超过 3 秒还没有完全打开，那么 57% 的访客会离开。当访客访问一个网站时，如果长时间处于载入页面，而没有进入搜索主页，那么大多数访客会选择直接关闭。

③ 内容引导较差。访客在查看完一个页面后，如果没有得到相关信息的引导，就很有可能直接关闭页面。

3）跳失率优化建议

（1）优化入口。

① 某品类商品的跳失率低，说明此品类商品的吸引力大，商家应增加此品类商品。例如，某女装店铺的全店跳失率为 80%，而针织衫的跳失率为 40%，则商家应增加针织衫的数量。反之，则商家应优化商品及优化店铺。

② 同理，某类关键词的跳失率低，说明网店对搜索此类关键词的访客的吸引力大，商家应扩大此类关键词的覆盖面，如加厚、加绒、保暖等同类关键词。反之，商家应先优化商品、店铺，再缩小此类关键词的覆盖面。

③ 广告跳失率与停留时间的关系。若停留时间非常短，则商家需要更改策划方案和投放位置；若停留时间正常，则是促销力度不够，关联不好，网店环境也不好。当广告跳失率低时，商家除了查看转化率，还需要查看人均浏览量、关联销售商品的店内访客数等。

④ 单品跳失率与转化率的关系。若跳失率高，转化率也高，不管是店内还是店外的流量带来的成交，都说明这个商品有市场，则商家应优化入口流量，增加店内流量。若跳失率低，转化率也低，其他关联销售商品或者广告促销吸引访客，则商家可以将这个商品作为流量入口商品，并对商品进行优化。

（2）优化出口。

① 增加商品模块。在每款商品对应的网页中都增加一个相关的商品模块，不仅能提高网页内容的聚合性，还可以让访客迅速找到相关商品，改善访客体验，降低跳失率。

② 增加销量、评价。对普通网店来说，无销量、无评价的商品的跳失率是最高的，商

家应增加商品的销量和评价。

③ 颜色、码数、库存要充足。对服装网店来说，码数不齐全是硬伤，所以库存数尽量不要写一个。

④ 优化分类、导航、搜索。合理分类，正确设置导航，有利于访客快速、方便地搜索自己想要的商品。商家可以按照商品品类、功用、消费力、行为倾向等设置导航栏。

⑤ 优化详情页设计。网页上应尽量少用影响反应速度的元素。商家在使用图片前应先优化图片，并尽量压缩图片的大小。有的商家喜欢截商品的评价图，但是访客不会看。

3．人均浏览量和平均停留时长

1）人均浏览量和平均停留时长的含义

人均浏览量［也称访问深度（Depth of Visit）］：在统计时间内，浏览量与访客数的比值，多天的人均浏览量为人均浏览量的日均值。

平均停留时长：在统计时间内，所有终端访客在商品详情页上停留的总时长与所有终端访客访问商品详情页的次数的比值。

人均浏览量越多，平均停留时长越长，表明访客对网店中的商品越感兴趣，访客体验越好，网店的黏性也越高。

2）人均浏览量和平均停留时长优化建议

我们在逛大型商场时，可能会有这种感觉，走着走着就"迷路"了，怎么逛也逛不完这个商场，找不到出口，原本打算买完想要的东西就走，却在不知不觉中把整个商场都逛完了，而且买了一些本不打算购买的东西。殊不知，其实是商家故意把商场设计得像迷宫一样，让人们不断地在商场里逛，这样不仅增加了人们在商场的停留时间，还提高了商场的销量。

不仅经营实体店的商家非常看重客户在店铺内的停留时间，经营网店的商家也在苦苦追寻让客户在店铺内多停留一些时间的"灵丹妙药"。客户在店铺内访问的页面数量，用数据表示就是浏览量与访客数的比值。这一数据是衡量店铺黏性及健康度的重要指标。

那么有什么方法能让进入店铺的客户多逛逛呢？下面介绍3种方法。

（1）优化导航栏。

大型商场运用的是像迷宫一样的商场路线，而网店却要谨记店铺一定不能乱，最好的做法就是优化店铺的导航栏。

有了清晰的导航栏，客户进入店铺的目的性就越强，能够看到的商品就越多。导航栏的分类应该按照店铺所属类目的分类来设置，或者根据客户的搜索习惯来设置。如果一个导航栏很简单，没有做任何的分类、标注，那么客户也容易因为没有看到自己想要找的商品而离开。当然，在导航栏完整的情况下，分类页也要整齐，要让客户一目了然。

（2）合理的关联销售。

有了完整的导航栏就能让客户在店铺内停留更长时间吗？在客户已经选好一款商品时，很多商家认为，多做一些关联销售会带来更好的效果。事实真的是这样的吗？其实不然，盲目地进行过多的关联销售，只会分散客户的注意力，从而导致客户跳失。合理的关联销售商品的数量为4或5款。商家要在数量上进行控制，更要在质量上做好把控，并不是所有的商品都可以跟任何一款商品相关联。例如，客户已经选中了一款毛呢外套，商家就不能再推荐另一款毛呢外套，而应推荐打底裙或者打底毛衣。因此，商家一定要根据客户的购买习惯来进行关联销售。

（3）维护好老客户。

只有老客户才会时时关注店铺是否上新、是否在做活动。客户对于自己熟悉的店铺，会直接收藏，还会在平时进店逛逛。从商家的角度来讲，平时做好短信营销、微淘维护，对于提高店铺在老客户面前的曝光率有很大帮助。客户更加愿意花时间来看一家自己曾经购买过商品的店铺，因此维护好老客户是提高店铺人均浏览量的一种好方法。

这3种方法相辅相成，如能搭配好，则对于店铺提高人均浏览量的效果是比较明显的。商家应通过清晰、完整的导航栏把新客户带入其想进入的页面，再通过关联销售，引导新客户进入其他相关商品的页面，最终把新客户变成老客户。

✅ 4.2.2 流量来源

淘宝网店铺的流量来源有很多，主要分为淘宝站内自然搜索流量、付费广告流量、淘宝站外流量。

如果进行细分，仅淘宝站外流量就有很多未知的流量来源。但是，有流量不一定是好事，不健康的流量只会大大降低店铺的转化率，影响店铺的销量。因此，商家需要时刻分析自己店铺的流量来源，并做推广。这些都可以通过生意参谋的流量分析来完成。

生意参谋有流量分析这一功能，能提供全店流量的概况、流量的来源和去向的流量地图、访客的时段和地域等特征分析、店铺装修的趋势和页面点击分布分析。流量分析有四大功能：流量概况、流量地图、访客分析、装修分析。通过流量分析，商家可以快速盘清流量的来龙去脉，识别访客的特征，同时，了解访客在店铺页面中的点击行为，从而评估店铺的引流、装修等健康度，以便更好地进行流量管理和转化。由于本章侧重于介绍数据运营，因此下文只介绍流量概况和流量地图。

1. 流量概况

流量概况的入口如图4-31所示。流量概况是店铺整体流量情况的概貌，能够反映店铺整体的流量规模、质量及访客结构，如图4-32所示。

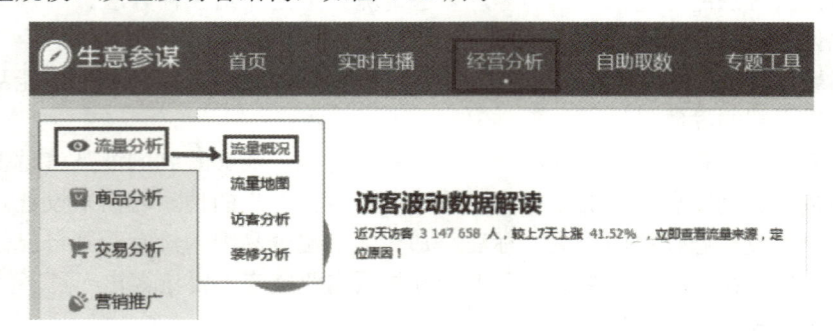

图4-31 流量概况的入口

商家可以根据7天的流量数据，了解流量的核心信息和问题；从流量总的规模知道店铺的访客数和浏览量；从跳失率、人均浏览量、平均停留时长了解访客的质量；从流量的付费与免费结构、新老访客结构、PC与无线终端结构，掌握店铺流量的整体布局；还可以通过选择日期、终端来针对性地查看历史数据和不同终端的情况。

商家可以查看流量趋势，了解流量各方面的趋势，同时和同行对比，了解自己与同行之间的差距，如图4-33所示。

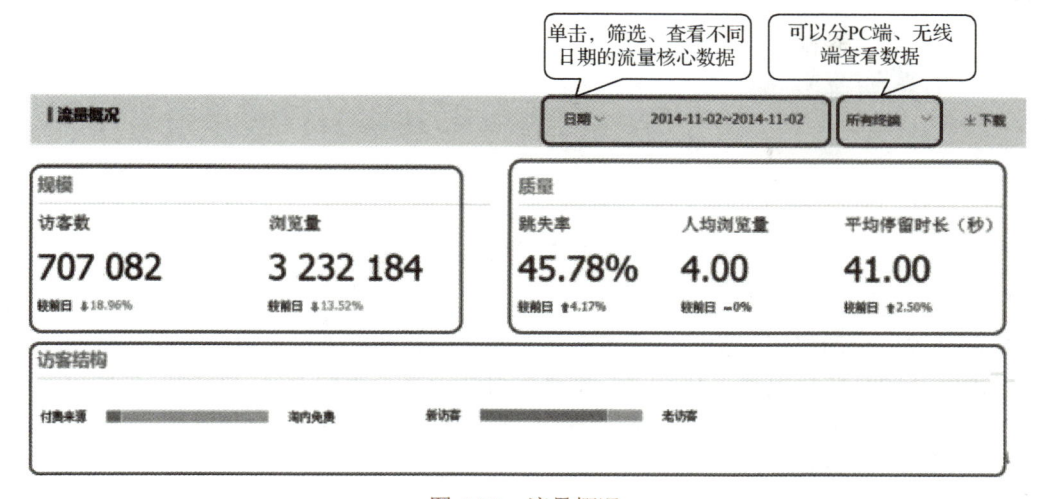

图 4-32　流量概况

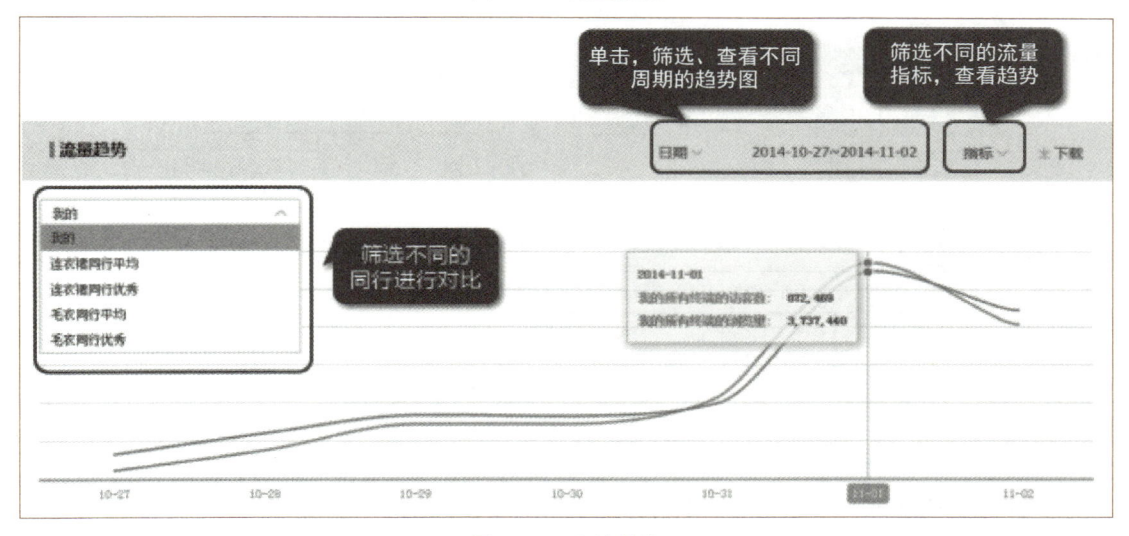

图 4-33　流量趋势

2. 流量地图

流量地图的入口如图 4-34 所示。流量地图旨在让商家看清店铺的流量来源、流量在店内的流转路径、流量从店铺出去后的去向，如图 4-35 所示。

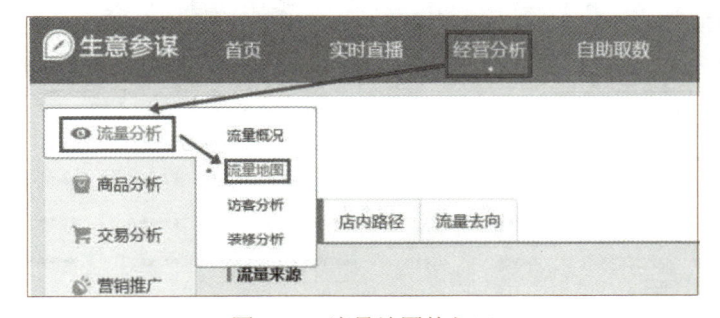

图 4-34　流量地图的入口

特别说明，流量地图的分析和使用，可以针对 PC 和无线两个终端进行切换。

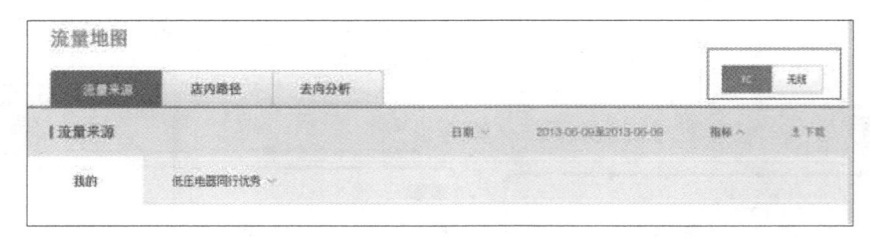

图 4-35　流量地图

1）流量来源分析的作用

流量来源分析的作用：验证引流策略是否奏效，让商家了解各渠道引入流量的转化优劣，发现潜在的高转化渠道，从而进一步调整引流策略。通过查看同行的流量来源，商家可以发现行业中的高流量渠道、高转化渠道、尚未覆盖的渠道，从而进一步拓展渠道。

2）流量来源如何分析

（1）专注查看自己的流量来源详情，如图 4-36 所示。

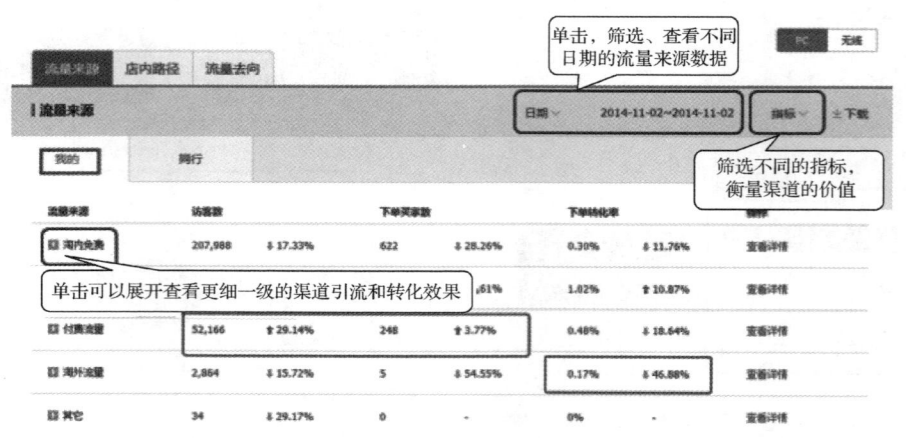

图 4-36　我的流量来源详情

关注流量的上升和下跌渠道，细看具体上升和下跌的主要明细渠道。验证引流策略是否奏效和合适，确定是否调整引流方式。关注各渠道的转化率，扩大高转化渠道的流量引入。

（2）参考查看同行的流量来源详情，如图 4-37 所示。

图 4-37　同行的流量来源详情

关注同行的引流模式，掌握高流量渠道、高转化渠道、尚未覆盖的渠道（优先拓展高流量渠道、高转化渠道）。

（3）查看入口页面的分布和跳出率，如图 4-38 所示。

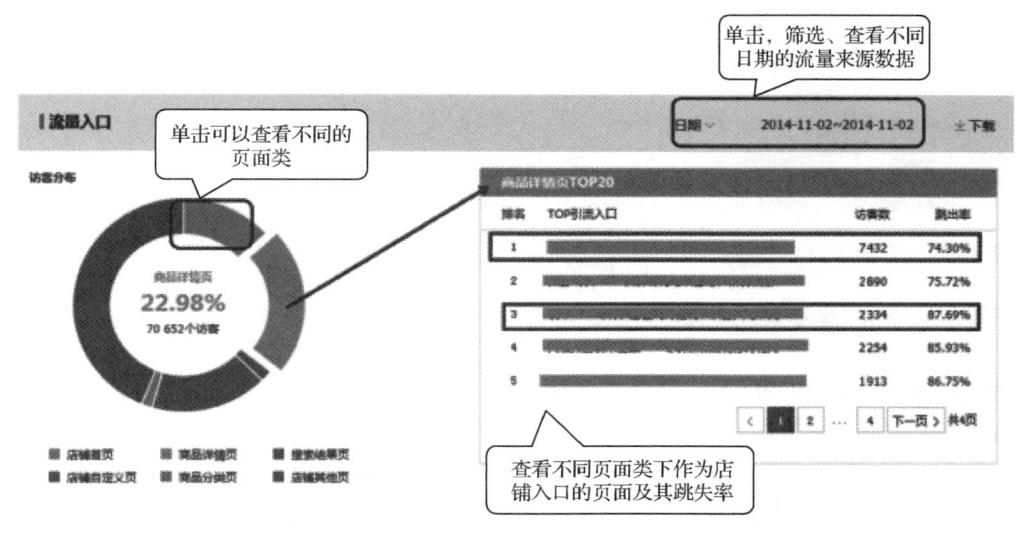

图 4-38　流量入口

查看店内各类页面的入口访客和跳出率，关注高流量页面的跳出率。将跳出率低的入口页面作为引流入口的权重提高。修改或调整跳出率高的入口页面，降低其作为引流入口的权重。例如，图 4-38 中的第三个商品详情页的跳出率为 87.69%，商家应关注其页面布局、访客特征，降低其作为引流入口的权重；第一个商品详情页的跳出率最低，商家可以考虑让其承担将更多流量引入店内的职责。

特别说明，无线端的分析思路与 PC 端类似，商家可以根据不同的 App，有针对性地查看和分析，如图 4-39、图 4-40 所示。

图 4-39　按 App 来源查看流量来源

3）店内路径的作用

（1）可以让商家掌握流量入店后在不同店铺页面之间的流转关系，验证流量是否按照既定路径和比例流转，发现问题页面类。

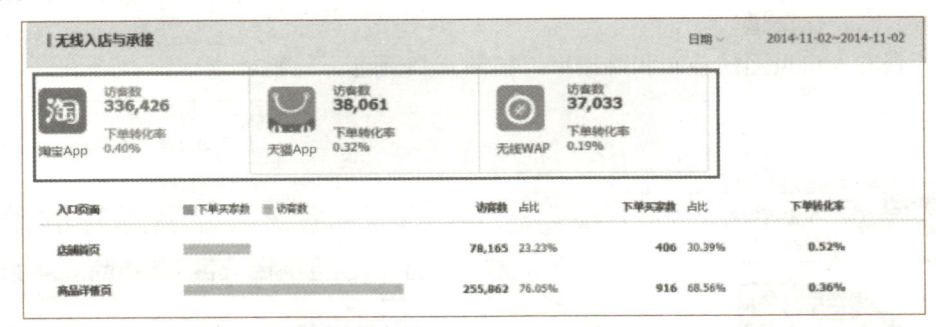

图 4-40　无线入店与承接

（2）可以让商家掌握店内各类页面的单页面流量，明确活动页面的冷热度，确定活动力度的调整方案。

特别说明，下面以 PC 端为例进行讲解，无线端的思路类似，商家可以根据不同的 App 进行查看和分析，如图 4-41 所示。

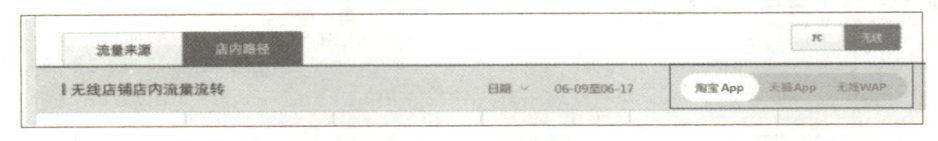

图 4-41　店内路径

4）店内路径如何分析

（1）查看店内各类页面的流量分布，如图 4-42 所示。

图 4-42　店内各类页面的流量分布

① 关注商品详情页的流量占比，因为此部分流量相比入店的所有流量，更接近下单和支付环节。

② 关注店铺首页和店铺自定义页的流量分布，及时调整活动力度。

③ 关注搜索结果页的流量，如果出现店内搜索流量过多的情况，就说明现有的店铺布局对访客寻找目标商品来说存在一定的障碍。这时，商家可关注"工具箱"的"选词助手"中的"店内搜索关键词"，了解访客的原始需求，适时调整店铺首页的商品排布和商品分类导航。

（2）查看店内各类页面之间的流量流转，如图 4-43 所示。

店内流量的流转情况反映的是店内流量流转的通畅度。不同的店内页面，需要关注的流转路径有所差异。

① 店铺首页：关注店内流量去向商品详情页和去向商品分类页的比例结构、店铺首页引导至店铺自定义页的流量，验证效果。

② 商品详情页：关注店内流量去向商品详情页的流量比例，衡量商品之间的流量流转是否通畅。

图 4-43　各类页面之间的流量流转

③ 搜索结果页：关注店内流量去向搜索结果页的比例结构，以便合理设置分类。
④ 店铺自定义页：关注店内流量去向店铺自定义页的流量比例，衡量活动对商品流量导入的有效性。
⑤ 商品分类页：关注店内流量去向商品分类页的比例结构，验证效果。
⑥ 店铺其他页：关注店内流量去向店铺其他页的比例结构，以便合理优化导航。
⑦ 离开店铺：关注离开店铺的流量所占比例，以便及时对店铺内的各类页面进行优化。
（3）查看各类页面中的 TOP 流量页面，如图 4-44 所示。

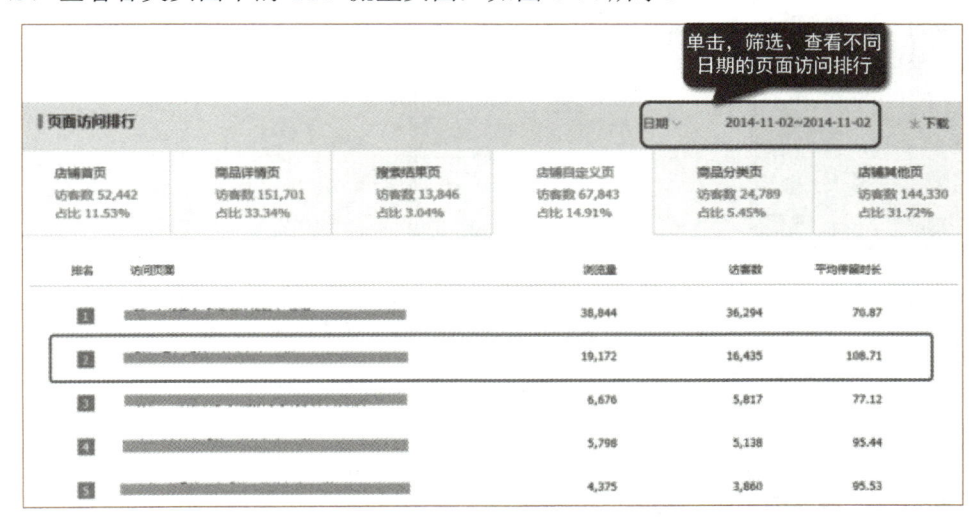

图 4-44　页面访问排行

商家应了解各类页面中被访客浏览最多的页面，通过浏览量、访客数、平均停留时长来评估各类页面的吸引力，提高对热访页面的重视程度。若重点页面的流量不符合预期，则商家应及时调整流量导入的机制；若重点页面的平均停留时长不符合预期，则商家应及时调整页面布局和内容，以增强页面的吸引力。

5）去向分析的作用

去向分析可以分析访客离开店铺的主要页面有哪些，从出口页面的调优上解决跳失率过高的问题。通过了解访客的去向，商家可进一步识别访客离开店铺的原因，扬长避短。

去向分析功能目前仅对 PC 端开放。

6）去向如何分析

（1）查看离开访客数多、浏览量占比大的页面，如图 4-45 所示。在商品分类页中，羽绒服的浏览量非常多，但是离开浏览量占比也略高，商家需要有针对性地进行优化。

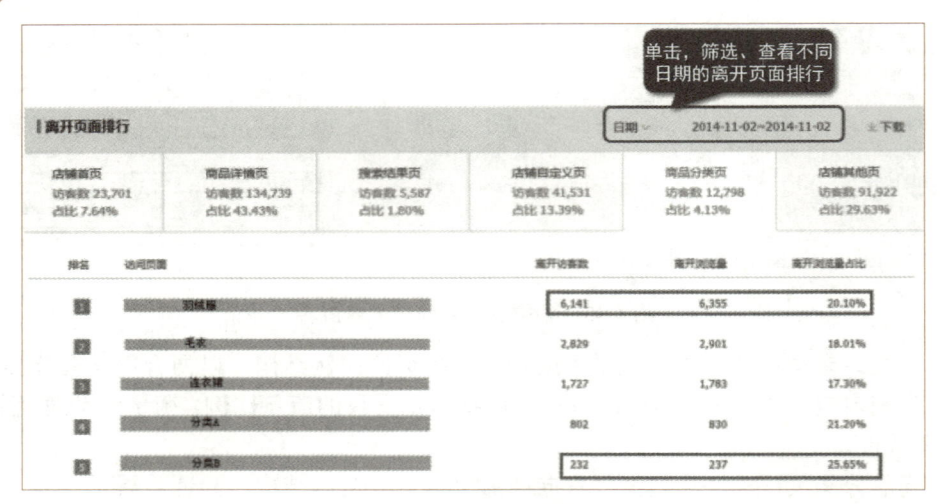

图 4-45　离开页面排行

（2）查看访客去向，如图 4-46 所示。

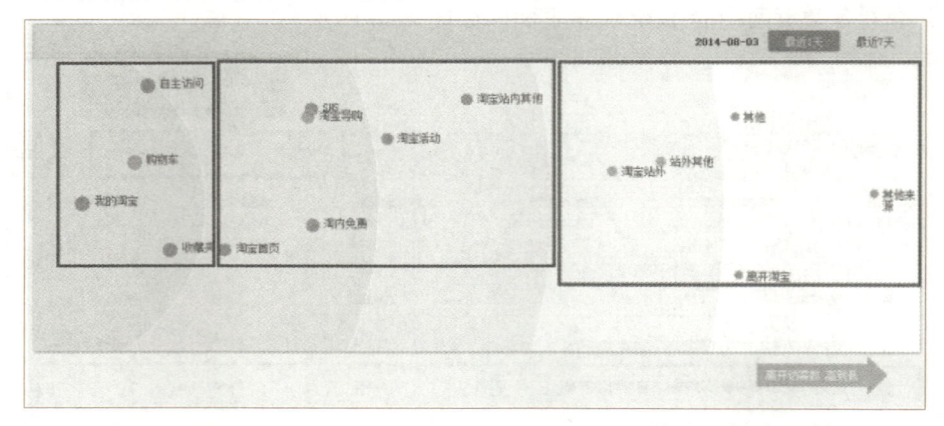

图 4-46　访客去向

通过了解访客离开后的去向，商家可以推断访客离开的意图。访客去向分为 3 类：第一类（也是占比最大的）是购物车、我的淘宝（买家后台）、收藏夹等，并未前往搜索其他店铺或离开淘宝网，所以访客对店铺的不满意程度相对较低；第二类是淘宝网内的活动或导购类页面，商家可以推断访客未有明确的去向页面；第三类是淘宝站外，此时，商家可以查看访客离开后的目标页面对应的离开人数和占比，如图 4-47 所示。

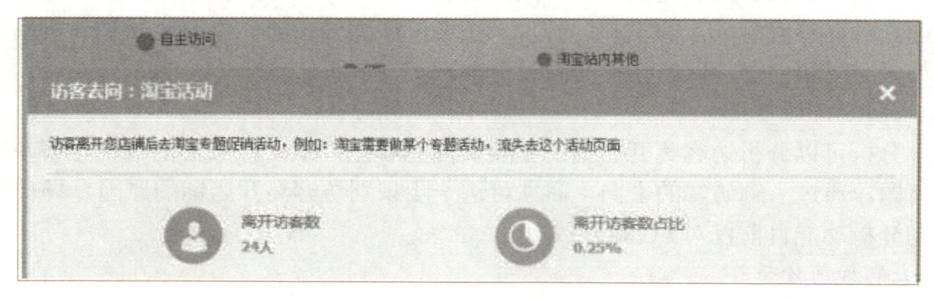

图 4-47　离开访客数和离开访客数占比

任务 4.3 交易分析

4.3.1 订单分析

1. 成交转化率漏斗模型

成交转化率是一个重要的指标,关系到店铺的成交人数。这里要说明一下,成交转化率与店铺的定位、商品的定价有着直接的关系。具体关系如下:

全店的销售额=成交人数×客单价

成交人数=访客数×全店的成交转化率

要提高店铺的访客数,很重要的一点就是吸引更多的新客户,不管是投放直通车广告,还是做钻石展位推广,目的之一都是吸引更多的新客户。

店铺的访客数经过成交转化率漏斗的过滤,最后转变成为成交人数,如图 4-48 所示。成交转化率漏斗模型的第一层是有效入店率,第二层是旺旺咨询率,第三层是旺旺咨询转化率和静默转化率,第四层是订单支付率,第五层是成交转化率。

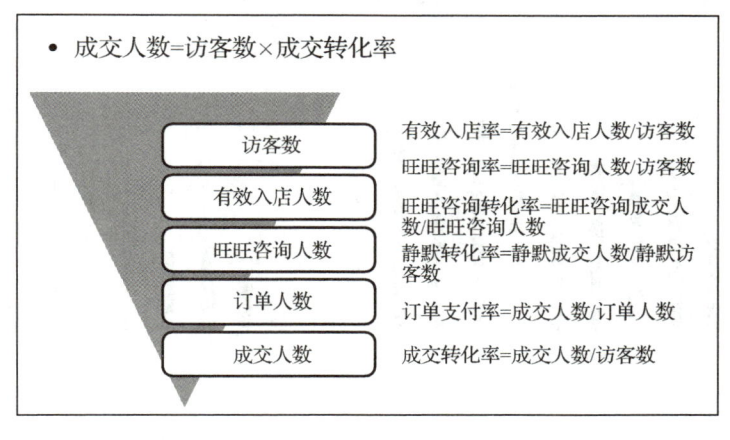

- 成交人数=访客数×成交转化率

漏斗层级	计算公式
访客数	有效入店率=有效入店人数/访客数
有效入店人数	旺旺咨询率=旺旺咨询人数/访客数
旺旺咨询人数	旺旺咨询转化率=旺旺咨询成交人数/旺旺咨询人数 静默转化率=静默成交人数/静默访客数
订单人数	订单支付率=成交人数/订单人数
成交人数	成交转化率=成交人数/访客数

图 4-48 成交转化率漏斗模型

(1)有效入店率。

衡量访客是否流失的一个很重要的指标是访客跳失人数。访客跳失人数是指访问店铺一个页面就离开的访客数。与访客跳失人数相反的是有效入店人数,有效入店人数是指访问店铺至少两个页面才离开的访客数,即访客数=有效入店人数+访客跳失人数。因此,成交转化率漏斗模型的第一层是有效入店率,有效入店率=有效入店人数/访客数;跳失率=访客跳失人数/访客数。

商家要尽可能地降低全店的跳失率,增加全店的有效入店人数。

特别说明,访客到达店铺,直接进行收藏、进行旺旺咨询、将店铺内的商品加入购物车、立即购买后离开店铺,都算有效入店。

(2)旺旺咨询率。旺旺咨询率的计算公式为

旺旺咨询率=旺旺咨询人数/访客数

(3)旺旺咨询转化率和静默转化率。旺旺咨询转化率的计算公式为

旺旺咨询转化率=旺旺咨询成交人数/旺旺咨询人数

但是,店铺中还会存在部分客户(特别是老客户),因为对店铺非常认可,不咨询客服就直接下单了,所以在成交转化率漏斗模型第三层中有静默转化率这个指标。静默转化率的计算公式为

静默转化率=静默成交人数/静默访客数

(4)订单支付率。订单支付率的计算公式为

订单支付率=成交人数/订单人数

(5)成交转化率。成交转化率的计算公式为

成交转化率=成交人数/访客数

2.订单数据分析

1)订单量分析

商家要对店铺的订单量有所了解,并能分析订单量增加或减少的原因。

从图4-49来看,该店铺处于快速成长期,其订单量从2016年1月的318快速增长到9月的25 418,达到了2016年的高峰值。

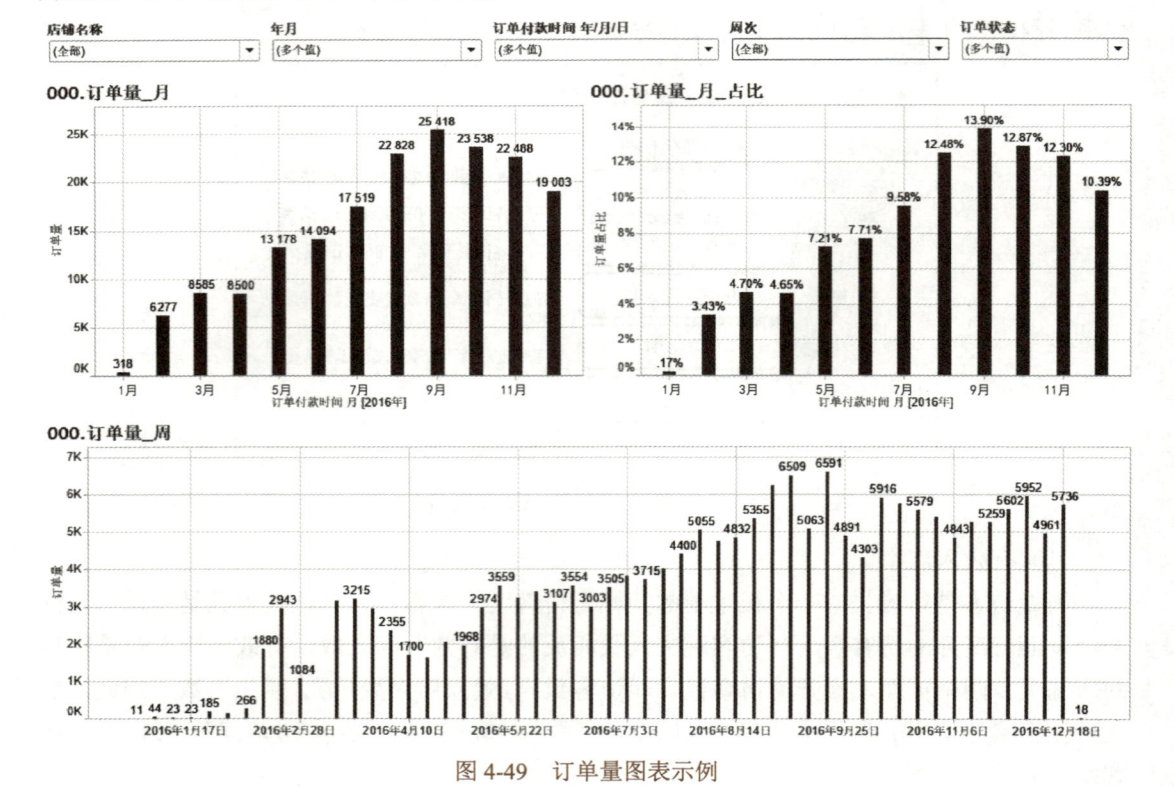

图4-49 订单量图表示例

我们借助统计术语环比和同比来分析趋势,将本期统计数据与上期统计数据比较,如将2016年12月的统计数据与2016年11月的统计数据比较,称为环比;将本期统计数据与历史同时期统计数据比较,如将2016年12月的统计数据与2015年12月的统计数据比

较，则称为同比。环比和同比均用百分数或倍数表示，环比可以分为日环比、周环比、月环比、年环比，主要对比短时间内的涨幅程度；同比一般用在相邻两年的相同月份，很少用在两个月份的相同日期。环比和同比虽然都反映变化速度，但由于采用的基数不同，因此反映的内涵完全不同。一般来说，环比可以与环比相比较，而同比与环比不能相比较。而对于同一个地方，考虑时间纵向上发展趋势的反映，则往往要把同比与环比放在一起进行对照。

想一想

你能否根据图 4-49 中的订单量图表做出同比或环比分析？

2）订单时间分析

订单时间分析主要针对一周或某日的订单数据进行分析。

（1）周订单量分析。

阅读和分析周订单量数据的目的是据此推测下一周的销售时机分布。注意：季节不同，下一周的销售时机分布情况也会不同（以下暂时以全年的数据为参考，我们平时在实际运用中可以细分到月份）。周订单量图表示例如图 4-50 所示。

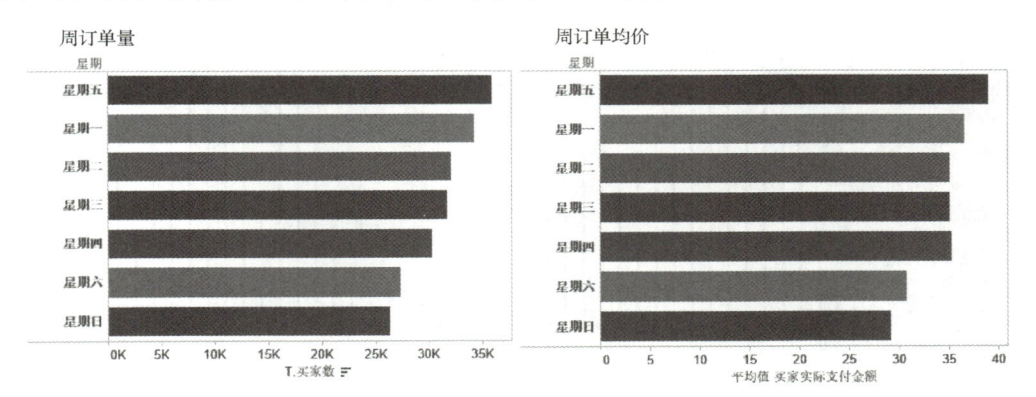

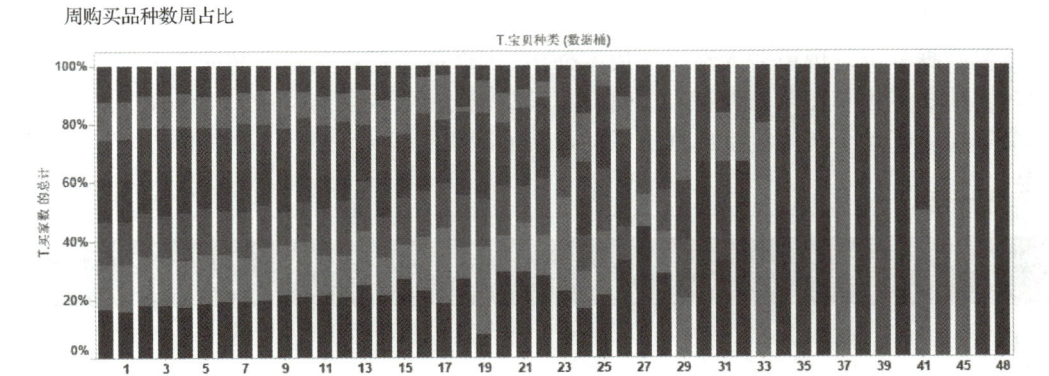

图 4-50 周订单量图表示例

由图 4-50 可知，订单量与购买品种数在星期五和星期一的占比相对要高些，而在星期六和星期日，各项指标都处于最低点，这很有可能是一个普遍的现象。从时间上分析，星期六和星期日都是非工作日，很多人会选择外出度假或者逛街，因此在这两天网购的人会相对减少。

（2）日订单量分析。

除了通过周订单量数据推测下一周的销售时机分布，商家还可通过一天的订单时间数据推测一天的销售时机分布。接下来我们细分到日甚至时段，就会有更多的发现。

我们通过对图 4-51 中的日订单量数据进行分析可以看出，凌晨时段的销售情况最差，15 点左右的销售情况最佳。从时间上分析，凌晨，大部分人都处于休息状态，不会进行网购，在 15 点左右，人们忙完手头的工作，有闲暇时间进行网购。

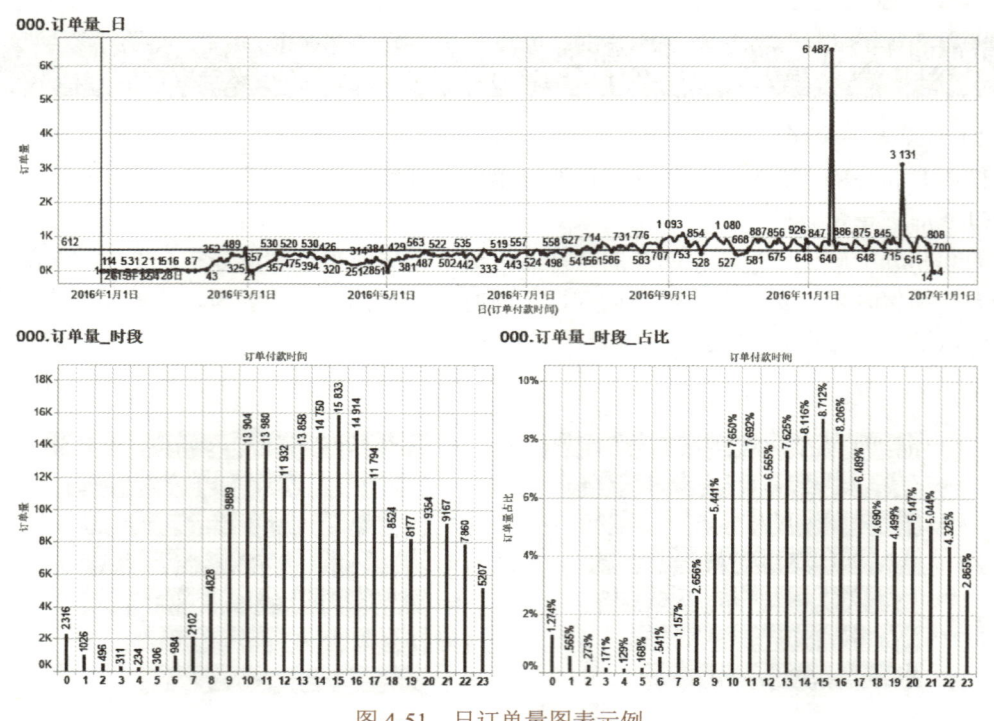

图 4-51　日订单量图表示例

商家应该根据店铺的订单时间数据，选择合适的时间段进行商品促销。如果商家通过周订单量数据分析发现更多人选择在周末外出，那么应尽量避免将商品促销活动放在周末，同理，其他假日也不适合做促销。而日订单量数据分析结果显示，在 15 点有更多人网购，因此商家可以在这个时间段推出优惠活动，从而吸引更多人。

想一想

订单时间数据对网店运营有何启示？

3）订单地域分析

商家还比较关心店铺的商品卖到哪里去了，是北方还是南方？是哪个地区的人喜欢这些商品？

通过对订单地域数据的分析，商家可以得到不同地域的销售特点，从而实施不同的销售策略：一些地区的客户购买力强，可以针对这些地区包邮，从而进一步提升订单量；其他城市的运输成本较高，可以通过降低商品价格来吸引客户，这里的降低商品价格并不是指单纯地降低单个商品的价格，还可以是多买多降，买得越多，优惠越多。

4）订单状态分析

商家一定不要忽视订单状态数据，因为店铺的服务情况可以从这里得到反映。其中的关闭交易是需要重点研究的内容之一，因为商家花推广费引来成交的订单突然关闭，这个问题很严重（当然其中也有客户拍错而关闭重拍等原因）。

我们从图 4-52 中看到的一个比较严重的问题是，交易关闭的订单占比竟然达到 14.65%。如果按每个订单的引入成本是 1 元来算，一年投入 100 万元的推广费，就意味着有 14.65 万元的费用打水漂了（没有排除客户拍错而关闭重拍的情况）。这里可以拓展到客服的工作，客服要做好关闭订单的记录及分析；对于商家已发货，等待买家确认的订单，可以适当进行催单营销，达到提前回笼资金的目的，使资金能更好地投入生产或者推广中，得到高效利用。

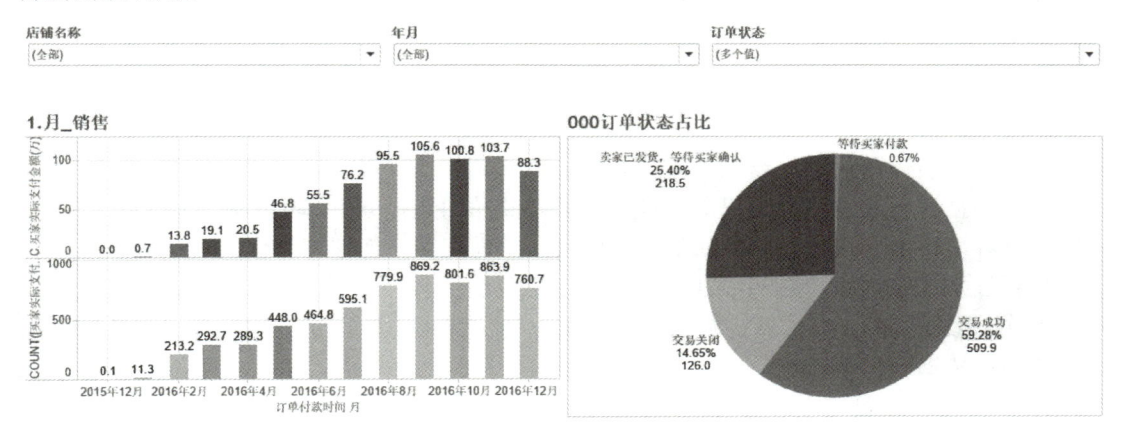

图 4-52 订单状态分析图表示例

4.3.2 客户分析

1. 客户购买频次

对网店来说，维护一个老客户的成本远远低于开发一个新客户的成本。分析客户购买频次的目的是寻找最有价值的客户，提高客户黏性，尽量满足老客户的需求。客户购买分析示例如图 4-53 所示。

客户购买频次即客户在某一时间段内购买的次数。它能够反映客户购物的活跃度，频次越高，客户购物的活跃度也越高，客户对网店的价值就越大，客户黏性也就越高。常用的提高客户黏性和客户购买频次的方法有以下 3 种。

1）客户活跃度分析

客户活跃度可以从平均访问次数、平均停留时间、平均访问深度 3 个方面来提高。

2）客户流失分析

分析客户流失，需要通过数据分析发现潜在流失客户名单，并设定一个挽回方案，尽可能留住需要的客户。商家最好依据客户的购买记录和行为轨迹，找出他们需要的商品，做出有针对性的促销活动来挽回这些客户。但是，商家对这些客户只能是适当关怀，而不能形成骚扰，否则会把客户越推越远。

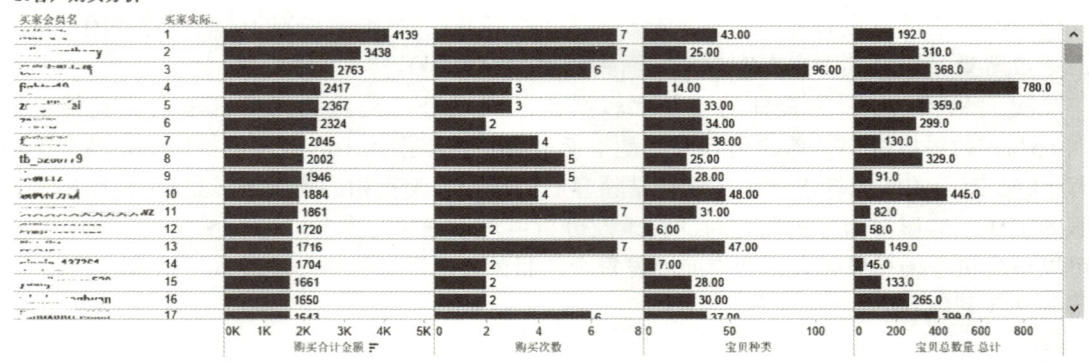

图 4-53　客户购买分析示例

3）提高客户平均停留时间

客户在网店停留的时间越长，就越有可能购买其中的商品，从而提高购买频次。商家通常可以根据客户的浏览历史记录和购买记录做商品的选择分析，动态地调整网店的页面，向客户推荐、提供一些特有的商品信息和广告，从而使客户能够继续保持对网店的兴趣。

值得注意的是，客户购买频次高低的判定需要结合具体的商品，如奢侈品和耐用品的购买频次一般比快消品低。

2. RFM 客户分类

许多企业在经营过程中会将客户进行分类，如 VIP（Very Important People，贵宾）客户和一般客户。针对不同类别的客户，企业会使用不同的销售策略。

根据美国数据库营销研究所 Arthur Hughes 的研究，客户数据库中有 3 个神奇的要素，这 3 个要素构成了数据分析最好的指标，即 RFM 模型。通过 RFM 分析，企业可以清楚地对客户进行分类。下面对各字母代表的含义进行介绍。

R（Recency）指最近一次消费的时间。R 的值越大，表明客户越久没有来消费，其活跃度低，可能是流失客户；反之，R 的值越小，表明客户活跃度越高，客户越有可能与网店达成新的交易。

F（Frequency）指消费频率。F 的值越大，表明客户的消费意愿越高，活跃度越高，忠诚度也越高；反之，F 的值越小，客户活跃度越低，客户越有可能会流失。

M（Monetary）指消费金额。M 的值越大，表明客户产生的价值越高，是网店的主要盈利点；反之，M 的值越小，客户的购买力越低，或者购买欲望越低。

1）客户分类

企业根据自己的实际情况，通过设置合适的分割点，可以将客户进行分类。下面介绍 3 种客户分类方法。

R 的分割点设置为 30 天，即客户的最后消费时间以 30 天为界限，数值越小，说明客户越活跃。

F 的分割点设置为 5 次，即客户自开业以来成功付款的单数以 5 次为界限，数值越大，说明客户的忠诚度越高。

M 的分割点设置为 300 元，即客户的平均订单金额以 300 元为界限，数值越大，说明客户的消费能力和价值越高。

RFM 参数设置下的客户分类如表 4-2 所示。

表 4-2　RFM 参数设置下的客户分类

客户类型	R	F	M
重要保持客户	√	√	√
重要发展客户	√	×	×
重要价值客户	√	×	√
重要挽留客户	×	√	√
一般重要客户	√	√	×
一般挽留客户	×	√	×
一般客户	×	×	√
无价值客户	×	×	×

2）各类客户的特点

根据 RFM 分析，不同类型的客户有不同的特点，网店需要根据不同客户的特点提供有针对性的客户服务。常见的客户包括以下几种类型。

（1）重要保持客户。

重要保持客户的 R 值小于参数分割点，F 值和 M 值大于参数分割点。这类客户的活跃度高、购买频次高、订单平均单价高，这类"三高"客户对网店来说就是宝藏。他们是最具忠诚度、最有消费能力、最活跃的客户，他们的存在证明了网店的成功，网店不断做大也与他们密不可分。

对一般网店来说，这类客户较少，所以一旦出现这类客户，网店就要积极地与他们沟通，重视他们的需求，给予他们 VIP 资格，牢牢抓住他们。

（2）重要发展客户。

重要发展客户的 R 值、F 值和 M 值都小于参数分割点。这类客户的活跃度较高，但是购买频次和消费能力都相对较低。这类客户对网店的利益贡献不能忽视。他们的活跃度高、购物机会多，网店向他们销售商品的机会多。

因此，网店应该采取措施，将这类客户积极发展为高忠诚度、高价值的客户。例如，网店可以向他们提供满就送活动或超值套餐等。

（3）重要价值客户。

重要价值客户的 R 值和 F 值都小于参数分割点，M 值大于参数分割点。这类客户的活跃度较高、消费能力较强，但是购买频次较低。消费能力高决定了他们可以为网店贡献较大的交易额，是网店盈利的保障。但是他们的购买频次较低，并且在最终购买时容易货比三家，或是购买意愿不够强。

网店的工作人员应该在该类客户选购商品时积极与他们沟通，给他们一些优惠，或是在平时定期向他们发送区别于其他网店的商品信息，增强其购买意愿。

（4）重要挽留客户。

重要挽留客户的 R 值、F 值和 M 值都大于分割点。这类客户的活跃度较低，但购买频次高，并且消费能力强。他们的存在，往往是网店持续发展的保证。

网店应加强客户关系管理，重视他们的需求，给予其特定的优惠，提高其忠诚度。

（5）一般重要客户和一般挽留客户。

一般重要客户的活跃度和购买频次都比较高，但是平均订单金额较低，对以盈利为目的的网店来说，其重要性比前4类客户要低一些。

虽然一般挽留客户的活跃度和平均订单金额较低，但是其购买频次较高，仍然能为网店带来一定的收益，因此网店也需要给予其一定的关注。

（6）一般客户和无价值客户。

一般来说，一般客户和无价值客户对网店经营额的贡献值是最大的，但是网店并没有把他们定义为重要客户，这是为什么呢？

我们仔细查看这两类客户的RFM参数可以发现，这两类客户的R值都大于参数分割点，F值都小于参数分割点。这说明他们的活跃度不高，购买频次也较低，即网购的机会较少，他们可能更多地选择从实体店购物，或是其他网店的忠诚客户。因此，网店想发展这类客户，需要付出成本的较高，并且成功率较低。

这两类客户唯一的不同就是，一般客户的M值大，无价值客户的M值小，这说明一般客户的消费能力强，但是他们的消费能力对网店来说意义不大，因为他们从网店购物的机会不多。

成功实战派

戏说有趣的大数据经典案例

马云说，在互联网还没搞清楚的时候，移动互联就来了，在移动互联还没搞清楚的时候，大数据就来了。近几年，"大数据"这个词越来越为大众所熟悉。大数据一直以"高冷"的形象出现在大众面前。面对大数据，相信许多人都一头雾水。下面的几个经典案例可以让我们"触摸"大数据，并且我们会发现大数据其实就在我们身边，而且很有趣。

1. 啤酒与尿布

全球零售业巨头沃尔玛在对客户的购物行为进行分析时发现，男性客户在购买婴儿尿布时，常常会顺便购买几瓶啤酒。于是，沃尔玛尝试推出了将啤酒和尿布摆在一起的促销手段。没想到这个举措居然使啤酒和尿布的销量都大幅增加了。如今，"啤酒+尿布"的数据分析成果早已成为大数据技术应用的经典案例，被人津津乐道。

2. 数据新闻让英国撤军

2010年10月23日，《卫报》利用维基解密的数据做了一篇数据新闻（见图4-54），将伊拉克战争中所有的人员伤亡情况均标注到地图上。地图上的一个红点便代表一次死伤事件，用鼠标单击红点后弹出的窗口则有详细的说明：伤亡人数、时间、造成伤亡的具体原因。密布的红点多达39万个，显得格外触目惊心。此新闻一经刊出，立即引起朝野震动，推动英国最终做出撤出驻伊拉克军队的决定。

3. "魔镜"预知石油市场走向

如果你对"魔镜"的认知还停留在"魔镜魔镜，告诉我谁是世界上最美的女人"的阶段，你就真的落伍了。"魔镜"不仅是童话中王后的宝贝，还是真实世界中的一款神器。其实，"魔镜"是苏州国云数据科技公司的一款大数据可视化产品（见图4-55）。

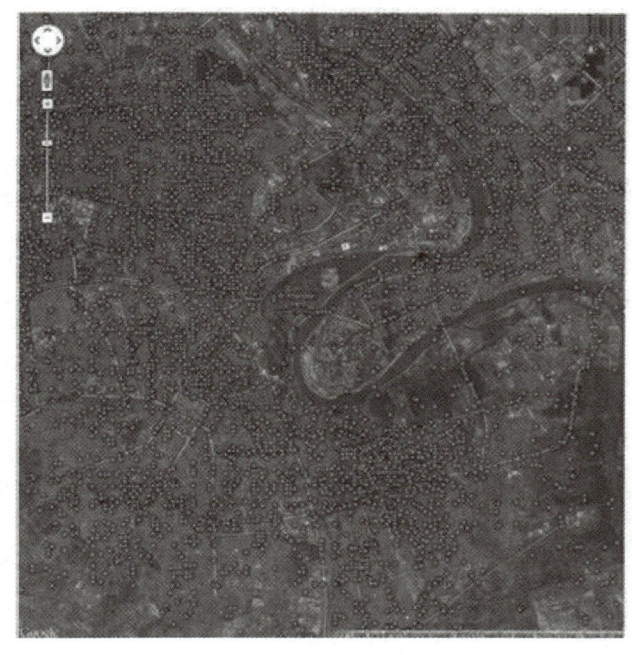

图 4-54　数据新闻　　　　　　　　　　　图 4-55　魔镜

"魔镜"通过数据的整合分析可视化，不仅可以得出谁是世界上最美的女人，还能通过价量关系得出市场的走向。"魔镜"曾帮助中国石油天然气集团有限公司等企业分析数据，将数据可视化，使企业能够做出科学的判断、决策，节约成本，合理配置资源，提高收益。

4．Google 成功预测冬季流感

2009 年，Google 通过分析 5000 万条美国人最频繁检索的词汇，并将其和美国疾病中心在 2003—2008 年间季节性流感传播时期的数据进行比较，建立了一个特定的数学模型。最终，Google 成功预测了 2009 年冬季流感的传播，甚至可以具体到特定的地区和州。

5．大数据与乔布斯的癌症治疗

乔布斯是世界上第一个对自身所有 DNA 和肿瘤 DNA 进行排序的人。为此，他支付了高达几十万美元的费用，他得到的不是样本，而是包括整个基因的数据文档。医生按照所有基因按需用药，最终这种方式帮助乔布斯延长了好几年的生命。

6．奥巴马大选连任成功

2012 年 11 月奥巴马大选连任成功的胜利果实也被归功于大数据，因为他的竞选团队进行了大规模深入的数据挖掘。《时代周刊》更是断言，依靠直觉与经验进行决策的优势急剧下降，在政治领域，大数据的时代已经到来；各色媒体、论坛、专家的铺天盖地的宣传让人们对大数据时代的来临兴奋不已，无数企业和创业者纷纷加入这个狂欢队伍。

7．微软大数据成功预测奥斯卡 21 项大奖

2013 年，微软纽约研究院的经济学家大卫·罗斯柴尔德利用大数据成功预测了 24 个奥斯卡奖项中的 19 个，成为人们津津乐道的话题。2014 年，大卫·罗斯柴尔德再接再厉，成功预测第 86 届奥斯卡金像奖颁奖典礼 24 个奖项中的 21 个，继续向人们展示了现代科技的神奇魔力。

（资料来源：亿邦动力网，2014）

经典实训

实训 4.1　生意参谋流量分析

实训目的

通过本次实训,学生要学会使用生意参谋分析网店的流量,了解网店的流量来源。

实训内容与步骤

(1) 打开生意参谋,选择"流量"选项,进入流量概况界面,查看流量概况,如图 4-56 所示。

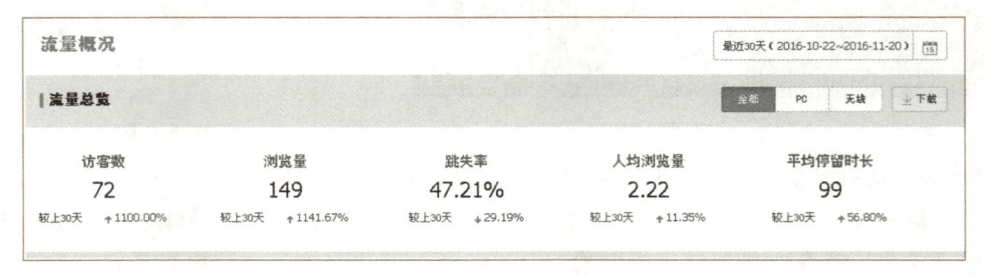

图 4-56　流量概况

(2) 分析网店的流量来源,如图 4-57 所示。

图 4-57　网店的流量来源

实训提示

生意参谋是淘宝网打造的一个非常实用的数据分析工具,商家可以运用生意参谋分析网店的流量概况、流量地图、访客情况等。

思考与练习

请你以文字配截图的形式记录操作过程,并回答下列问题。
(1)相比同行,你的网店的流量是多了还是少了?
(2)对比同行,你觉得还可以开发哪些流量来源?

实训 4.2 生意参谋交易分析

实训目的

通过本次实训,学生要学会使用生意参谋分析网店的交易情况,了解网店交易的构成。

实训内容与步骤

(1)打开生意参谋,选择"交易"选项,进入交易概况界面,查看交易概况,如图4-58所示。

图 4-58 交易概况

(3)分析网店的交易构成,如图4-59所示。

实训提示

生意参谋是淘宝网打造的一个非常实用的数据分析工具,商家可以运用生意参谋分析网店的交易概况、交易构成、交易明细等。

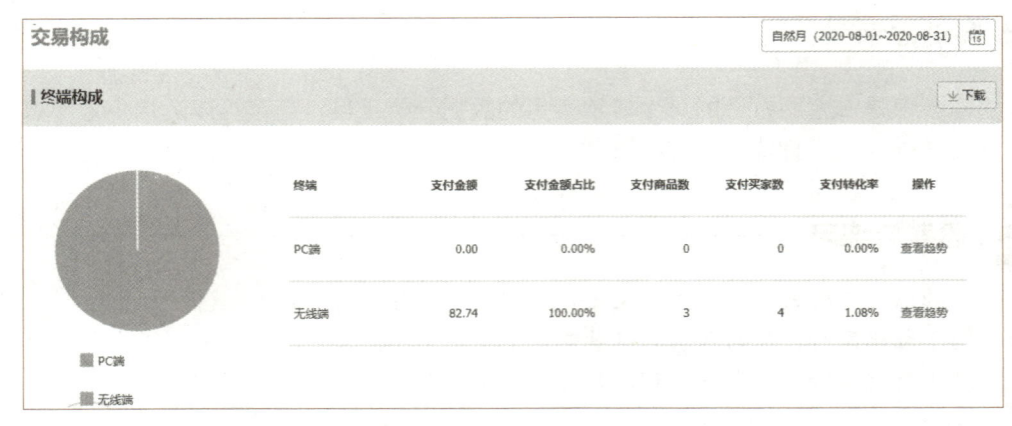

图 4-59　交易构成

思考与练习

请你以文字配截图的形式记录操作过程，并回答下列问题。
（1）你的店铺交易是否有波动？如有，请分析原因。
（2）你的店铺的交易构成是怎样的？价格如何分布？

项目小结

本项目主要介绍网店流量分析和交易分析，包括流量指标认识、流量来源分析、订单分析、客户分析等。其中，订单数据分析可细分为订单量分析、订单时间分析、订单地域分析、订单状态分析等。商家通过对订单不同维度的分析，可以了解客户的消费情况。客户分析主要分析客户购买频次及 RFM 客户分类。针对不同的客户，商家需要采取不同的促销策略。

项目测试

1. 单项选择题
（1）关于访客数（UV）和浏览量（PV），理解正确的是（　　）。
　　A．访客数就是流量　　　　　　B．浏览量除以访客数等于访客深度
　　C．浏览量不一定比访客数大　　D．一个淘宝账号就是一个访客数
（2）在 RFM 客户分类中，R 是指（　　）。
　　A．最近一次消费的时间　　　　B．消费频率
　　C．消费金额　　　　　　　　　D．消费数量
2. 多项选择题
（1）关于展现量和浏览量，理解正确的是（　　）。
　　A．展现量是产品在搜索列表中展现的数量
　　B．展现量是产品在搜索列表中展现的次数

C．浏览量就是流量

D．浏览量就是店铺各页面被查看的次数

（2）关于跳失率和点击率，理解正确的是（　　）。

A．点击率是店铺的某一商品详情页或者主图被点击的次数

B．点击率是店铺的某一商品详情页或者主图被点击的次数与被显示次数之比

C．跳失率是买家通过某商品或者导航入口进入，只访问了一个页面就离开的访问次数占该入口总访问次数的比例

D．跳失率是卖家通过商品或者导航入口进入，只访问了一个页面就离开的访问次数占该入口总访问次数的比例

3．分析题

（1）分析访客数、浏览量、IP 之间的区别与联系。

（2）什么是转化率？如何提高转化率？

项目 5
网店推广

项目重点和难点

淘宝 SEO、直通车、钻石展位、淘宝客、超级推荐；店内促销、活动报名；微淘、淘宝短视频、淘宝直播。

思政目标

践行遵纪守法的社会公德，培养诚实守信的职业道德，发扬积极探索、勇于创新的工匠精神。

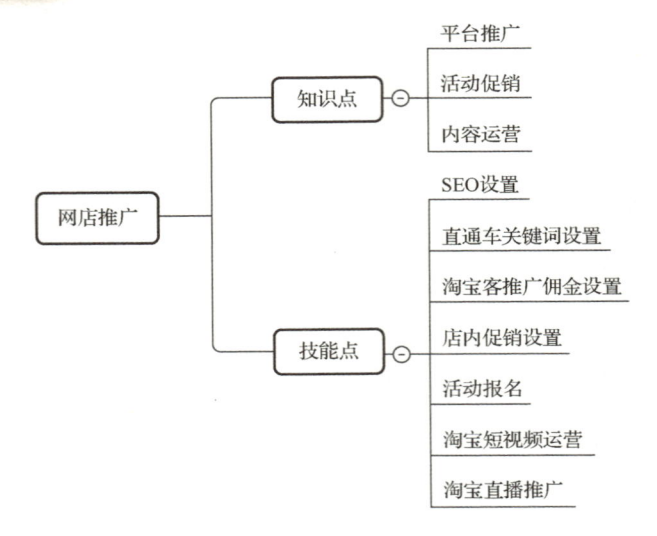

项目导图

```
                    ┌── 平台推广
        ┌─ 知识点 ──┼── 活动促销
        │           └── 内容运营
        │
网店推广 ┤           ┌── SEO 设置
        │           ├── 直通车关键词设置
        │           ├── 淘宝客推广佣金设置
        └─ 技能点 ──┼── 店内促销设置
                    ├── 活动报名
                    ├── 淘宝短视频运营
                    └── 淘宝直播推广
```

引例

项总是一家电商公司的老总，出于对网络零售潮流的盲从，匆匆忙忙开了一家淘宝店。店铺刚刚运营不久，项总的烦恼就来了，他原以为自己的商品质量好，加上价格优势、品牌优势等诸多优势，生意应该不错，但他的店铺每天的流量寥寥无几，更不要提销量了。

项目 5　网店推广

> **引例分析**
>
> 　　网店与实体店不同，对实体店来说，往往是地段决定客流量，好的地段，客流量比较大，租金也会相对高些。但网店没有地段之分，网店的流量来源主要有淘宝自然搜索、直通车、钻石展位、淘宝客、活动、微淘、淘宝短视频、淘宝直播等。

任务 5.1　平台推广

5.1.1　淘宝 SEO

1. 商品搜索排序

以目前主流平台淘宝网为例，商品搜索有两种主要的排序方式——综合排序和人气排序，综合排序中有销量排序、信用排序和价格排序，如图 5-1 所示。

图 5-1　商品搜索排序方式

另外，在这些特定的排序中，有一些商品会被过滤掉。也就是说，默认排序中的商品数目和特定排序中的商品数目可能不同。哪些商品会被过滤掉呢？一种是相关性不大的商品，另一种是被处罚（被搜索降权）的商品。

2. 影响综合排序的主要因素

1）相关性

从技术上来说，相关性的计算比较复杂，简单理解就是商品和搜索的关键词是否相关。当然，相关和不相关也不是绝对的，如与关键词"篮球"相关性最大的应该是篮球商品，其次才是篮球鞋、篮球服等商品。现在计算的相关性主要是指关键词和标题的相关性，所以大家一定要重视标题。标题如何描述一方面会影响相关性，另一方面会影响用户体验。有些卖家为了让自己的商品被找到，在标题中堆砌了一堆关键词，这样反而会被降权，这就叫过犹不及。影响相关性的内容如图 5-2 所示。

影响综合排序的主要因素

我们接着看综合权重。很多卖家认为，因为店铺权重下降，所以商品排序靠后了。这里说的综合权重到底是什么呢？

综合权重主要分两个部分。第一个是店铺权重，简单来说，店铺权重就是店铺的综合分数。影响店铺权重的因素有作弊程度、违规和扣分、退款率、投诉率、拍发时差、买家评分、旺旺响应等，如图 5-3 所示。第二个是商品权重，影响商品权重的因素主要有成交记录、收藏量、转化率、商品评分等，如图 5-3 所示。

在知道这些因素后，卖家如果想要高权重，想获得好的店铺排序或者商品排序，就应该针对这些因素下功夫。

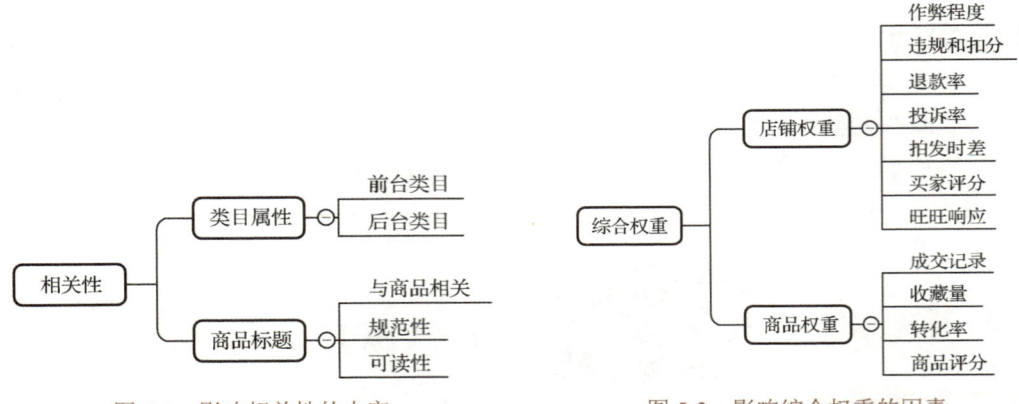

图 5-2　影响相关性的内容　　　　　图 5-3　影响综合权重的因素

2）搜索降权

一般来说，商品的排序虽然有各种影响因素，但是当到达相关时间点时，商品会出现在淘宝分类或搜索结果的较前位置。如果商品在默认商品排序中无法搜索到，就可能是商品因为一些作弊行为或涉嫌作弊行为而被处罚了。

商品能否在淘宝搜索中被找到，有一种很简单的检验方法，即把商品标题全部复制到搜索框中，如果仍然找不到，商品就有很大可能被搜索降权了。

商品没有进入淘宝搜索，有一种原因是商品是滞销商品。滞销商品是指在半年前发布的，而且最近 3 个月没有卖出的商品。如果卖家希望自己的滞销商品进入淘宝搜索，那么笔者建议卖家在修改商品的标题和价格后重新发布商品。淘宝搜索是实时的，也就是说，修改的商品信息会很快在淘宝搜索中反映出来，一般不会超过 15 分钟。

淘宝搜索中还有一些处罚措施叫降权，是指商品能被找到，但是排序靠后。如果有 100 条结果，那么被降权的商品可能排在第 99 位或者第 100 位；如果有 10 000 条结果，被降权的商品就找不到了，因为搜索结果只能查看前 4000 条。如果商品被降权，那么商品在销量排序中会被过滤掉，也就是说，如果按照销量排序，在搜索结果中找不到商品，就说明商品被降权了。

降权规则是一视同仁的，不会针对某个卖家来具体惩罚。被降权有很多原因，所有不规范的操作都会导致商品被降权。惩罚力度各有不同，目前最长的惩罚时间约为 30 天，从最后一次不规范操作开始计算。被降权还有一种是连带惩罚，如果某店铺中被识别为作弊的商品过多，那么该店铺的所有商品都会被降权。

一旦被降权，卖家可以把有问题的商品删除，这样就不会对其他商品造成影响。如果卖家舍不得删除有问题的商品，那么可以等待降权惩罚结束。

商品被降权的原因有以下几个。

（1）虚假交易。

（2）换商品。

（3）重复铺货。

（4）商品是广告商品。

（5）放错类目和属性。

（6）商品标题滥用关键词。

（7）SKU 作弊。

（8）价格不符。

（9）邮费不符。

（10）标题、图片、价格、描述等不符。

3）上架时间

上架时间是影响综合排序的比较重要的因素，用来保证每个商品都有机会被展现。因此，上架时间很重要。如何让商品在一天不同的时间段都得到展现？有很多技巧可以使用。在展现商品时，卖家最好能在线提供服务，否则买家想购买商品也联系不到卖家。淘宝的交易高峰时间，或者说买家人数最多的时间段为一天中的10:00—12:00、15:00—17:00、20:00—22:00。在正常情况下，星期一到星期五的买家人数比星期六和星期日多。因此，合理地安排商品的上架时间成为一个有用的技巧。

4）消费者保障服务

消费者保障服务简称消保，是指将卖家支付宝内一定数额的资金冻结作为保证金，如果卖家不履行承诺，这部分资金就会直接由支付宝拨付给消费者。如今，在默认排序中，是否参加消保对大部分类目的商品的影响很大。如果卖家没有参加消保，那么其商品会被排在参加消保的卖家的商品的后面。淘宝搜索最直接的用户是消费者，为了保证消费者的利益，淘宝网鼓励卖家参加消保。消保不仅是卖家对淘宝网的承诺，也是卖家对消费者的承诺。

由此，我们可以对卖家做如下定义。

（1）非消保卖家：未签署消保协议的卖家（卖家可在"我是卖家"→"客户服务"→"消费者保障服务"中完成消保协议签署工作）。

（2）消保未缴纳保证金卖家：已签署消保协议，但是未缴纳消保保证金的卖家。

（3）消保且缴纳保证金卖家：已签署消保协议，且已缴纳消保保证金的卖家。

5）动态评分

淘宝网非常注重消保及店铺的动态评分，动态评分所占的权重也非常高，所以卖家一定要力求提高3个指标的分值，即宝贝与描述相符、卖家的服务态度、物流服务的质量，如图5-4所示。

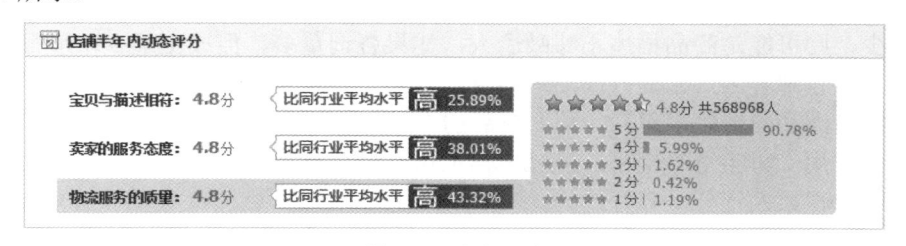

图5-4 动态评分

3．影响人气排序的主要因素

在综合排序中，由于淘宝网是在一定下架时间范围内按照店铺服务质量分（这个分数是系统通过多个参数计算出来的综合分数，并非指店铺评分）对商品进行排序的，因此时间因素的权重高，排序结果几乎每分钟都在变化，而人气排序的结果相对稳定。

我们首先看人气排序的原理。人气指的是商品的受欢迎程度，这个受欢迎程度量化到具体分值，就称为人气分。在买家搜索时，商品和搜索关键词的相关程度称为相关性。目前的人气排序主要依据两个方面的因素：人气分和相关性。相关性是基础，如果相关性不大，那么人气分再高，商品也不会排序靠前，或者根本没有展现的机会。决定相关性的因素有 3 个：商品标题、搜索关键词、类目相关性。

搜索关键词和类目相关性：买家在搜索时，已经有了较为明确的购买意向，如搜索"棒球"，很明确是在找棒球，这时的搜索结果会优先显示所有棒球类目的商品，而棒球服、棒球鞋等类目的商品就不会出现。因此，商品的类目属性直接决定了商品的排序。

在相关性差不多时，人气分就很重要。人气分是一个综合的分类，参考因素有几十个，通过一系列非线性公式来进行加权计算。人气排序的主要影响因素有交易量、转化率、收藏量、回头客等。

人气排序优化的建议如下：

（1）保证商品没有违规。卖家如果想培养人气商品，就不要有任何违规动作。

（2）确保类目属性正确。这点很重要，淘宝网上有将近 10% 的商品的类目属性设置有问题。卖家如果不知道如何设置类目属性，就可以搜索一下，看看竞争对手或者大卖家是如何设置的（大卖家在这方面做得很规范）。

（3）优化具体关键词。

① 选择有一定流量的关键词，卖家可以开通直通车账户，不一定要消耗费用，但可以利用其中的关键词推荐工具。

② 搜索结果页中有"你是不是想找"的功能，热门关键词的竞争很激烈，卖家可以使用这个功能推荐的关键词。

③ 关注搜索排行榜。搜索排行榜中有很多行业搜索关键词的变化情况,对于一款商品,卖家最好能重点确定一两个关键词，并查看这些关键词的搜索结果，搜索结果中的商品和卖家就是其竞争对手，卖家要每天多优化和关注自己的排名。

（4）不要分散人气分。很多卖家为了提高曝光率，把同一款商品用不同的方式进行发布（颜色、型号不同等），这样有可能被视为重复铺货，也容易分散商品的人气分。

（5）适当做一些推广。推广方式有多种，除直通车、淘宝客、钻石展位和硬广告等收费的推广方法外，还有很多免费的推广方法，如外部论坛推广、微博推广等，利用文案形成话题，吸引潜在买家。

（6）提升商品的转化率。卖家要每天关注自己重点培养的人气商品，若商品浏览量多，但咨询量少，则可能是商品描述不够吸引人。如果咨询量多，但成交量少，那么卖家可以用送小礼物、包邮等方式来提升商品的转化率。总之，卖家一定要想办法提升商品的转化率，因为如果商品的转化率不高，那么商品的人气排名也会逐渐下降。

（7）多使用支付宝进行交易。从技术角度讲，使用支付宝进行的交易很容易被淘宝系统追踪，这对积累人气分是有好处的。

想一想

如何做好商品的淘宝 SEO（Search Engine Optimization，搜索引擎优化）？

5.1.2 直通车

1．直通车简介

1）直通车的概念

直通车是为淘系卖家量身定制的、按点击付费的效果营销工具，可实现宝贝的精准推广。针对淘系的不同平台的卖家，直通车分别有淘宝直通车、天猫直通车、一淘直通车。虽然展现平台不同，但是展现原理基本一致。

2）直通车推广的展位

直通车推广的展位如图 5-5 所示。

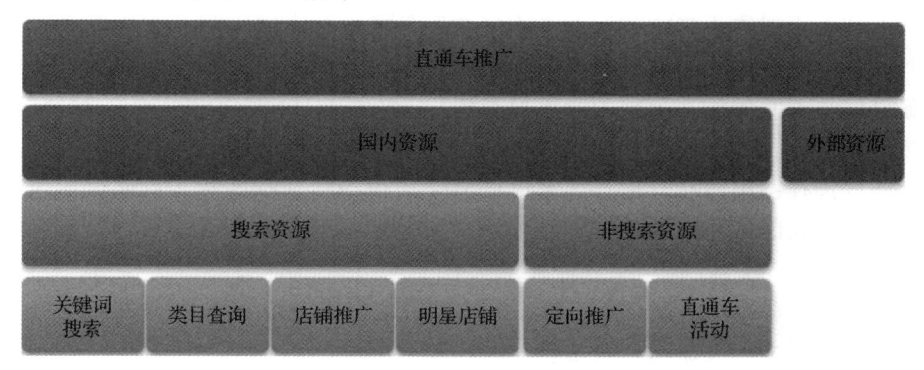

```
┌─────────────────────────────────────────────────────┐
│                   直通车推广                         │
├──────────────────────────────────────┬──────────────┤
│              国内资源                 │   外部资源   │
├──────────────────┬───────────────────┤              │
│    搜索资源      │    非搜索资源      │              │
├──────┬──────────┼──────────┬────────┼──────────────┤
│关键词│ 类目查询 │ 店铺推广 │明星店铺│定向推广│直通车活动│
│搜索  │          │          │        │        │          │
└──────┴──────────┴──────────┴────────┴────────┴──────────┘
```

图 5-5　直通车推广的展位

3）直通车推广的原理

直通车推广的原理：根据宝贝设置的关键词进行排名展现，按点击进行扣费，具体内容如下。

（1）卖家要推广某个宝贝，就为该宝贝设置相应的关键词及宝贝推广标题。

（2）当买家输入被设置的相关关键词或按照宝贝分类进行搜索时，推广中的宝贝就被展现。

（3）如果买家通过关键词或宝贝分类进行搜索，在直通车推广位点击宝贝，系统就根据出价进行扣费（若宝贝只是被展现，不被点击，则不扣费）。

4）直通车的扣费方法

直通车的扣费公式为

实际扣费=（被匹配的关键词）下一名出价×下一名质量得分/你的质量得分+0.01 元

5）直通车推广宝贝的数量

直通车对推广宝贝的数量没有限制。卖家可以根据自身需求确定推广宝贝的数量。笔者建议卖家优先推广店铺中的优质宝贝，推广多种类型的宝贝可以增加展现机会。

6）直通车推广的优势

（1）当买家主动搜索时，直通车在最优位置展现宝贝，把宝贝精准推荐给每一位潜在买家。

（2）直通车在展位上免费展现宝贝，只有买家点击才扣费。卖家可自由设置日消费限额、投放地域、投放时间，有效控制花销，合理掌控成本。

（3）卖家可免费参加直通车培训，在优秀直通车小二的指点下，可以迅速掌握直通车推广的技巧。

7）直通车的加入条件

（1）拥有淘宝网二星级及以上卖家信用的淘宝网卖家或天猫卖家。

（2）店铺动态评分各项分值均在 4.4 分以上。

（3）店铺已签署《淘宝网消费者保障服务》，并已缴纳消保保证金，主营类目为保健品/

滋补品、古董/邮币/字画/收藏、母婴用品/奶粉/孕妇装、品牌手表/流行手表、食品/茶叶/零食/特产、腾讯QQ专区。

（4）满足淘宝网认为需要具备的其他条件。

如果卖家已签署了《淘宝网消费者保障服务》，但行为与上述条件不符，那么淘宝网保留拒绝、随时中止或终止卖家使用淘宝直通车服务的权利。淘宝网并有权根据业务发展的需要对上述条件或具体的类目（或类目名称）单方进行调整，或停止个别宝贝和（或）类目使用淘宝直通车服务，并无须为此承担责任。

8）直通车的计费方式

（1）开户预存：第一次开通直通车最低需要预存500元推广费。直通车加入采取预付款的方式（和手机预存话费类似，没有任何服务费用），预付款全部是卖家的推广费，续费时200元起充。

（2）直通车扣费原理：按点击扣费（不是按成交扣费的），宝贝在直通车展位上展现是免费的，只有买家点击商品后，直通车才会扣费。

直通车的扣费公式前文已介绍过，此处不再赘述。

2. 推广形式

1）宝贝推广

宝贝推广是直通车的标准推广形式之一，包括关键词推广和定向推广两个部分。关键词推广基于客户关键词搜索在搜索结果页面中展现的宝贝广告信息；定向推广适用于一钻以上等级的卖家，用于构建买家兴趣模型，在细分类目中抓取宝贝特征与买家兴趣点匹配的宝贝并进行展现，实现精准营销。例如，有一位买家喜欢波西米亚蕾丝花边连衣裙，那么在该买家来到定向推广页面时，系统就会在连衣裙类目中选出具有波西米亚风格和蕾丝、花边特征的宝贝展现给她。

2）店铺推广

店铺推广是淘宝直通车推出的一种通用推广形式，能满足同时推广多个同类型宝贝、传递店铺独特品牌形象的需求，特别适合向带有较模糊购买意向的买家推荐店铺中的多个匹配宝贝，可作为宝贝推广的有效补充，为卖家提供更广泛的推广空间。例如，当买家搜索"连衣裙"时，卖家就可以通过淘宝直通车为店铺推广设置的推广位吸引买家进入店铺中所有连衣裙商品的集合页面。店铺推广可以推广除单个宝贝详情页外的店铺任何页面，包括分类页面、宝贝集合页面、导航页面，并通过为店铺推广页面设置关键词为卖家带来更多的精准流量。卖家选择需要推广的店铺页面，设置推广关键词和出价，当买家搜索关键词时，卖家的推广信息就会被展现出来。

3）直通车活动

淘宝直通车活动包括淘宝热卖单品活动、外投频道热卖单品活动和淘宝直通车主题专场活动3类，这3类活动分别有独立的报名入口。卖家要参加活动，可通过淘宝直通车后台→活动专区→对应的报名入口进行报名。

（1）卖家在报名淘宝热卖单品活动、外投频道热卖单品活动后，若宝贝通过审核，则宝贝将会一直被展现在相应的活动展现页面中，除非宝贝违规。

（2）在淘宝热卖单品活动、外投频道热卖单品活动开始后，淘宝网将定期综合当类所有活动中宝贝的展现效果（如点击率等）对宝贝进行排名，排名靠后的宝贝会被下线，参加活动的卖家应关注被淘宝直通车后台拒绝的原因。若自己的宝贝被拒绝，则卖家可采用以下方式，另行在相应类别活动报名入口报名。

① 更换新的宝贝进行报名。

② 修改宝贝的推广主图并结合自身情况，适当提高出价。

若卖家不采纳以上方法，不进行相应修改，则卖家的同一宝贝在被拒绝活动类别中的再次申请也将不被通过。

（3）淘宝直通车主题专场活动有固定的活动时间，在活动开始前两周，活动报名入口会出现在淘宝直通车后台的活动专区。若有特别的报名要求，则活动报名入口的活动说明中会显示。

3．直通车推广的流程

1）新建推广计划

卖家单击"新建推广计划"按钮，为推广计划起个名字（这里要说明一下，并不是一个推广计划中只能放一个宝贝，一个推广计划中可以放很多个宝贝，一个宝贝也可以同时出现在多个推广计划中），在提交之后就可以看到新建的推广计划，如图5-6、图5-7所示。

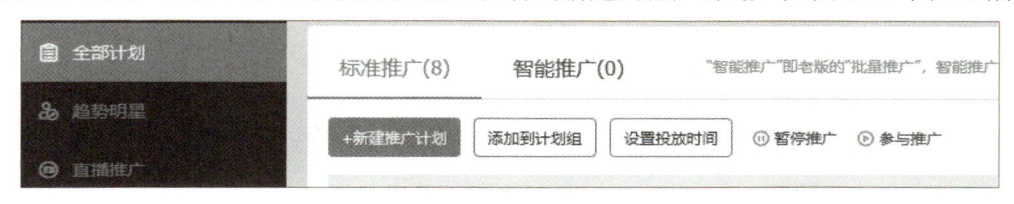

图5-6　新建推广计划

图5-7　新建的推广计划

（1）设置日限额。

设置日限额即设置每天的推广预算，当一天的推广费消耗达到预算时，推广计划下的推广就会全部自动停止。笔者建议卖家选择"标准投放"方式，不要使用"智能化均匀投放"方式（见图5-8），否则卖家连推广费花在哪里都不知道。

（2）设置投放平台。

投放平台包括计算机设备和移动设备，如图5-9所示。笔者不推荐卖家去淘宝站外投放推广计划，因为站外的流量相对来说不太精准。对于移动设备，因为如今大部分流量已经转移到移动端，竞争比较激烈，所以投放费用需要高一点，一般建议设置为130%左右。

图 5-8　设置日限额

图 5-9　设置投放平台

（3）设置投放地域。

卖家应优先考虑的是转化率高的地域，而不是那些搜索人气旺的地域，因为转化才是第一目标。

（4）设置投放时间。

卖家在设置投放时间时需要考虑买家逛淘宝网的时间，因为买家有作息时间。在凌晨时买家比较少，卖家可以设置投放比率为 50%；在一些购物高峰时间段，如下午和晚上，可以把投放比率设置得高一点；另外，还有一些节假日，也需要进行相应的设置，如图 5-10 所示。

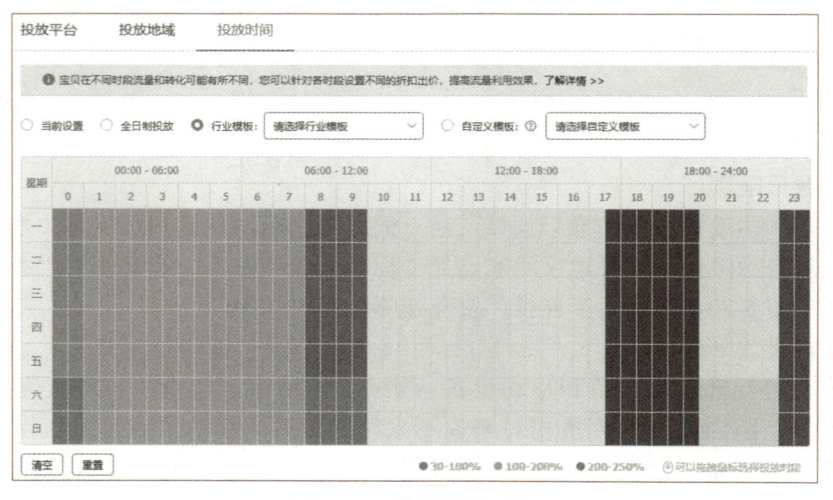

图 5-10　设置投放时间

2）新建宝贝推广

（1）选择宝贝。

单击"新建宝贝推广"按钮，选择需要推广的宝贝。如图 5-11 所示，在选择创意图片时，卖家需要制作两张以上的图片进行测试，哪张图片的点击率高，就采用哪张图片。经过测试的图片还可以作为宝贝主图，点击率也会相当高。测图是一件长期的事情，卖家在后期可以继续更新和优化图片。

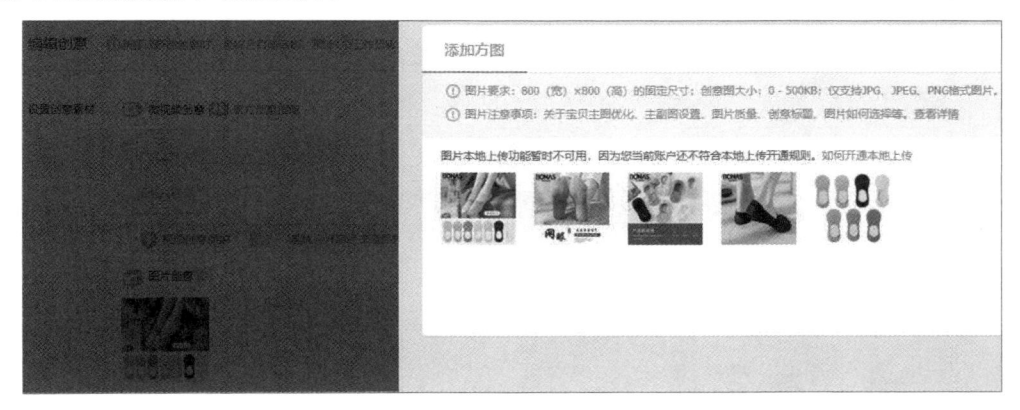

图 5-11　选择创意图片

创意标题很关键，关系到关键词的相关性，会影响质量分。宝贝的属性、标题，直通车的创意标题，以及直通车的关键词，所表达的信息必须完全一致，不能有出入。创意标题有 20 个字，卖家必须从标题中进行选择，不要自己添加其他词。

（2）设置关键词和出价。

卖家在添加关键词时一次可以添加 200 个词（见图 5-12）：先添加宝贝标题中使用的关键词、目标关键词、词库中的关键词，再选一些直通车推荐的关键词。单击"精准匹配"按钮，这样推广的关键词就会比较精准。卖家不要把默认出价设置得太高，可以设置一个能接受的最低价，或者使用行业的平均价。

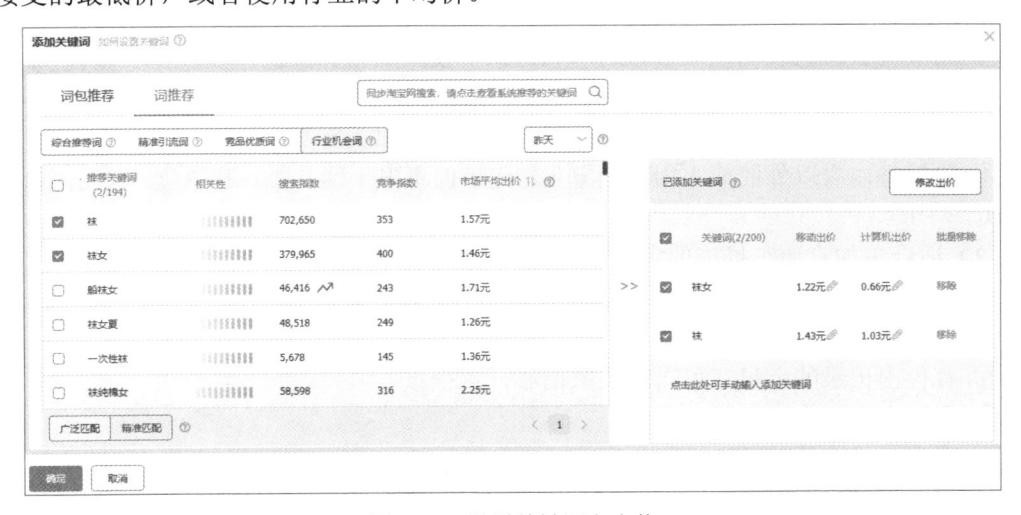

图 5-12　设置关键词和出价

(3) 关键词推广。

在上一步骤中添加的关键词,有的质量分高,有的质量分低(见图5-13),卖家需要剔除一些质量分低于6分的关键词,以及一些与宝贝的相关性不大的关键词。在调整关键词的出价时,卖家可以把一些想获得排名、获得展现的关键词的出价设置得高一点。另外,卖家还可以在"精选人群"中精选人群,并针对这些人群把关键词的出价设置得高一点。

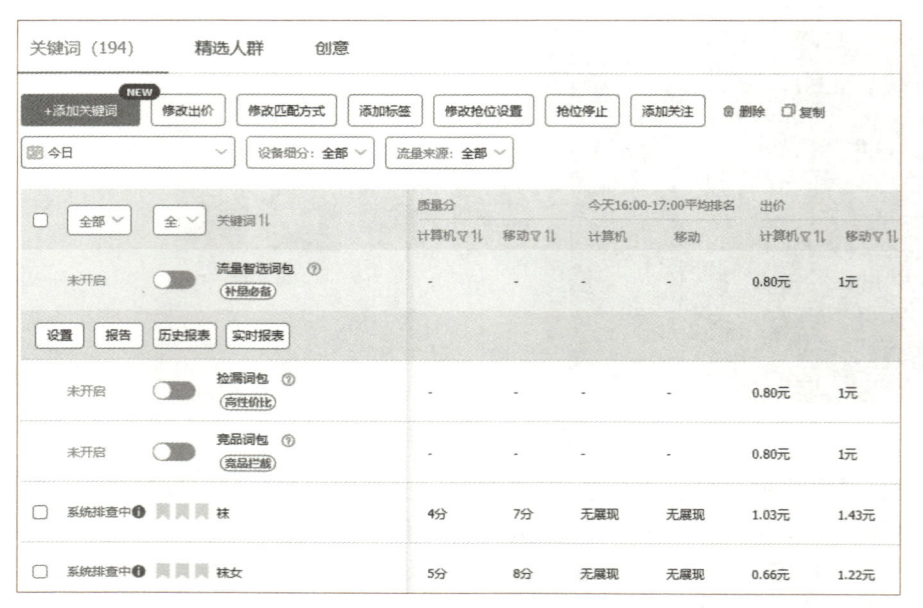

图 5-13 关键词推广列表

在整个操作完成后,卖家就要进行数据的收集和优化,提高关键词的质量分。

4. 直通车推广的要点

1)宝贝要求

(1)不能参加直通车推广的宝贝。

① 违反淘宝网的规则或淘宝直通车软件服务使用规范的宝贝。

② 保健食品(天猫卖家除外)。

③ 具有减肥、丰胸、壮阳功效的内服、外敷、注射类宝贝。

④ 除情趣内衣以外的成人用品类宝贝,包括但不限于器具类、避孕套、医用医疗器械等宝贝。

(2)适合参加直通车推广的宝贝(店铺中综合质量较高的宝贝)。

① 图片背景清晰的宝贝。

② 价格有竞争优势的宝贝。

③ 有售出记录的宝贝(可以给买家信心,这很重要)。

④ 详情内容丰富的宝贝。

2)直通车推广计划

(1)直通车推广计划概要。

"我的推广计划"是根据淘宝直通车用户推广的需求,专门研发的多推广计划功能,可以实现对所有推广宝贝进行分计划的针对性管理，使推广更加有效、更加精准。淘宝直通车用户利用此功能可以创建 4 个推广计划，每个推广计划均可独立设置日限额、投放平台、投放地域、投放时间，选择相应的宝贝设置关键词及出价。

（2）直通车推广计划的优势。

① 所有推广的宝贝不再受统一设定的限制，不同的日限额、投放平台、投放地域、投放时间，加上不同的宝贝，可形成 N 种直通车推广计划。

② 卖家根据不同买家的需求和宝贝的特点，可以设置不同的直通车推广计划，将不同类型的宝贝展现给最适合的买家，实现更精细化的推广。

③ 卖家能在有限的预算范围内，获得更好的推广效果。

3）关键词匹配方式

（1）关键词匹配概要。

精确匹配：当买家搜索的关键词与卖家设置的关键词完全相同（或是同义词）时，推广的宝贝才有展现机会。

中心词匹配：当买家搜索的关键词包含卖家设置的关键词时，推广的宝贝就有展现机会。

广泛匹配：当买家搜索的关键词包含卖家设置的关键词或与其相关时，推广的宝贝就有展现机会。

例 1　若卖家设置的关键词是"连衣裙"（精确匹配方式），则只有当买家搜索"连衣裙"时，推广的宝贝才有展现机会；若买家搜索的是"雪纺连衣裙""裙子"等，则推广的宝贝没有展现机会，因为买家搜索的关键词与卖家设置的关键词不完全相同（或是同义词），如表 5-1 所示。

表 5-1　关键词精准匹配方式

卖家设置的关键词	买家搜索的关键词	推广的宝贝是否有展现机会
[连衣裙]	连衣裙	是
[连衣裙]	雪纺连衣裙	否
[连衣裙]	白色连衣裙	否
[连衣裙]	针织连衣裙	否
[连衣裙]	裙子	否
[连衣裙]	韩版连衣裙	否
[连衣裙]	2017 春装 美裙	否
[连衣裙]	连身裙	否

例 2　若卖家设置的关键词是"连衣裙"（中心词匹配方式），当买家搜索"连衣裙""雪纺连衣裙""白色连衣裙""针织连衣裙"时，则推广的宝贝有展现机会，因为买家搜索的关键词包含卖家设置的关键词，如表 5-2 所示。

表 5-2　关键词中心词匹配方式

卖家设置的关键词	买家搜索的关键词	推广的宝贝是否有展现机会
"连衣裙"	连衣裙	是
"连衣裙"	雪纺连衣裙	是
"连衣裙"	白色连衣裙	是

续表

卖家设置的关键词	买家搜索的关键词	推广的宝贝是否有展现机会
"连衣裙"	针织连衣裙	是
"连衣裙"	裙子	否
"连衣裙"	韩版雪纺裙	否
"连衣裙"	2017 春装 美裙	否
"连衣裙"	连身裙	否

例 3 若卖家设置的关键词是"连衣裙"(广泛匹配方式),当买家搜索"连衣裙""雪纺连衣裙""白色连衣裙""针织连衣裙"时,则推广的宝贝有展现机会,因为买家搜索的关键词包含卖家设置的关键词如表 5-3 所示。

表 5-3 关键词广泛匹配方式

卖家设置的关键词	买家搜索的关键词	推广的宝贝是否有展现机会
连衣裙	连衣裙	是
连衣裙	雪纺连衣裙	是
连衣裙	白色连衣裙	是
连衣裙	针织连衣裙	是

关键词是推广不可或缺的流量来源,笔者建议卖家根据预算选择适合自己的关键词匹配方式。如果卖家有获得更多流量的需求,那么笔者建议卖家选择广泛匹配方式,这样流量越多,推广的宝贝的展现机会越多,点击量就越多。

备注:同义词是名称不同但表达意思相同的词条,同义词组示例如表 5-4 所示,同义词匹配示例如表 5-5 所示。

表 5-4 同义词组示例

同义词组 1	Nike	nike	耐克
同义词组 2	女士凉鞋	女式凉鞋	女凉鞋
同义词组 3	白色雪纺裙	雪纺裙白色	

表 5-5 同义词匹配示例

卖家设置的关键词	买家搜索的关键词	是否匹配
连衣裙	裙子	是
连衣裙	韩版雪纺裙	是
连衣裙	2017 春装 美裙	是
连衣裙	连身裙	是

(2)关键词匹配的功能和用途。

关键词匹配是一个新的设置关键词的方式。关键词匹配方式有 3 种,可以帮助卖家更好地利用关键词定位潜在买家。在没有关键词匹配功能之前,若卖家设置的关键词为"连衣裙",则只能在买家搜索关键词"连衣裙"时,推广的宝贝才有展现机会。在有了关键词匹配方式功能以后,若卖家设置的关键词为"连衣裙",选择中心词匹配方式,则推广的宝贝除在买家搜索"连衣裙"时有展现机会外,在买家搜索"雪纺连衣裙"时,也有展现机会;若卖家设置的关键词为"连衣裙",选择广泛匹配方式,则推广的宝贝除在买家搜索"连衣裙""雪纺连衣裙"时有展现机会外，在买家搜索"春装连身长裙"时，也有展现机会。总之，关键词匹配方式选择中心词匹配方式、广泛匹配方式会为推广的宝贝带来更多的展现机会。关键词匹配方式的变化如图5-14所示。

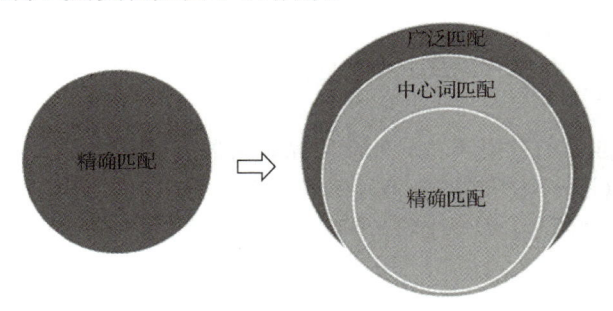

图5-14 关键词匹配方式的变化

3种关键词匹配方式覆盖的展现流量范围的关系：广泛匹配方式覆盖的展现流量范围包含中心词匹配方式和精确匹配方式覆盖的展现流量范围，中心词匹配方式覆盖的展现流量范围包含精确匹配方式覆盖的展现流量范围（见图5-15）。

卖家设置的关键词	关键词匹配方式	覆盖的展现流量范围	关键词匹配方式的符号
[白色连衣裙]	精确	白色连衣裙	[ ]
"白色连衣裙"	中心词	白色连衣裙 雪纺 白色连衣裙 卡通 韩版 白色连衣裙 ……	" "
白色连衣裙	广泛	白色连衣裙 雪纺白色连衣裙 卡通 韩版 白色连衣裙 可爱 连衣裙 雪纺 连衣裙	无

图5-15 3种关键词匹配方式覆盖的展现流量范围的关系及示例

（3）展现、扣费规则。

在买家搜索时，卖家账户内综合排名最高的两个推广都有展现机会。当3种关键词匹配方式同时竞争时，如果相关性、关键词出价相同，那么精确匹配方式占优；如果相关性和关键词出价不同，那么综合排名取决于质量得分和关键词出价。

这里有一个特例需说明一下，当设置了3个关键词并且分别选择了3种关键词匹配方式，买家搜索时，优先展现的是选择精确匹配方式的那个推广，其次是综合排名较高的一个。当3种关键词匹配方式共同竞争时，实际扣费=（被匹配的关键词）下一名出价×下一名质量得分/你的质量得分+0.01元。

4）质量得分

（1）概要。

质量得分主要用于衡量关键词、宝贝推广信息和买家搜索意向之间的相关性，其计算依据涉及多种因素。直通车会持续优化质量得分公式。质量得分的核心组成部分会保持稳定，如下所示。

① 关键词与宝贝本身信息的相关性。
② 关键词与宝贝类目和属性的相关性。

③ 关键词与宝贝在淘宝网上推广的反馈，包括成交量、收藏量和点击率。

④ 淘宝直通车账户的历史记录（根据淘宝直通车账户中的所有推广和关键词的反馈计算得出）。

⑤ 宝贝详情页的质量。

⑥ 其他相关因素，如图片质量，卖家是否参加消保、是否存在某些严重违规行为、是否被处罚等。

⑦ 其他淘宝网推荐的重要属性，如化妆品是否假一赔三等。

质量得分的分数是一个相对的分值，不是绝对分值，以方便卖家了解宝贝在当前竞争中处在什么水平。分数越高，宝贝越有竞争力；分数越低，宝贝的竞争力就越弱。

（2）质量得分的更新频率。

当添加一个新推广关键词时，在淘宝直通车账户中会显示一个初始化分值，系统会根据买家的浏览反馈等信息，定期更新质量得分；当新增或修改当前推广信息时，质量得分的更新频率为2小时一次；淘宝直通车账户中所有关键词的质量得分的更新频率为24小时一次；如某些推广暂停一段时间后重新推广，则质量得分将重新开始计算。

（3）质量得分、初始得分的计算方法。

系统会对每个关键词或类目出价给予一个质量得分，初始得分会有所不同，并根据买家的浏览反馈等信息更新分值。质量得分由点击率、关键词、类目、宝贝信息的相关性、关键词效果的历史记录及其他相关因素决定。在同等条件下，关键词的质量得分越高，卖家为每次点击所支付的费用就越低。

（4）如何提高关键词的质量得分。

影响关键词的质量得分的主要因素有买家购买关键词、宝贝所属类目、宝贝属性、宝贝标题、宝贝详情页等。

结合上述因素，卖家可以从以下方向去优化关键词和推广信息，用较低的价格获得更多的流量。

① 关键词相关性。

- 使用系统推荐词。卖家在添加关键词时，通过使用系统推荐词或者相关词查询，可以按照质量得分排序或者按照流量排序，进行关键词的选择。卖家通过此功能可以快速地调整关键词的质量得分。
- 出价技巧。在现有情况下，卖家可以将质量得分高的关键词提高出价，尽量用很少的出价提升获得更多流量回报。
- 多设置更精准的关键词。例如，卖家在推广一款刺绣连衣裙时，可以将"刺绣连衣裙"拆分成3个中心词——"刺绣""连衣裙""刺绣 连衣裙"，并分别按照这3个中心词添加一系列更精准的关键词。
- 把相关性最大的关键词体现在宝贝属性和宝贝标题中，让买家一目了然。
- 在宝贝详情页中，尽可能多地描述宝贝的相关信息。

② 类目相关性、属性相关性。很多卖家对自己宝贝的定位很模糊，容易将宝贝的类目发布错误，在这种情况下，关键词的质量得分是很低的。因此，卖家要检查自己宝贝的类目有没有发布错误。同时，卖家要将属性填写完整，并权衡关键词的相关性对宝贝的价值与贡献。

5）点击率

点击率是指宝贝在展现后被点击的比率（点击率=点击量/展现量）。卖家通过点击率可以看出推广的宝贝是否吸引买家。点击率越高，说明宝贝越吸引买家；当点击率低时，卖家就需要优化宝贝图片和标题，或者重新选择宝贝。

6）流量解析

流量解析是淘宝直通车的数据洞悉产品，通过记录在一段历史时期内关键词或类目在淘宝直通车的各类市场数据，帮助卖家洞悉市场变化情况。它通过查询关键词或类目，来获取相关的市场数据，提供推广参考及数据透视，从而帮助卖家调整推广策略，优化推广效果。

✅ 5.1.3 钻石展位

1. 钻石展位概述

1）钻石展位的概念

钻石展位是面向全网精准流量实时竞价的展现推广平台，支持按展现收费和按点击收费模式，以精准定向为核心，提供精准定向、创意策略、效果监测、数据分析等一站式全网推广投放解决方案，帮助卖家实现更高效、更精准的全网数字营销。

2）钻石展位的优势

（1）获取全网精准流量，引流成本可控，预算少，可上首页。展位覆盖淘宝网首页、天猫首页和无线端等站内资源位，覆盖各大视频、门户、社区网站等全网优质流量资源，支持按展现付费（Cost per Mille，CPM）和按点击付费（Cost per Click，CPC），引流成本可控。

（2）全网大数据，精准锁定目标买家。通过群体定向、访客定向、兴趣点定向和DMP（Data Management Platform，数据管理平台）定向等多种定向方式，圈定目标买家，精准展现广告。

（3）海量媒体曝光，高效提升品牌价值。不管是需要在短时间内为店铺的营销活动和销售引流，还是面向目标买家积累品牌印象，提升品牌价值，卖家都可以通过钻石展位丰富的展现形式来实现，以达成营销目标。

（4）全程智能化投放，一键式便捷推广。全网大数据让投放有理有据；智能投放工具开启一键推广模式；全面效果监测可让卖家随时了解投放效果，及时调整投放策略。

3）钻石展位的要求

（1）钻石展位对店铺的要求。

店铺主营类目在支持投放的主营类目范围内；店铺每项DSR在4.5分以上（特殊类目无DSR可相应放宽，由淘宝网决定）；店铺好评率在98%以上，信用等级在三钻以上；店铺出售中的宝贝应在10件以上。

（2）钻石展位对宝贝的要求。

不得推广淘宝网明令禁止的宝贝或信息，如高仿、减肥、情趣等；经营不同类目宝贝的卖家按淘宝网的要求提交不同的资质文件；对部分广告宝贝有特殊要求，如箱包、家纺等，只有符合要求的宝贝方可提交广告信息。

（3）钻石展位对图片的要求。

淘宝网首页严禁出现Flash广告，只能用JPG或GIF格式；字体建议使用方正字体、宋体和黑体；除非有授权，素材创意中禁止出现旺旺表情、QQ 表情等在线的表情图片；禁止使用未经授权的图片。

4）钻石展位的资源位

钻石展位现有全网资源位 600 多个，如图 5-16 所示。

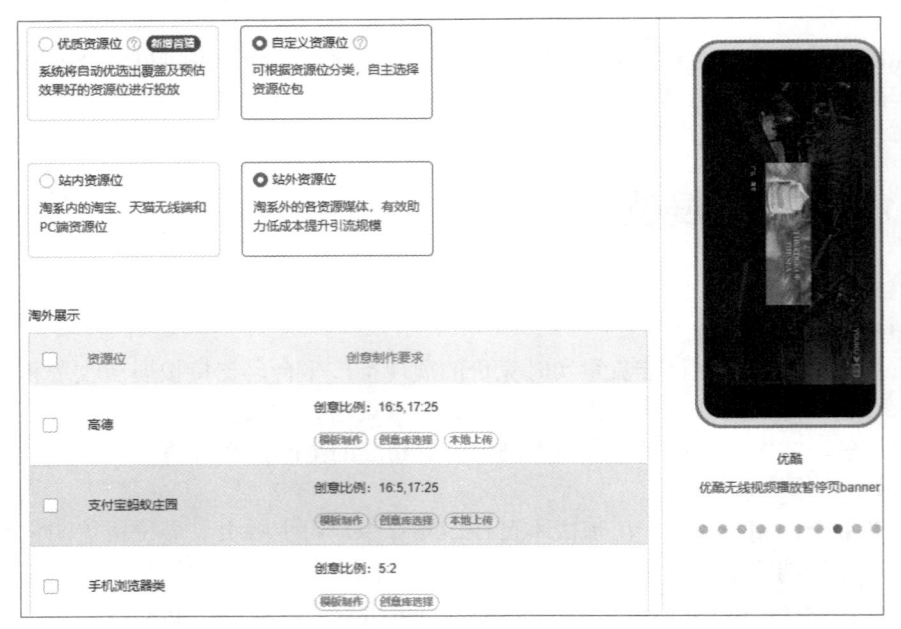

图 5-16　钻石展位的资源位

5）钻石展位的展现逻辑

钻石展位按照出价高低顺序展现宝贝。钻石展位系统将各时间段的出价，按照竞价高低进行排名，价高者优先被展现，在出价最高的预算消耗完后，轮到下一位，以此类推，直到该小时流量全部消耗完，排在后面的无法被展现。

获得的总流量=总预算/千次展现单价×1000，在同样的预算下，千次展现单价越高，获得的流量反而越少，因此卖家需要在保证出价能让宝贝被展现的基础上合理竞价。

6）钻石展位的定向原理

钻石展位的定向是指每个访问淘宝网的访客都会形成搜索、浏览、收藏、购买等各种行为，钻石展位系统会根据这些行为给这些访客打上各种标签。例如，某访客在淘宝网上经常购买美白面膜，她就会被打上"美白面膜""女性"等标签。

在设置定向时，卖家可以通过钻石展位系统来圈定这些已被打上标签的人群，从而实现只把广告展现给这部分人。因此，每个行为不同的人，在同一时间打开钻石展位的广告位，看到的广告都是不同的。通过合理定向，卖家可以把广告展现给特定的人群，获得精准流量和好的广告效果。通过定向获取的流量叫作定向流量，没有定向的流量叫作通投流量。

7）钻石展位的扣费原理

钻石展位支持按展现扣费和按点击扣费两种扣费模式。

（1）按展现扣费——精准圈定人群。

按展现扣费即按照每千次展现扣费，点击不扣费。钻石展位系统按照竞价高低对广告进行排名，价高者优先被展现。

例如，你出价 6 元，你的广告被人看 1000 次，钻石展位系统扣费 6 元。

钻石展位系统会自动统计展现次数，并在钻石展位后台报表中给予反馈，不满 1000 次的，钻石展位系统自动折算扣费。实际扣费的计算公式为

$$实际扣费=下一名 CPM 结算价格+0.1 元$$

（2）按点击扣费——点击成本可控。

按点击扣费即展现免费，点击扣费。在按点击扣费模式下，钻石展位系统将点击出价折算成 CPM 价格，并将折算后的 CPM 价格进行排序，价高者优先被展现。CPM 价格的计算公式为

$$CPM 价格=CPC 价格×CTR×1000$$

CPC 价格是卖家在后台设置的出价，钻石展位系统会参考创意的历史 CTR（Click-Through-Rate，点击通过率）来计算预估 CTR。如果广告是新上传的，没有历史 CTR，钻石展位系统就会将在相同定向、资源位上的平均 CTR 作为初始 CTR；在投放过程中，用最新的 CTR 来修正预估 CTR。

在竞价成功后，钻石展位系统将下一名 CPM 结算价格+0.1 元作为实际扣费的 CPM 价格，根据公式换算成 CPC 价格。

根据公式 CPM 价格=CPC 价格×CTR×1000，推算出 CPC 价格=CPM 价格/1000/CTR。

2．钻石展位的开通

钻石展位的开通要满足以下条件。

（1）店铺主营类目属于钻石展位允许推广的类目，部分类目如国货精品数码、二手数码等不支持钻石展位推广。

（2）店铺 DSR 各项评分必须大于或等于 4.4 分。

（3）淘宝店铺信用等级在一钻以上，天猫店铺无此项要求。

（4）店铺没有违规行为，没有因出售假冒商品、进行虚假交易等行为而受到处罚。

符合以上条件的卖家可以通过"卖家中心"→"我要推广"→"钻石展位"进入钻石展位后台，单击"我要加入"按钮，在报名并充值后，即可开通钻石展位。

3．钻石展位的投放流程

1）设置计划组

选择计划组类型，新建计划组，给计划组命名，如图 5-17 所示。

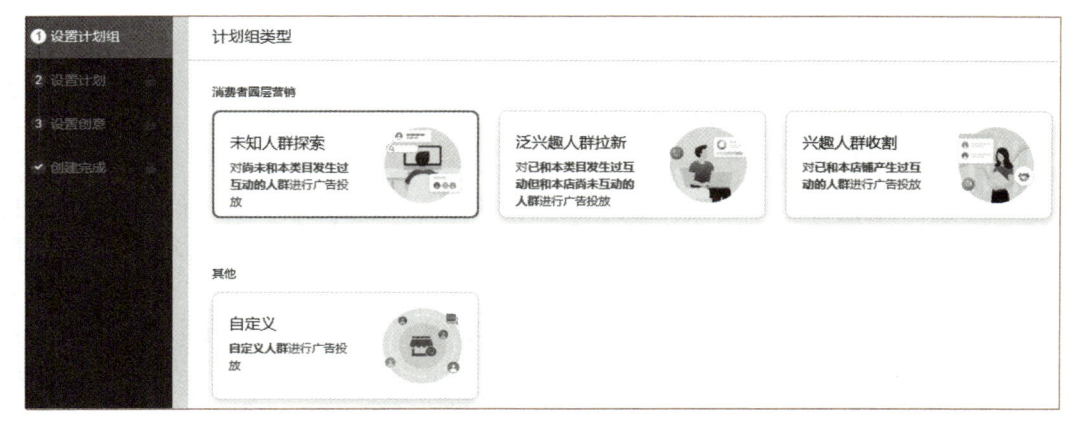

图 5-17　设置计划组

2）设置计划

为计划命名（见图 5-18），一般以广告位置为计划命名。卖家应根据自己的预算来确定每日投放预算，如果设置成 10 000 元，那么当钻石展位消耗 10 000 元时，计划就停止了。

图 5-18　设置计划

3）进行高级设置

单击"高级设置"中的"设置"按钮，设置投放地域、投放时段和投放方式，如图 5-19 所示。

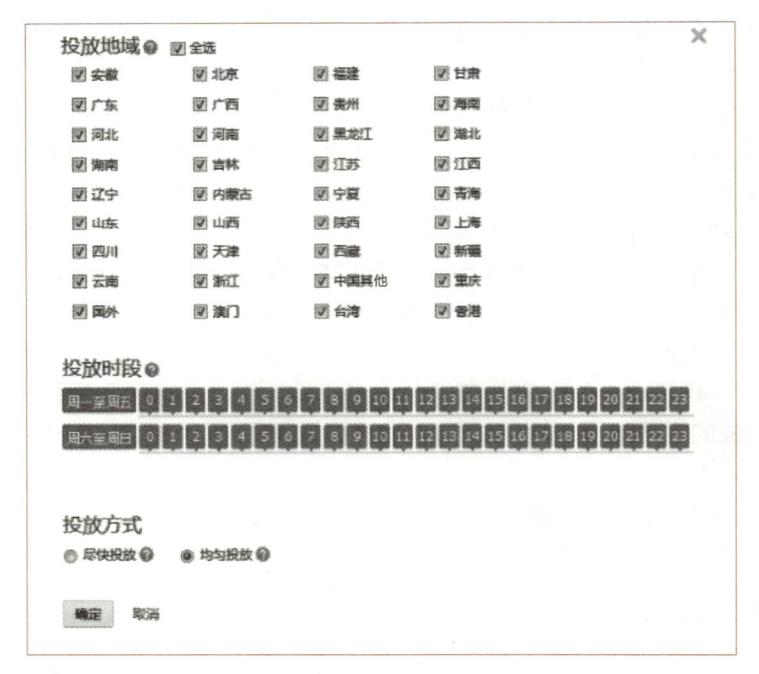

图 5-19　设置投放地域、投放时段和投放方式

（1）卖家应根据自己的生意参谋提供的数据来进行设置。生意参谋提供了宝贝的来访高峰期和购买城市排行榜。投放时段最好选择来访量多的时间段；投放地域的选择也是同样的道理。

（2）尽快投放和均匀投放。选择尽快投放，如果预算是 300 元，投放时段选择 8:00、9:00、10:00 这 3 个时间段，可能在开始十几分钟的时间里 300 元就被消耗完了；如果选择均匀投放，那么钻石展位系统会在 3 个时间段之内投放完毕。

在投放时段的选择方面，卖家如果想进一步测试，就要建立不同投放时段的计划，如计划 A 的投放时段选择 9:00，计划 B 的投放时段选择 10:00，计划 C 的投放时段选择 11:00。需要注意的是，计划中的投放地域设置，广告位和创意必须相同，否则就没有对比的依据了。

4）设置计划单元

一个计划可以设置多个单元，单元最好按照定向来命名。

（1）单元 1：设置通投。

通投后面有个出价，低价 7 元，也就是说出价不能低于 7 元。

通投即不设置人群的划分。

（2）单元 2：设置定向人群。

设置定向人群如图 5-20 所示。

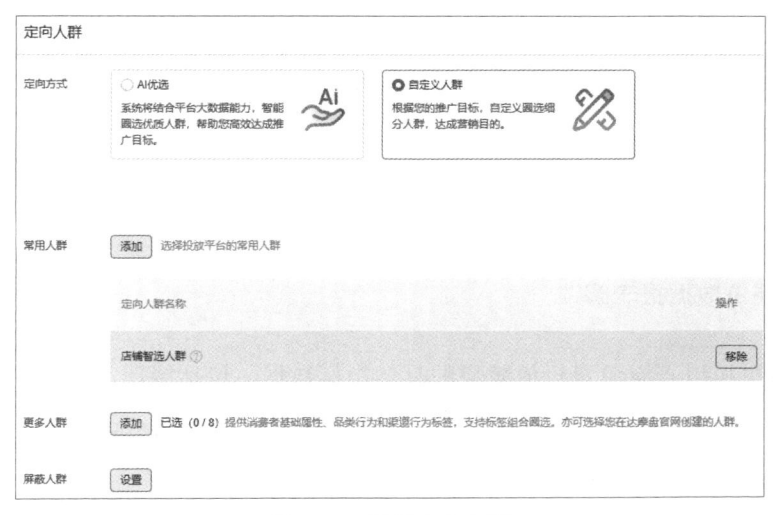

图 5-20　设置定向人群

（3）单元 3：设置访客定向。

笔者建议卖家在"添加种子店铺"中添加自己的店铺，在"自主添加店铺"中添加竞争对手的店铺，如图 5-21 所示。

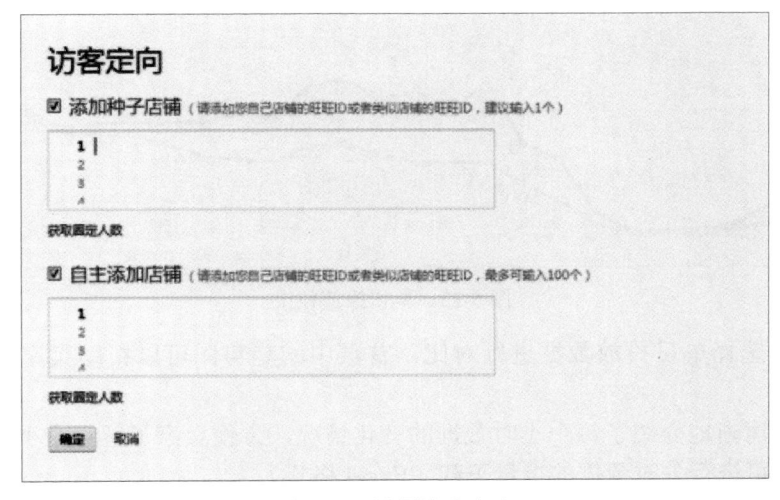

图 5-21　设置访客定向

（4）单元 4：设置兴趣点定向。

在卖家输入店铺名称之后，钻石展位系统会自动列出类目的兴趣点，卖家可以添加全部兴趣点，也可以添加部分兴趣点，如图 5-22 所示。

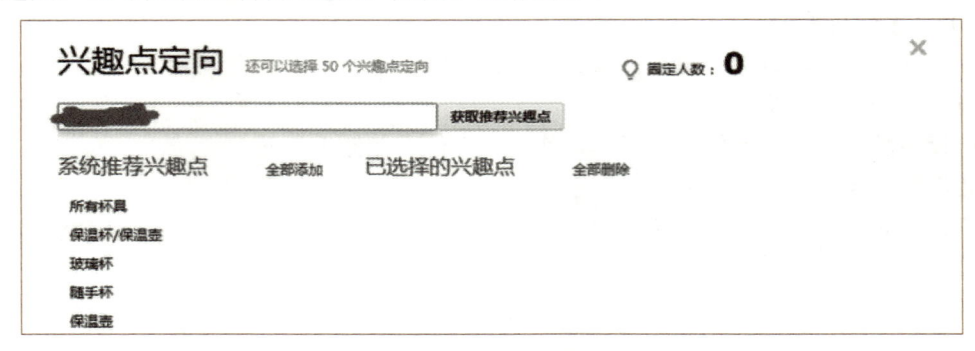

图 5-22　设置兴趣点定向

5）上传创意

在制作创意时，卖家需要制作多个创意。在创意通过审核之后，卖家可以单击"从创意库选择"按钮，添加创意，并及时观察哪个创意的点击率比较高，使用点击率高的创意，删除点击率低的创意。

4．钻石展位数据报表解读

1）首页

卖家在首页可以查看单日投放效果的具体指标数据，包括展现、点击、点击率、千次展现成本、点击单价、已消耗，如图 5-23 所示。

图 5-23　单日投放效果

卖家可以选择单日投放数据进行对比，首页中的趋势图可以帮助卖家了解数据变化情况及趋势。

时段报表清晰地介绍了每个小时数据的变化情况，方便卖家了解每个小时数据变化的情况。卖家还可进行分时数据的批量下载（Excel 格式）。

2）报表界面

卖家在报表界面中可以查看账户整体报表、展示网络报表、视频网络报表和明星店铺报表的具体情况。

账户整体报表提供账户历史投放数据,包括展现量、点击量、消耗、点击率、千次展现成本、点击单价,支持选择不同日期范围查看数据,如图5-24所示。

图5-24 账户整体报表

单击"对比行业均值"按钮,卖家可以查看自己目前和行业平均水平的对比情况。

单击"批量报表下载"按钮可以批量下载报表。卖家可以自行选择数据类型、数据内容、时间来下载对应的报表。

展示网络报表界面和账户整体报表界面类似,但是卖家在展示网络报表界面中可以自定义展现数据,如图5-25所示。

图5-25 展示网络报表

3）钻石展位数据分析的思路

（1）分析流量获取情况。

分析日预算是否消耗完成,以及浏览量和点击率是否达到预期。

（2）分析投放效果。

① 在报表界面中查看点击单价与同行均值的对比。

② 在资源位列表中选择资源位，查看同类目卖家的平均点击率。如果卖家的点击率低于同行，就说明卖家需要优化定向和创意；如果卖家的点击率高于同行，就说明定向人群和创意表现良好，可继续投放。

③ 点击成本=千次展现成本/（点击率×1000），如果点击成本不够理想，那么卖家可尝试优化千次展现成本（测试出价，避免出价过高）和点击率（提升定向精准度、创意质量）。

5.1.4 淘宝客

1. 淘宝客推广概述

1）淘宝客推广的概念

淘宝客推广是一种按照成交计费的推广模式，由淘宝客（个人或网站）帮助卖家推广商品，在买家通过推广的链接完成交易后，卖家支付一定比例的佣金给淘宝客，如图5-26所示。

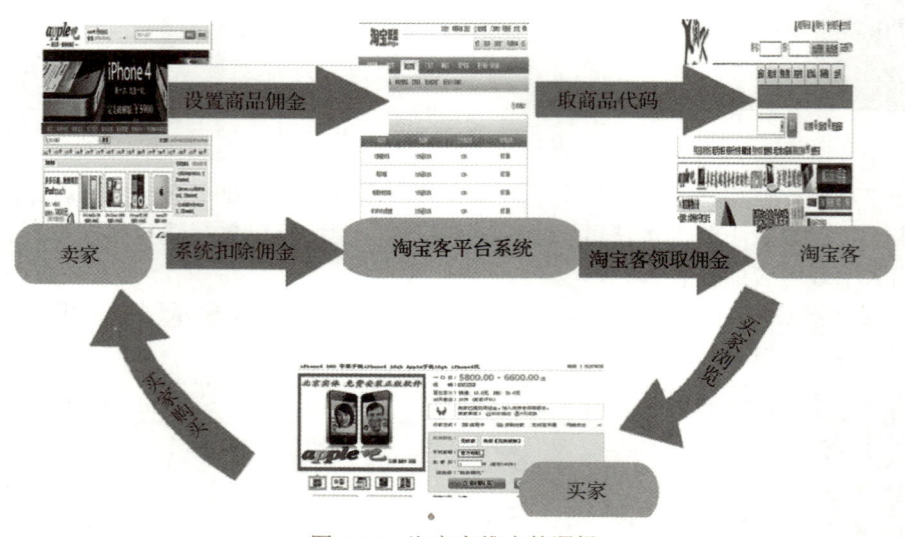

图5-26 淘宝客推广的逻辑

2）淘宝客推广者

淘宝客推广者通常称为淘宝客，是帮助卖家推广商品，并在推广的商品成交后获得一定佣金的人。淘宝客分为两类：个人和网站，如图5-27所示。

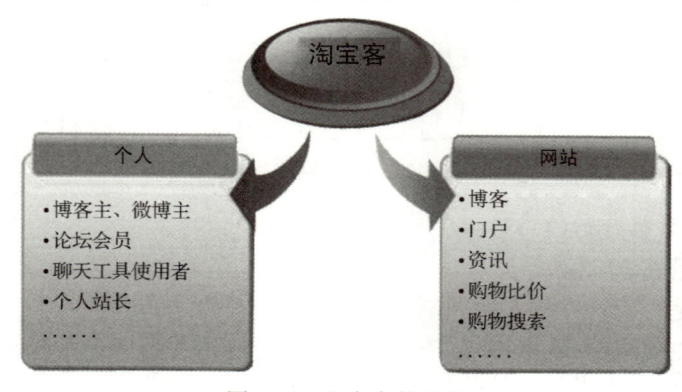

图5-27 淘宝客的分类

3）淘宝客的优势

（1）流量多。

淘宝客推广的流量是非常多的。因为淘宝客不再局限于淘宝站内的流量，只要是有互联网的地方，就有淘宝客存在。

（2）ROI（Return on Investment，投资回报率）高。

与按展现付费的钻石展位及按点击付费的直通车相比，按成交付费的淘宝客无疑是一种 ROI 较高的推广方式。以 20%的佣金比例为例，淘宝客每成交一单的 ROI 是 1∶5。

（3）风险低。

淘宝客推广是按成交付费的推广方式。也就是说，只有在推广并且成交的情况下，淘宝客推广才收费，和钻石展位及直通车相比，淘宝客的风险更低。

2. 淘宝客的加入条件和加入流程

1）加入条件

① 店铺信用等级必须在一星以上并且加入消保。

② 店铺半年交易 DSR 三项评分不低于 4.5 分。

③ 店铺好评率不低于 97.5%。

④ 店铺状态必须是正常的。

⑤ 店铺内一口价的商品不少于 10 件，且拍卖商品不能参加淘宝客推广。

⑥ 商品状态必须是正常的。

2）加入流程

方法 1：登录淘宝账号→卖家中心→我要推广→淘宝客→签订阿里妈妈协议→绑定支付宝账号。

方法 2：打开阿里妈妈首页，登录淘宝账号→我是广告主→我的联盟→加入淘宝客。

3. 淘宝客推广计划

1）通用计划

（1）基础设置。

选择"新增主推商品"选项，增加淘宝客推广的商品，也可以同时选择编辑佣金比，修改佣金。不同类目佣金的上限和下限不同，拿女装来说，佣金比是 5%~50%。修改的佣金比要等到次日凌晨才能生效。因此，在添加商品时，卖家一定要注意最好一次性将佣金比设置成功。

淘宝客推广

（2）影响通用计划排名的因素。

排名权重：自然搜索基础权重、销量权重、转化率、人气、点击。

淘宝客权重：收入比率、月推广量、月支出佣金。

当商品权重比较低时，卖家可以设置 20%~30%的佣金，这样可以略微帮助提升商品权重，淘宝客也愿意帮卖家推广。

2）定向计划

定向计划是寄生于通用计划的，顾名思义就是手动设置的计划。

（1）基础设置。

单击"新建定向计划"按钮，就可以开始设置了，如设置定向计划的名称、简介、持续时间及佣金。由于定向计划的佣金设置可以突破行业类目限制，设置到 70%，因此它对淘宝客更具有吸引力。

（2）注意事项。

由于定向计划添加了一个审核机制，因此当卖家设置成手动审核时，所有的淘宝客在申请之后都要经过卖家亲自审核。虽然定向置换的流量比较少，但它是所有计划中最精准的流量。笔者建议卖家与定向计划招募的淘宝客进行长期的合作，这样他们给卖家带来的流量才会源源不断，定向计划的转化率也会高于其他淘宝客计划。笔者建议卖家在定向计划的前一两个月通过高佣金吸引一批固定的淘宝客，之后逐渐降低佣金水平，控制商品成本，这样才能真正地通过淘宝客获利。

3）团长活动

淘宝客团长活动是方便卖家和淘宝客招商团长进行单品推广，或单品加优惠券推广的新功能。有些卖家找不到淘宝客来推广自己店铺的商品，或者想在哪个时间内达到多少销量而需要找淘宝客来帮忙，此时淘宝客招商团长就是连接卖家和淘宝客的桥梁。如图5-28所示，选择"团长活动广场"选项，卖家就可以进入团长活动广场，单击不同的计划，查看活动的具体要求，查看自己是否符合报名条件。

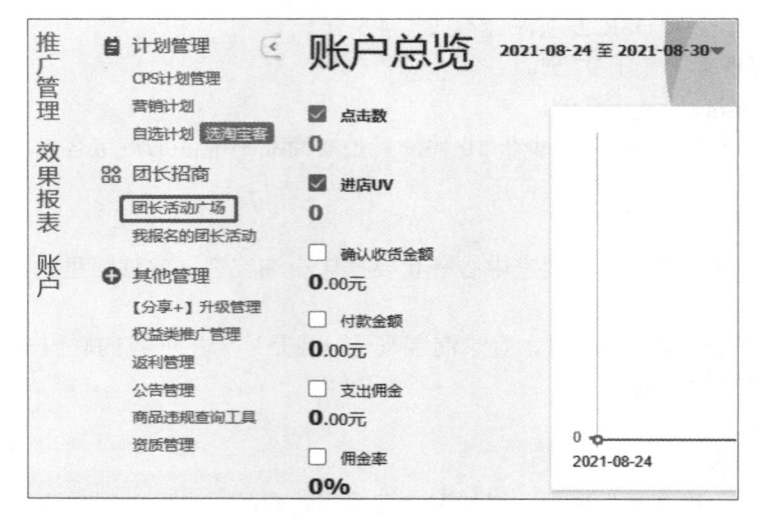

图5-28　淘宝客活动广场

4）如意投

如意投是个性化展现渠道，是淘宝网根据商品转化率、成交量、浏览量及设定好的提成投放的广告。投放计划由淘宝网实施，不需要找淘宝客，可以帮助卖家快速增加流量。由于如意投带来的都是站外流量，因此流量相对来说不太精准，点击和转化的数据略低于自然搜索也是正常的。

（1）质量评价。

质量评价是对商品的综合转化能力的评判，数据来源于商品最近的转化、收藏加购情况。质量评分越高，商品得到展现的概率越大；如果没有评分，就说明商品的质量评价太低了。

（2）排名参考。

排名参考显示的排名页数其实是对排名的综合判断，它与质量评价、商品本身及自然搜索的表现数据有很大关系。当然，卖家在前期可以通过高佣金的方式提升商品的排名。

如意投可以为一个新品带来不错的展现，同时，卖家可以依据数据从侧面看出一款商品是否具备成为爆款的潜质。因此，笔者建议新手卖家在前期开通如意投计划。

5.1.5 超级推荐

1. 超级推荐概述

1）超级推荐的概念

超级推荐是在手机淘宝（以下简称手淘）的猜你喜欢等推荐场景中穿插原生形式信息的推广产品。它将猜你喜欢、微淘、直播广场、有好货等淘系典型的推荐类位置聚合在一个产品后台中，为卖家提供更简单、更高效的推荐类营销服务。除此之外，原先的直通车定向推广和钻石展位单品推广也被整合到超级推荐中。超级推荐与直通车、钻石展位的对比如图 5-29 所示。

	直通车	钻石展位	超级推荐
渠道性质	人找商品	商品等人	商品找人
核心原理	满足需求	收割需求	激发需求
操作模式	卖家找词	卖家找定向	系统算法找人
扣费方式	CPC	CPC、CPM	CPC
展示位置	搜索结果页	首页等	猜你喜欢等

图 5-29　超级推荐与直通车、钻石展位的对比

2）超级推荐的优势

（1）全场景覆盖。

超级推荐覆盖超过 7 亿用户，囊括手淘的核心推荐渠道：猜你喜欢（首页、购物车、支付成功）、微淘、直播广场、有好货，迎合买家"逛"的需求，引爆卖家在推荐场景中的流量。

（2）多创意沟通。

超级推荐支持商品、图文、短视频、直播间、淘积木等多种创意形式，让卖家能以更丰富的形式与买家进行沟通。

（3）数据技术驱动。

超级推荐基于阿里巴巴大数据推荐算法，赋能全方位定向体系，从商品、店铺、类目、内容、粉丝等多维度，帮助卖家精准找到潜在买家。

（4）多维度价值。

超级推荐摆脱原有的单一成交价值体系，从买家运营视角出发，提供买家流转、粉丝流转价值，突出买家生命周期价值，全面呈现推广价值，帮助卖家实现品牌人群增长。

2. 超级推荐的操作流程

超级推荐包括三大板块：商品推广、图文推广、直播推广，分别推广不同形式的内容。

1）商品推广

在新建商品推广计划时，卖家可以选择新品推广、爆款拉新和自定义 3 种营销场景。

（1）新品推广。

在新品推广场景下，卖家可以选择想要优化的目标、投放的侧重人群。优化目标中的促进点击简单来说就是让触达到的人群最多，促进点击率就是让能进行点击的人群最多。

在侧重人群中，潜客是指在 15 天内被店铺广告或内容渠道曝光过，或者店铺/单品浏览跳失的客户，排除新客和老客。新客是指在 15 天内有过品牌意向搜索/微淘互动/聚划算曝光/进店浏览未跳失，或者在过去 90 天内有过商品收藏/加购/店铺收藏行为，或者在过去 365 天内有过下单未支付行为的客户。老客是指在过去 365 天内有过店铺成交行为的客户。

关于更多的人群含义，卖家可以将鼠标指针放在对应人群后面的问号标志上进行了解，如图 5-30 所示。

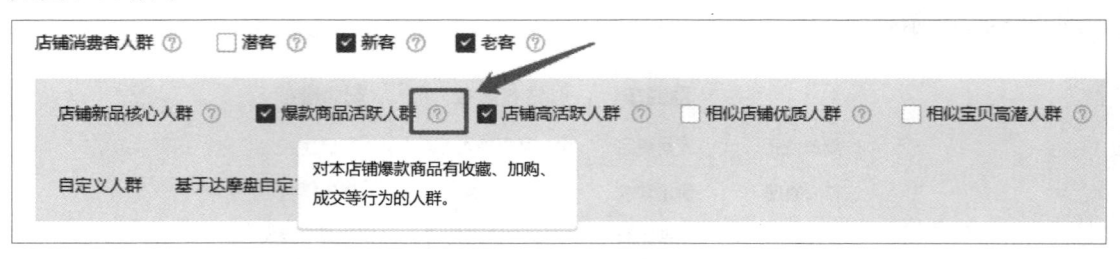

图 5-30　人群选择

① 设置计划的基本信息。

选择"高级设置"选项，可以设置时段和地域，如图 5-31 所示。

图 5-31　设置计划的基本信息

② 设置单元。

添加推广宝贝，并对人群进行溢价设置，如图 5-32 所示。

图 5-32 设置单元

③ 添加创意，如图 5-33 所示。

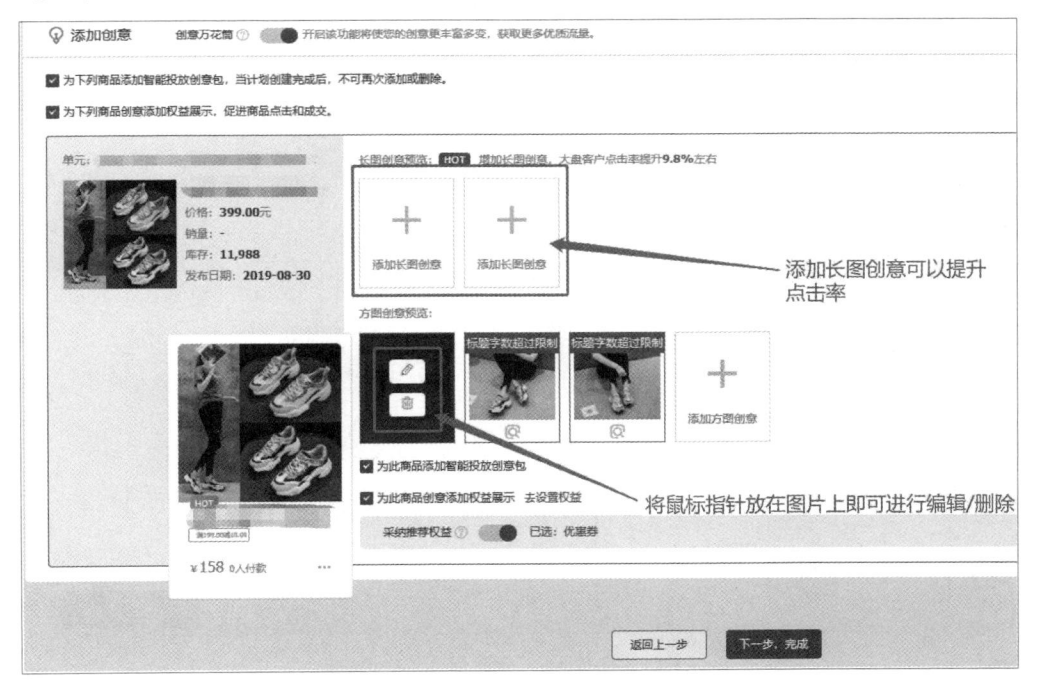

图 5-33 添加创意

在添加完创意后，单击"下一步，完成"按钮。

（2）爆款拉新。

① 设置计划的基本信息。

这一步和新品推广的区别不大，只是没有了店铺消费者人群的选择，如图 5-34 所示。

图 5-34 设置计划的基本信息

② 设置单元。

卖家在这里只需要添加推广宝贝并设置出价即可,不需要对人群进行溢价设置,如图 5-35 所示。

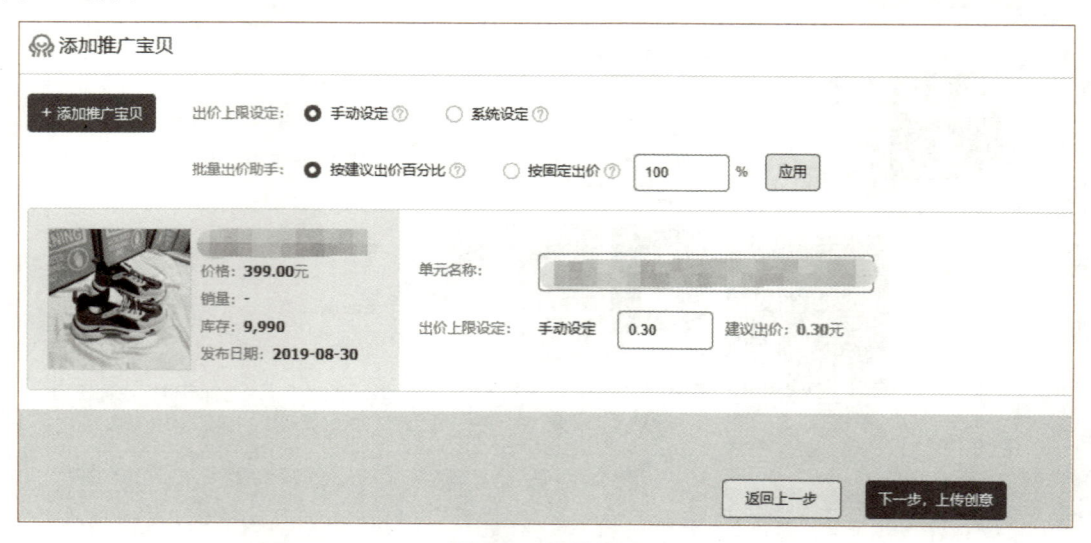

图 5-35 设置单元

③ 添加创意。

在爆款拉新的场景下,卖家可以为商品添加店铺优惠券等权益,如图 5-36 所示。

(3)自定义。

在自定义场景下,卖家需要对人群进行定向,如图 5-37 所示。

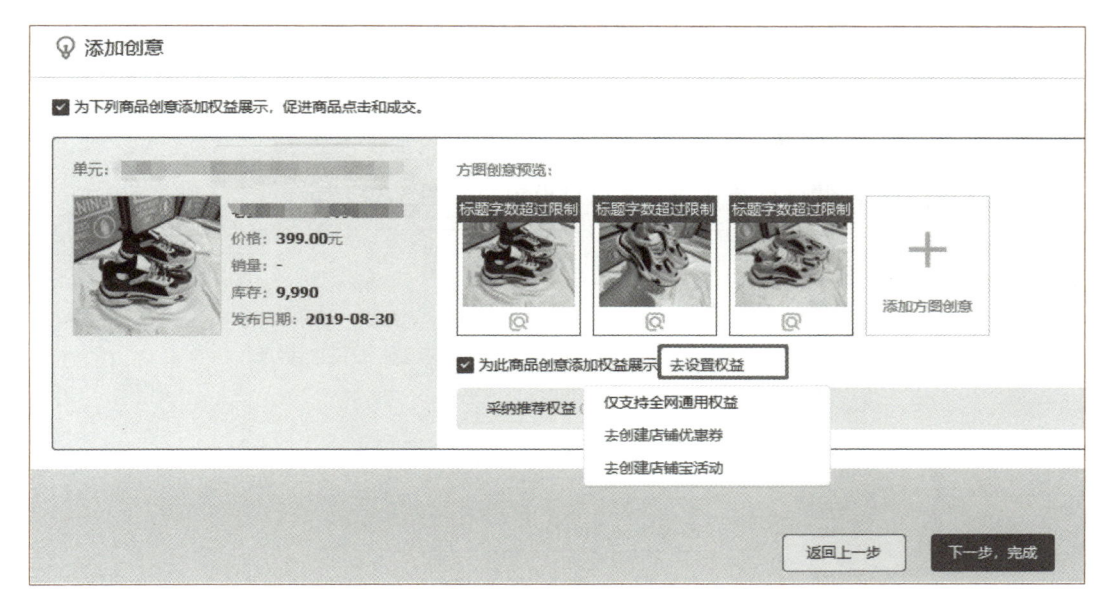

图 5-36 添加创意

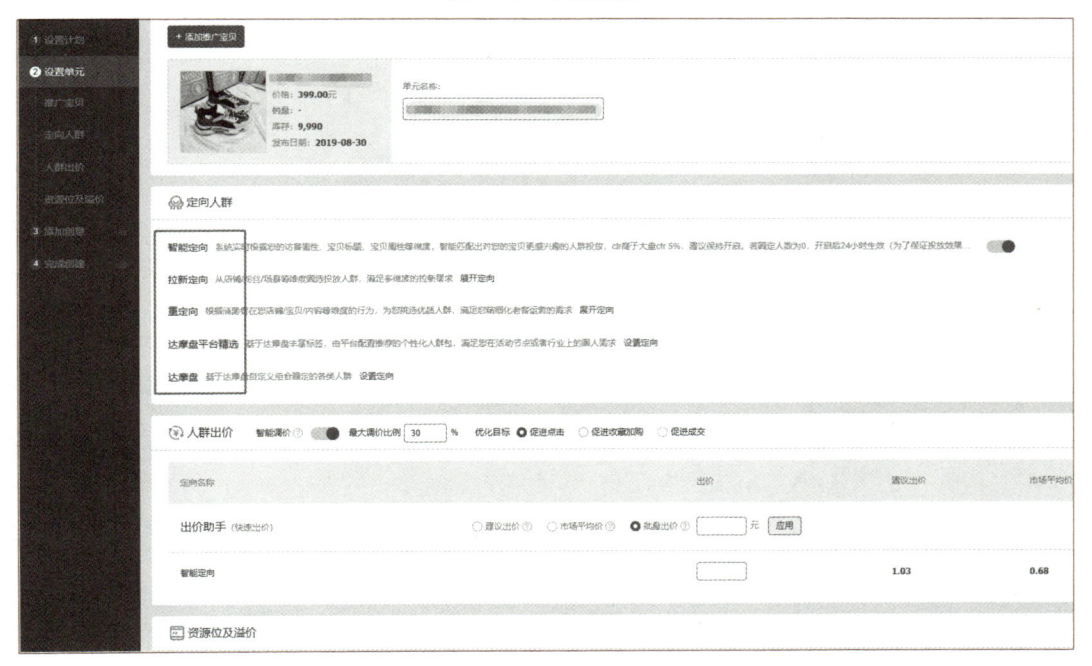

图 5-37 对人群进行定向

2)图文推广

在新建图文推广时计划,卖家可以选择两种推广计划:标准推广计划和智能投放计划,如图 5-38 所示。

图 5-38 两种推广计划

标准推广计划：完全由卖家自己设置预算、出价、人群和资源位溢价等要素。

智能推广计划：卖家只需设置预算、投放时间等关键要素，系统自动选择投放人群和资源位。

（1）标准推广计划。

① 选择资源位，并进行计划的基本信息设置，如图5-39所示。

图 5-39　资源位和计划的基本信息设置

② 添加推广内容，如图5-40所示。

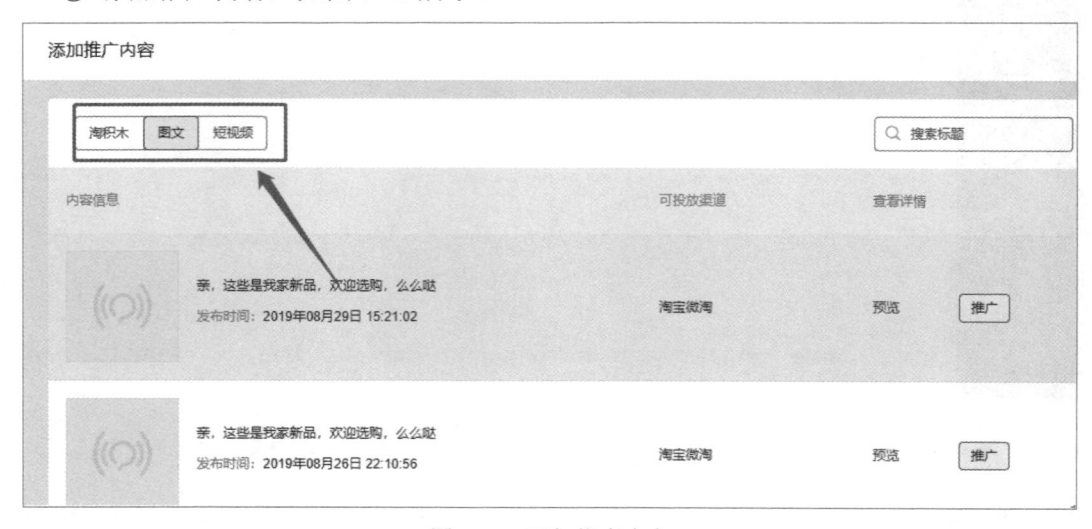

图 5-40　添加推广内容

③ 进行定向人群、人群出价设置，如图5-41所示。

（2）智能投放计划。

相比标准推广计划，智能投放计划的操作更加简便，不过资源位只支持猜你喜欢，如图5-42所示。

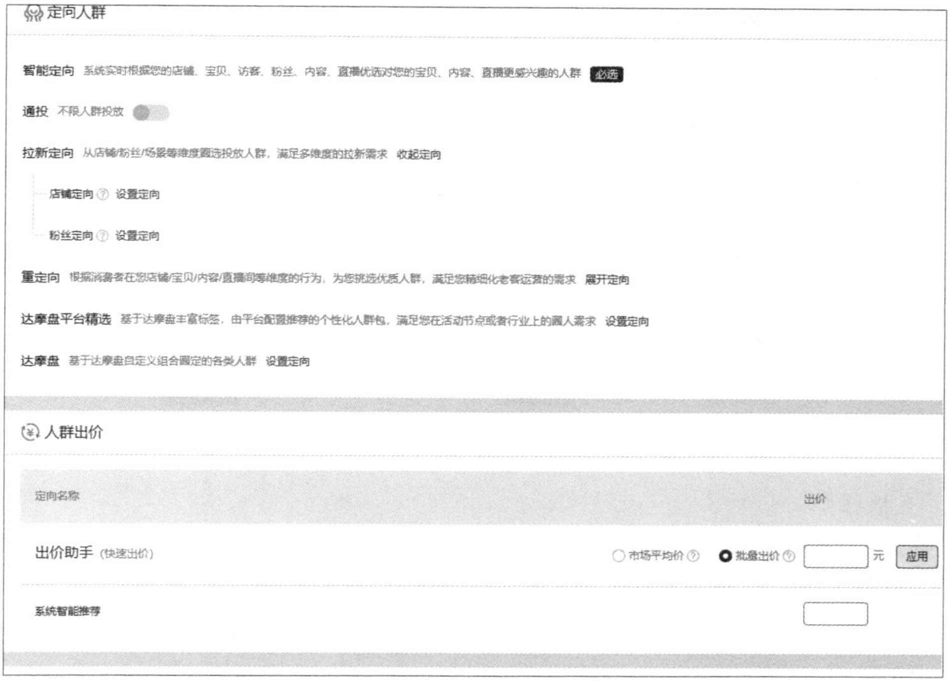

图 5-41 定向人群、人群出价设置

图 5-42 智能投放计划

目前，智能投放计划的创意提供了两个创意模板，分别是长图卡片样式（图 5-43 左图）和方图卡片样式（图 5-43 右图）。

图 5-43　智能投放计划的创意在线制作

3）直播推广

直播推广只能新建标准推广计划。

（1）选择资源位，并进行计划的基本信息设置，如图 5-44 所示。

图 5-44　资源位和计划的基本信息设置

（2）添加推广内容。

（3）进行定向人群设置，如图 5-45 所示。

图 5-45　定向人群设置

(4) 进行资源位及溢价设置，如图 5-46 所示。

图 5-46　资源位及溢价设置

(5) 添加创意，如图 5-47 所示。

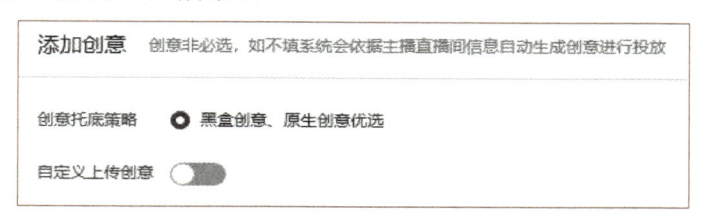

图 5-47　添加创意

到这里，超级推荐的后台设置就全部讲解完毕了。需要注意的是，在超级推荐的图文推广的猜你喜欢资源位中必须使用淘积木（超级推荐专用模板）。

任务 5.2　活动促销

5.2.1　店内促销

1. 单品宝（限时打折）

1）单品宝（限时打折）概述

单品宝（限时打折）是淘宝网为卖家准备的一个商品打折促销工具，通过在一定时间内对商品价格进行打折来提升买家的购买热情。商品在使用单品宝（限时打折）后，在商品原价格的下面会出现淘宝价，如图 5-48 所示。

淘宝价也是在搜索结果中显示的商品价格，如图 5-49 所示。

淘宝网上销量比较多的商品一般都会使用单品宝（限时打折）进行促销。使用单品宝（限时打折）在一定程度上可以增加店铺的流量，在其他条件都相同的情况下，淘宝网会优先推荐使用单品宝（限时打折）的商品。使用单品宝（限时打折）还可以提升商品的转化率，因为限时打折是一个促销活动，可以刺激买家下单。

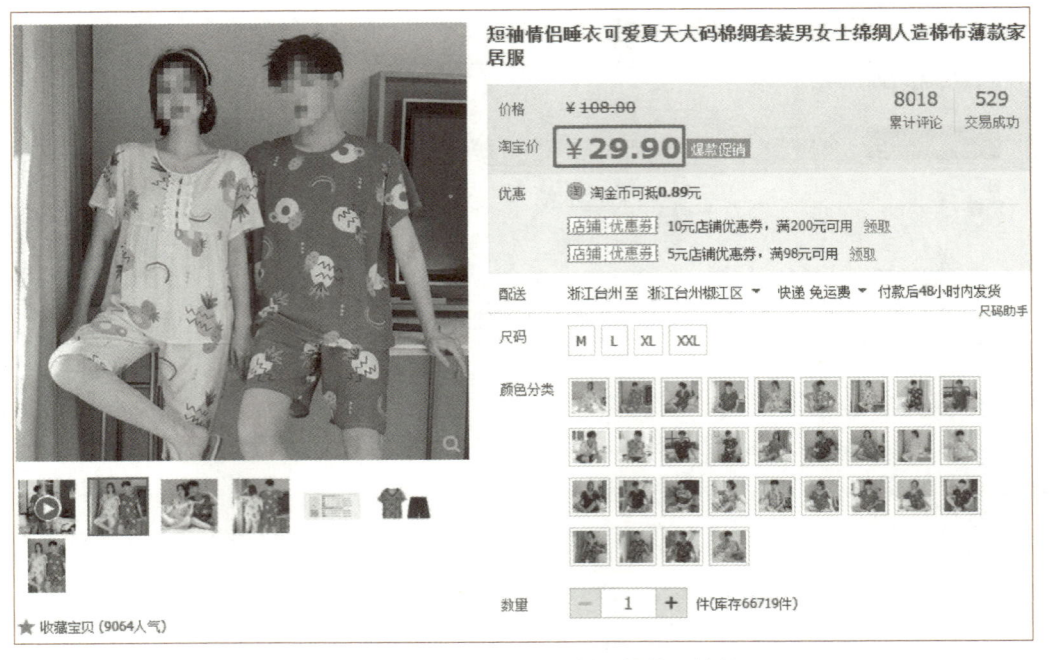

图 5-48　单品宝（限时打折）的使用效果

图 5-49　淘宝价在搜索结果中的显示

2）单品宝（限时打折）的设置

进入卖家中心，选择"商家营销中心"中的"优惠活动"选项，就可以看到单品宝（限时打折）工具。单品宝（限时打折）工具是收费的。卖家在订购时可以选择订购周期，订购周期有一季度、半年和一年 3 种，价格为 45～158 元，如图 5-50 所示。

卖家的限时打折活动在每个月中都是有数量和总时长限制的，淘宝网一般为每个卖家每个月提供 50 个活动和 480 小时的限时。在限时打折活动中，卖家可以设置活动名称和促销时段，选择参加活动的商品，以及设置商品的限时折扣和每人限购的数量，如图 5-51 所示。

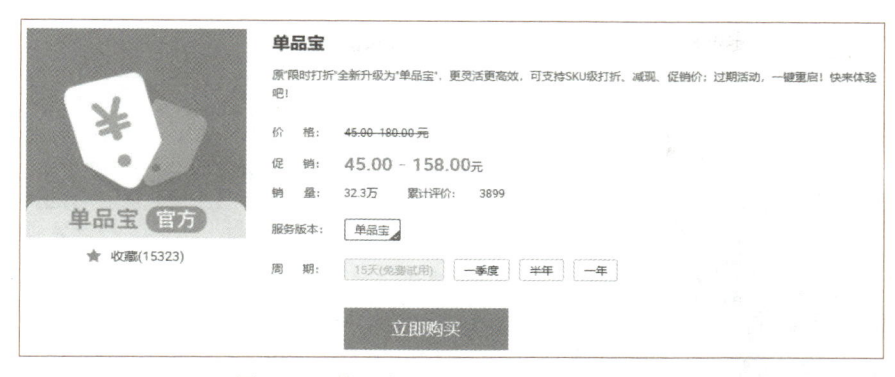

图 5-50　单品宝（限时打折）的收费标准

图 5-51　限时打折设置

单品宝（限时打折工具）只能设置商品的折扣，这一点非常不方便，而一些第三方的打折工具，如美折等，可以直接设置商品的最终销售价格。有兴趣的卖家可以去服务市场订购和使用。

想一想

有打折促销活动的店铺和没有打折促销活动的店铺哪个更吸引人？为什么？

2．搭配宝（搭配套餐）

1）搭配宝（搭配套餐）概述

搭配宝（搭配套餐）是淘宝网为卖家准备的一个促销工具。它将几款商品组合在一起设置成套餐来销售，通过搭配套餐让买家一次性购买更多的商品。添加搭配套餐的商品，其商品详情页中会显示搭配套餐，如图 5-52 所示。

使用搭配宝（搭配套餐）的商品，套餐商品的价格一般要比套餐内商品的原价之和要低。例如，一件上衣的价格是 200 元，一条裤子的价格是 150 元，二者形成搭配套餐后的套餐商品的价格为 300 元，比原来两件商品的价格之和少了 50 元，从而提高了购买套餐商品的性价比。因此，有需求的买家往往会更愿意购买套餐商品，这样不仅提高了店铺转化率，还提升了客单价。此外，由于一个套餐中有多款商品，因此多款商品的销量和店铺评价的也会得到提升。

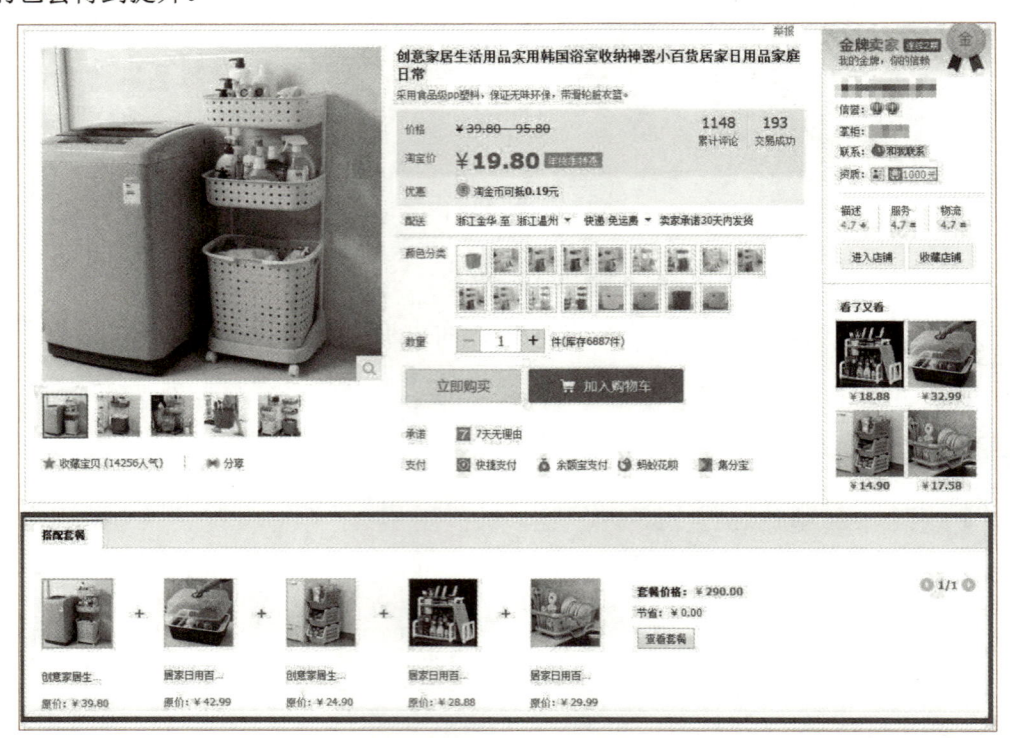

图 5-52　搭配宝（搭配套餐）的使用效果

卖家在使用搭配宝（搭配套餐）时，一定要注意商品的搭配问题，有关联的商品使用搭配宝（搭配套餐）效果会比较好。例如，购买手机的买家一般还会想要购买手机壳，所以卖家可以把手机和手机壳组成一个搭配套餐。若几款商品的关联性不强，将其组成搭配套餐，则会降低买家的购买热情，对店铺来说是非常不利的。

同单品宝（限时打折）工具一样，搭配宝（搭配套餐）工具也是收费的。卖家在订购时可以选择订购周期，订购周期有一季度、半年和一年 3 种，价格为 45～158 元，如图 5-53 所示。

图 5-53　搭配宝（搭配套餐）的收费标准

2）搭配宝（搭配套餐）的设置

在"商家营销中心"的"优惠活动"中可以设置搭配套餐。卖家可以设置套餐标题、搭配宝贝、套餐原价、套餐图片等，如图5-54所示。

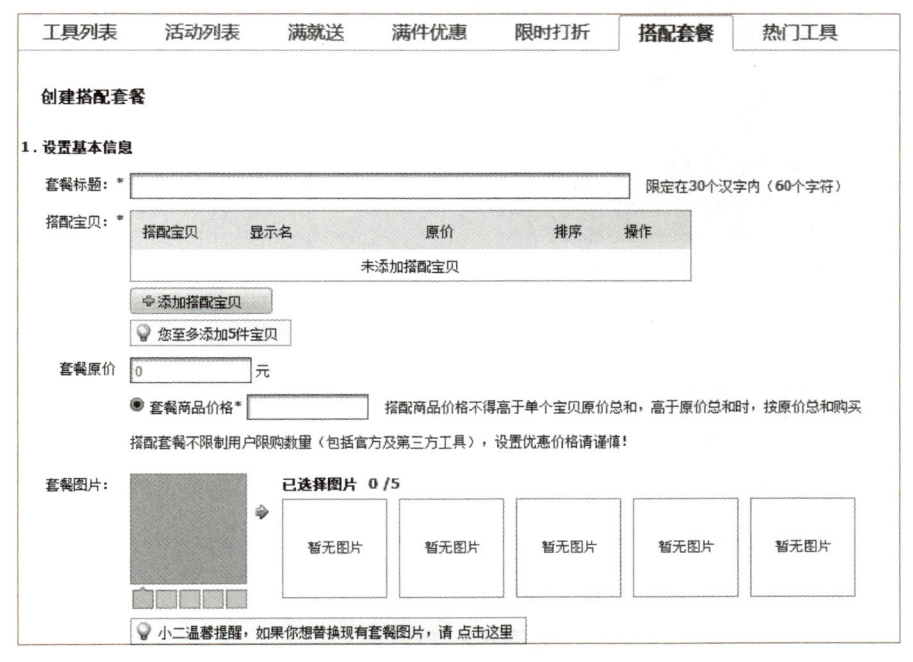

图 5-54　搭配套餐设置

一个套餐中最多可以添加5款商品，套餐商品的价格不得高于单款商品原价总和，当高于原价总和时，买家按原价总和购买。在卖家创建好搭配套餐后，买家就可以在每一款套餐商品的详情页看到搭配套餐。

3. 店铺宝（满就送）

1）店铺宝（满就送）概述

店铺宝（满就送）是淘宝网为卖家准备的一个店铺促销工具。卖家使用这个工具可以实现满就送的功能，自动实现促销。例如，当买家在店铺中的消费金额满一定金额时，卖家就可以给出减现金、送礼品、免邮、送优惠券、换购商品等优惠服务。买家在店铺中的消费金额达到一定的金额时才能享受优惠，如满100减10等，所以卖家使用店铺宝（满就送），可以在一定程度上刺激买家购买更多的商品，提高客单价。因此，店铺宝（满就送）对商家来说是一个非常实用的促销工具。

在使用店铺宝（满就送）之后，店铺中任意一款商品的详情页中都会显示"满就送"的标志，如图5-55所示。

店铺宝（满就送）工具也是收费的。卖家在订购时可以选择订购周期，订购周期有一季度、半年和一年3种，价格为45～158元，如图5-56所示。

2）店铺宝（满就送）的设置

在"商家营销中心"的"优惠活动"中可以进行满就送设置。卖家可以设置活动名称、活动时间、优惠方式、优惠条件、优惠内容等，如图5-57所示。

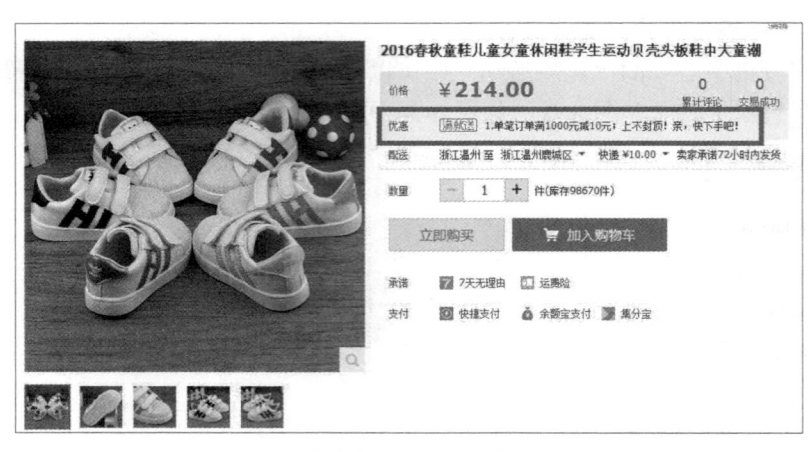

图 5-55　店铺宝（满就送）的使用效果

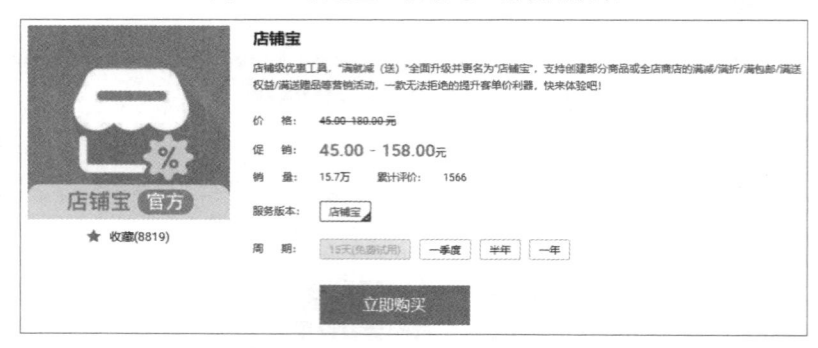

图 5-56　店铺宝（满就送）的收费标准

图 5-57　满就送设置

在设置成功后，就会生成满就送的促销图案，卖家可以把促销图案添加到需要展示的地方。一般卖家会把满就送的促销图案添加到商品详情页描述前面的部分，如图5-58所示。

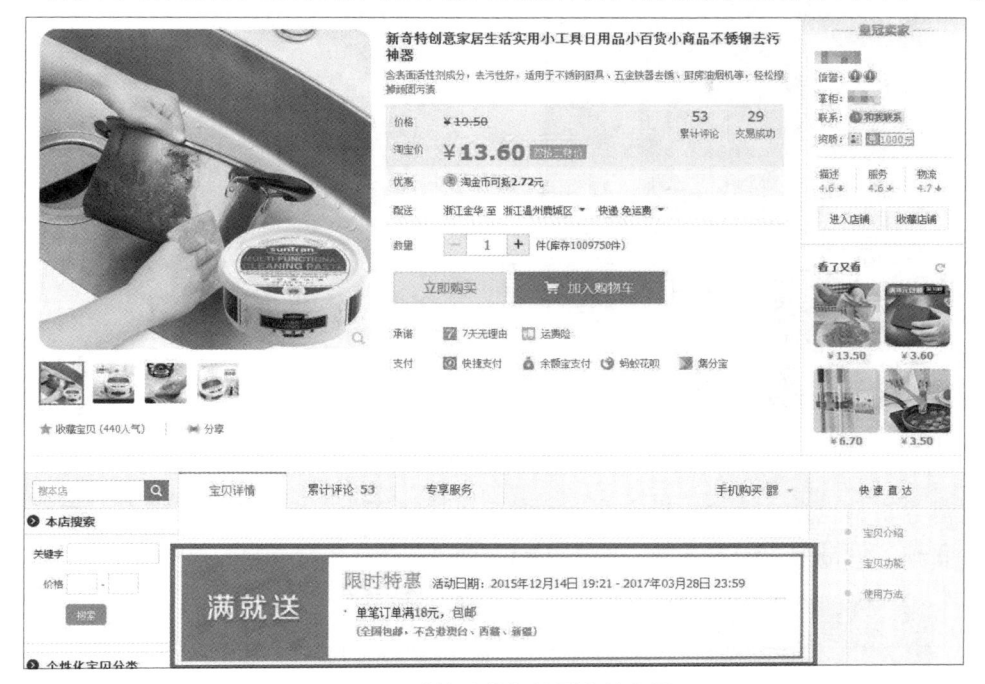

图 5-58　满就送的促销图案的位置

商家营销中心除了有店铺宝（满就送）工具，还有满件优惠工具（见图5-59），其使用方法和店铺宝（满就送）类似，在此就不多介绍了，有兴趣的卖家可以自己尝试。

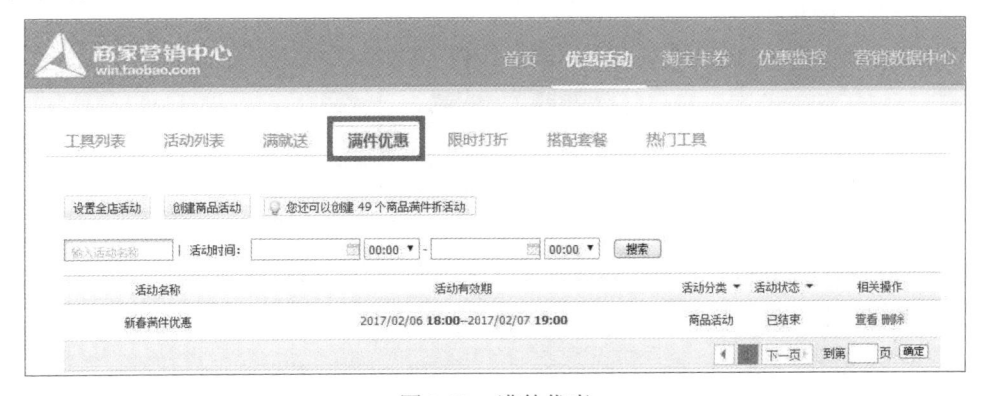

图 5-59　满件优惠

4．优惠券

1）优惠券概述

优惠券包括店铺优惠券、商品优惠券、包邮券等。卖家可以发放针对店铺的优惠券，也可以发放针对某些特定商品的优惠券，还可以发放包邮券。这些优惠券都有一定的使用期限，可以刺激买家在一定的时间内再来店铺中消费，从而提升店铺的转化率及买家的重复购买率。

在卖家使用优惠券后，商品详情页中就会显示优惠券的标志，如图5-60所示。

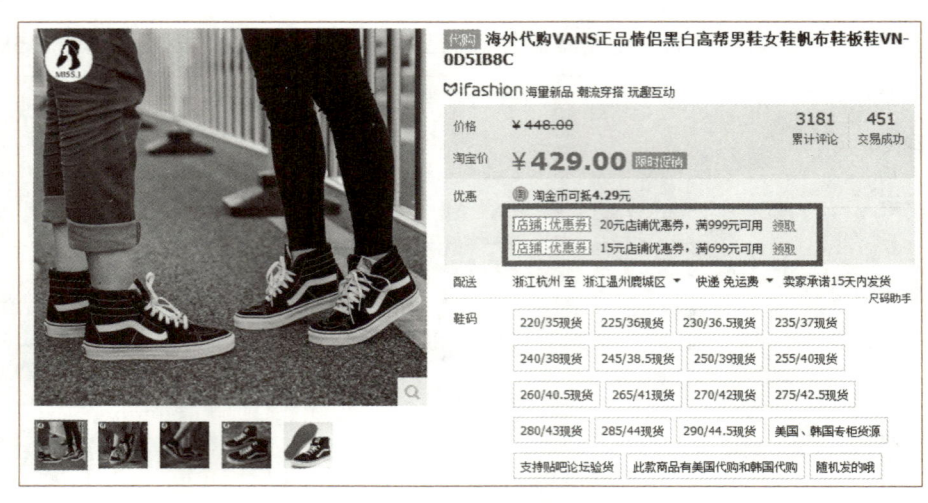

图 5-60 优惠券的标志

优惠券工具也是收费的。卖家在订购时可以选择订购周期，订购周期有一季度、半年和一年 3 种，价格为 45~158 元，如图 5-61 所示。

图 5-61 优惠券的收费标准

2）优惠券的设置

选择"商家营销中心"中的"淘宝卡券"选项，就可以设置优惠券了。优惠券有 3 种，分别是店铺优惠券、商品优惠券和包邮券，如图 5-62 所示。

图 5-62 淘宝卡券中的 3 种优惠券

店铺优惠券和商品优惠券的功能是抵扣现金，包邮券的功能是让买家享受包邮服务。店铺优惠券是全店通用的，店铺中的所有商品都可以使用这种优惠券；商品优惠券是针对某些特定商品的，只有指定的商品才可以使用这种优惠券，一张商品优惠券最多可以选择100个指定商品；包邮券是一种特色服务，买家有了包邮券，购买店铺中的所有商品都可以享受包邮服务。

各种优惠券的设置方法相似，下面以商品优惠券为例进行讲解。卖家可以设置商品优惠券的基本信息和推广信息。基本信息包括名称、使用位置、面额、使用条件等信息，其中，在"使用位置"选项中有"通用"和"无线专享"两个选项，若选择"通用"选项，则商品优惠券在电脑端和无线端都可以使用；若选择"无线专享"选项，则商品优惠券只能在无线端使用。推广信息包括推广方式、推广范围和领券链接，如图5-63所示。

图 5-63 商品优惠券设置

在设置成功后，在卡券管理后台就生成了相应的优惠券列表，如图5-64所示。

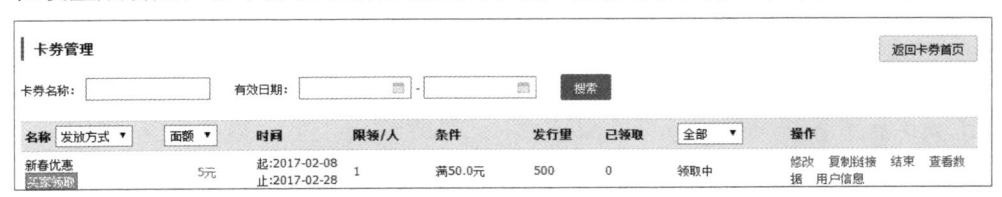

图 5-64 卡券管理后台

卖家可以把优惠券的链接直接通过阿里旺旺等聊天工具发给买家，也可以在店铺中设置优惠券的领取链接，让买家自己领取。大多数卖家会把优惠券放在醒目的位置，如店铺首页，以方便买家领取，如图5-65所示。

图5-65　店铺首页的优惠券

5.2.2　活动营销

1．活动营销概述

店铺流量是卖家生存和发展的源泉，为更好地帮助卖家增加店铺流量，淘宝官方及第三方网站组织了各种各样的活动，如聚划算、淘抢购、淘金币、试用中心等，都是以帮助卖家争取流量、拉动销售、提升影响力为目的的活动。这些活动具有影响力大、流量多的特征，但对卖家也有严格的要求。

淘宝官方活动和第三方网站活动是指淘宝官方或第三方网站组织的优惠或促销活动。活动主要在淘宝官方和第三方网站专业频道、专题页面展示。

淘宝站内活动主要包括品牌型活动、行业型活动、节庆类活动。

1）品牌型活动

聚划算、淘抢购、淘金币、试用中心、全球购、天天特价、"质+"、极有家、中国制造等活动属于品牌型活动。这类活动面向整个淘系平台，受众广、流量多，因此对销量拉动和品牌推广的效果比较明显。

平台活动

2）行业型活动

行业型活动即面向行业的专场活动，如男装、女装、化妆品、家电、运动等不同类目的活动。这类活动的流量入口主要分布在行业频道页，因此其影响力没有品牌型活动的影响力大。

3）节庆类活动

节庆活动即以节庆为主题的专场活动，如"双11"活动、"双12"活动、七夕活动、新风尚活动。在这些活动中，"双11"活动和"双12"活动可以算得上影响整个互联网的大型活动。

2. 活动报名

1）活动报名入口

（1）淘宝官方活动的报名入口。

淘宝官方为卖家参加淘宝官方活动提供了多元化的活动入口。淘宝官方提供了统一的淘宝官方营销活动中心，供卖家报名参加各种类型的活动，如图5-66所示。

图5-66　淘宝官方营销活动中心

卖家也可以进入自己的卖家中心，在"营销中心"的"活动报名"中进行报名，如图5-67所示。

图5-67　卖家中心的活动报名入口

另外，一些活动，卖家可以在其对应的官方主页直接报名，如聚划算、试用中心、淘抢购等。还有一些活动，卖家可以在淘宝论坛、阿里旺旺群等平台报名，卖家需要熟悉这些报名入口。

（2）第三方活动的报名入口。

第三方活动主要有折 800、卷皮网、试客联盟等网站的活动，在对应的官方网站上都有报名入口。例如，折 800 的活动报名入口如图 5-68 所示。

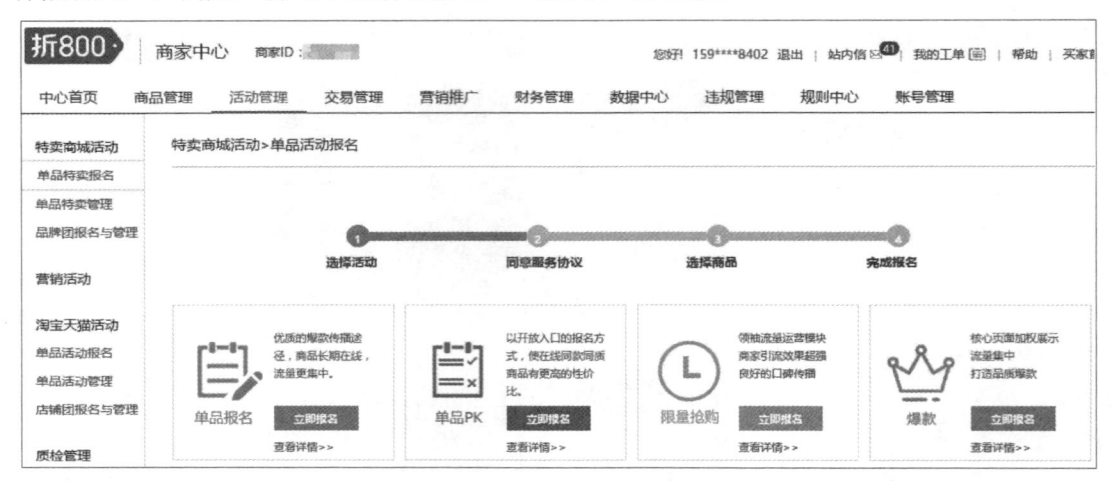

图 5-68　折 800 的活动报名入口

2）活动报名条件

尽管淘宝官方和第三方网站为卖家提供了一系列的活动，帮助卖家增加流量、促进销售，但这些活动都是有一定要求的。打开报名页面，卖家就会看到各种活动的要求，主要有以下几个方面。

（1）店铺资质要求包括开店时间、B 店（商城店）、C 店（集市店）的等级、参加消保、实物交易占比、店铺 DSR、违规等级要求等。由于 B 店是淘宝重点扶持对象，因此绝大部分活动都对 B 店开放。至于 C 店，等级不同，可参加的活动也有差别，一般要求钻石等级以上的店铺才可以参加活动，当然，为了体现淘宝网对不同等级店铺的照顾，有的活动专门针对 B 店，有的活动专门针对 C 店。

（2）对商品近 30 天的销量、好评数量，参加活动商品的数量、价格折扣及佣金等有要求，还要求卖家提供免费的样品、证书。

（3）无违规要求及发货时限要求等。

综上所述，并不是所有的店铺都有资格参加各种活动的。要参加活动，卖家必须对各种活动的要求和流程有所了解。

3）活动流程、活动策划与准备工作

（1）活动流程。

各种活动的流程类似，大致为活动报名→活动审核→活动上线→活动结束。

在活动报名的过程中，卖家除了要关注活动本身对卖家资质的要求，还需要关注活动报名资料的提交，尤其是以下几个方面：报名的商品要有竞争力（销量、评价、价格）；对提交图片的格式、提交商品的价格等因素详加审核；在报名信息提交成功之后，按照要求上线商品，不要随意更换其信息。任何一个环节出现误差都可能造成活动失败。

（2）活动策划与准备工作。

卖家参加活动涉及若干环节。基于店铺运营的需要，不仅涉及报名条件、报名流程的问题，还涉及商品选择、关联营销、促销商品、客服、库存准备等一系列问题，因此每一次成功的活动都是周密策划和精心准备的结果。

① 了解每种活动的适用性。例如，聚划算活动的流量多，适合库存比较充足的商品；试用中心的活动以试用为主，适合重复消费的商品；天天特价活动主要面向集市店铺，适合价格有足够竞争力的商品。卖家在接触过各种活动之后就会对活动的适用性有更清晰的认识。

② 明确活动的目的。活动是为了清库存、提升新品销量，还是为了树立商品形象，这其中既涉及商品的选择与定位，又涉及后期的服务。

③ 做好商品的供应、资金准备和周转工作。由于大部分活动的流量多、成交量大，准备时间有限，因此库存要充足、供应链要运作良好，避免在买家下单后出现供货不足的现象，造成买家投诉、店铺权重下降的问题。同时，由于一部分活动是要求缴纳保证金的，因此卖家需要提前做好资金准备和后续的资金周转工作。

④ 做好商品价格预期。因为大多数活动除了对商品的活动价有明确的折扣要求，还要求参加活动的商品的价格，在活动前后一段时间内不能低于活动价。

⑤ 考虑到不同活动对店铺资质的要求，卖家需要提前做好店铺商品销售、评分工作，避免造成报名失败。

⑥ 提前关注报名流程，做好报名工作中图片、链接的提交工作，商品价格和标题的设置工作，以及店铺 Logo 的悬挂工作，避免造成报名失败。

⑦ 做好活动报名前的活动商品详情页设置及商品的关联销售，以提升商品销量和客单价。

⑧ 提前做好客服分工、客服培训工作，避免在大量流量进店后，客服应接不暇，影响客户体验。做好售后的商品答疑、退货、投诉及回访工作，提升店铺形象，为日后积累客户做好准备。

⑨ 做好活动前的店铺预热工作、老客户促销通知工作，避免冷场，造成库存积压问题。

⑩ 提前做好发货准备工作，避免在订单大量到来时发货不及时，造成客户投诉。

3. 常见活动介绍

1）聚划算活动

聚划算是由淘宝官方开放并组织的一种线上团购活动平台。从 2010 年诞生至今，聚划算几经变革，依然在淘系有较大影响力，其日访客过千万人，从前期隶属于淘宝网的一个频道发展为独立的平台。聚划算活动从前期卖家可以免费参加发展为卖家可以竞拍等多种方式参加。聚划算活动界面如图 5-69 所示。

2）淘抢购活动

淘抢购活动也是一个重量级活动。其不但活动力度大、形式灵活，而且流量入口众多。PC 端搜索栏下面突出的横向导航，无线端首屏的淘抢购活动入口，广受买家和卖家好评。淘抢购活动界面如图 5-70 所示。

3）淘金币活动

淘金币是淘宝网的虚拟积分。在淘金币平台上，买家能够兑换、竞拍到全网的品牌折扣商品，还可以通过兑换、抽奖得到免费的商品或者现金红包。买家对淘金币的热情给淘金币平台带来大量流量,基于此,卖家参加淘金币活动,对商品销售、店铺品牌提升都有深远影响。淘金币活动界面如图5-71所示。

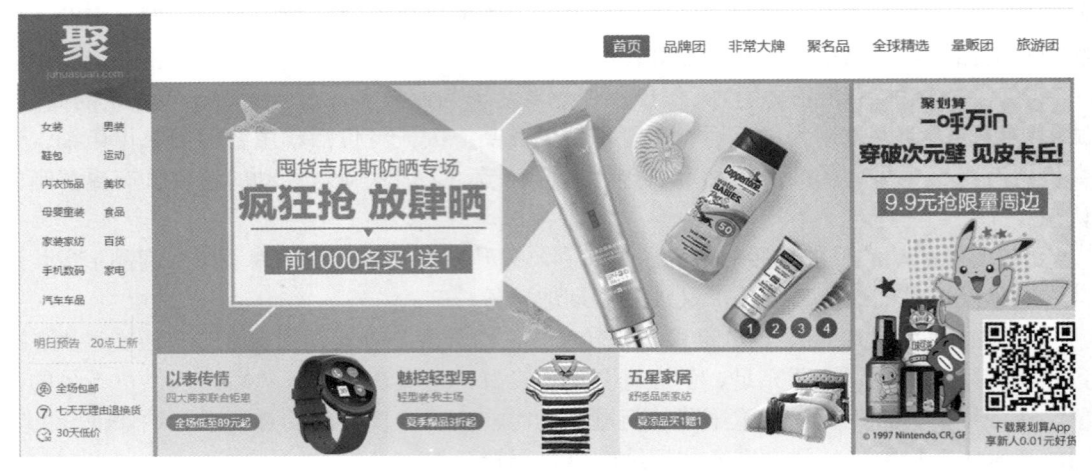

图5-69 聚划算活动界面

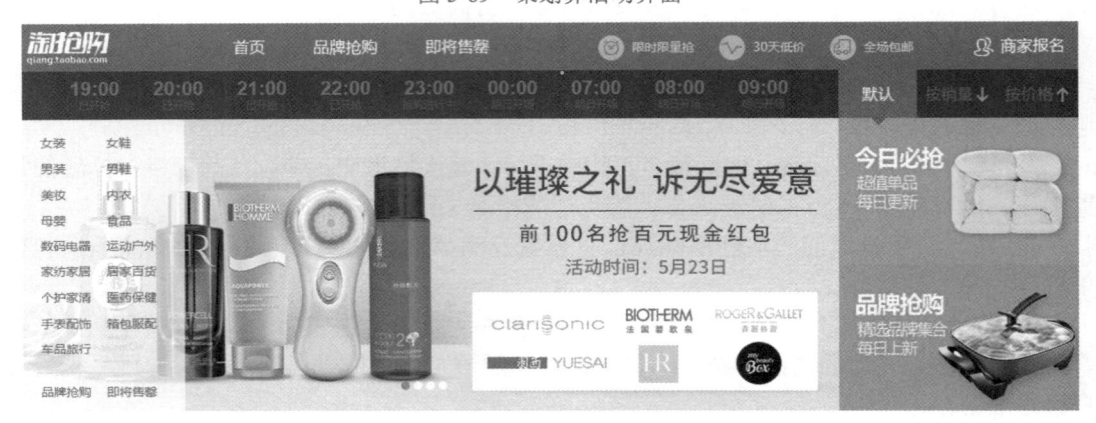

图5-70 淘抢购活动界面

图5-71 淘金币活动界面

4)天天特价活动

天天特价是淘宝网为扶持小卖家而开辟的特色频道,主要面向集市店卖家,专门扶持有特色商品、有独立货源、有一定经营潜力的小卖家,为小卖家提供流量增长、营销成长等方面的支持。天天特价活动与其他官方活动最大的区别在于它专门面向三星以上的集市店卖家，没有佣金，没有费用，但价格门槛较高，展现时间只有一天。天天特价活动界面如图 5-72 所示。

图 5-72 天天特价活动界面

5）"双 11" 活动

"双 11" 是指每年 11 月 11 日的网络促销日。"双 11" 活动从 2009 年 11 月 11 日首次举办，经过多年发展，已成为我国电商行业的年度盛会，并且逐渐影响到国际电商行业。在淘系平台，"双 11" 活动、"双 12" 活动和 "6·18" 大促活动是较为重要的三大节日活动。

总之，无论是淘宝站内的官方活动还是第三方网站的活动，其活动流程和报名要求都类似，在此不再一一赘述。这些活动为卖家提供了丰富多样的展示机会，能给卖家带来可观的流量、销量。需要注意的是，活动只是卖家推广、销售的助推器或者兴奋剂，并不能解决卖家的长远经营问题，卖家还需要不断优化店铺运营的各个方面。

任务 5.3 内容运营

5.3.1 微淘

1. 微淘概述

1）微淘的概念

微淘是以关注关系为核心的生活消费类内容社区，为账号提供确定性的粉丝触达，为买家提供最新的消费资讯，在强化商家关系触达能力的同时，也赋予商家多样化内容能力。自成立以来，微淘一直致力于维护粉丝关系，为商家提供内容平台服务。

微淘是具有公域属性的，同时又是以关注关系为主，刺激粉丝回访私域的免费场景。所有商家都可以基于关系，对粉丝进行触达、运营和转化，可以联动专属客服、会员、群聊，形成自运营渠道合力联动，赋能商家私域流量的构建。

微淘对买家来说是优质消费内容的聚集地,买家可以通过微淘观看商家、达人的种草内容,从而发现想购买的商品,通过更为真实的内容分享体验来进行购买决策;微淘对商家来说是商家面向买家进行自营销的内容电商平台,通过微淘,商家可以进行粉丝关系管理、品牌传递、精准互动、内容导购等;微淘对达人来说,是通过个人真实推荐,向人们推荐生活好物的内容平台,可以生产深度垂直的内容,帮助人们做出购买决策。

微淘的入口在淘宝客户端的"订阅"中,如图5-73所示。

2)微淘账号的类型

微淘账号有达人、商家、品牌号3种类型,如图5-74所示。

(1)微淘号·达人:以生产原创内容的个人、自媒体、知名媒体、导购网站、热门应用等为主体,提供角色认证、能力评估、内容生产引导、招投稿流通、私域自运营、数据分析等全面的创作服务,以及与品牌、商家的内容交易服务;适用于媒体、自媒体或个人,需要绑定支付宝并通过实名认证。

图5-73 微淘的入口

图5-74 微淘账号的类型

(2)微淘号·商家:以商家为主体,提供私域内容推送、公域内容投稿、店铺内容互动及粉丝运营能力,以及商家全链路内容推广服务;要求开通店铺。

(3)品牌号:以知名品牌商为主体,提供内容生产、内容管理、内容投放等创作能力,以及品牌全链路内容交易服务;适用于天猫品牌号,需要通过天猫品牌入驻。

越来越多的商家开始进行微淘运营,并且获得了强大的粉丝购买力。商家可以通过内容来提升自己的电商能力,在微淘进行私域流量的搭建和运营,完成新粉沉淀,关注粉丝的确定性触达,通过粉丝互动、商品运营、内容运营、权益运营来最终实现粉丝成交。长时间、持续地进行粉丝运营,可以带来持久的高成交/复购回报。

2. 微淘发布

我们在网购时经常会看商家推送的微淘动态,你知道商家是怎么发布微淘的吗?微淘发布主要有两个渠道:PC端发布链路——阿里·创作平台和无线端发布链路——千牛发布平台。

(1)进入阿里·创作平台,如果是淘宝卖家,那么可以直接用淘宝账号登录,如图5-75所示。

图5-75　登录阿里·创作平台

(2)选择导航栏中的"发微淘"选项,或者单击账号下的"发微淘"按钮,如图5-76所示。

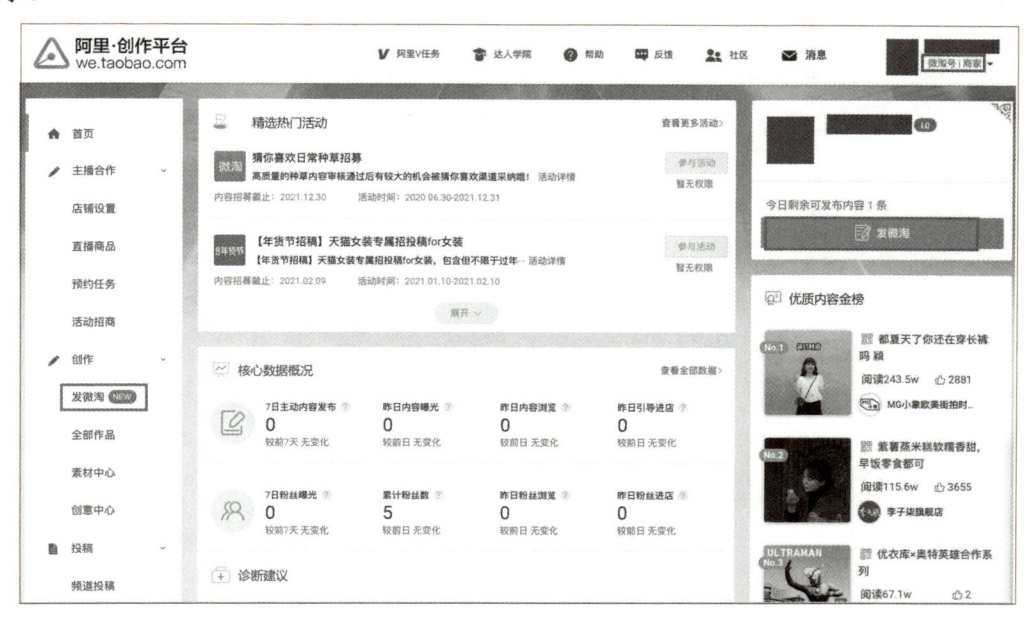

图5-76　发布微淘

（3）选择内容创作模式，如图 5-77 所示。

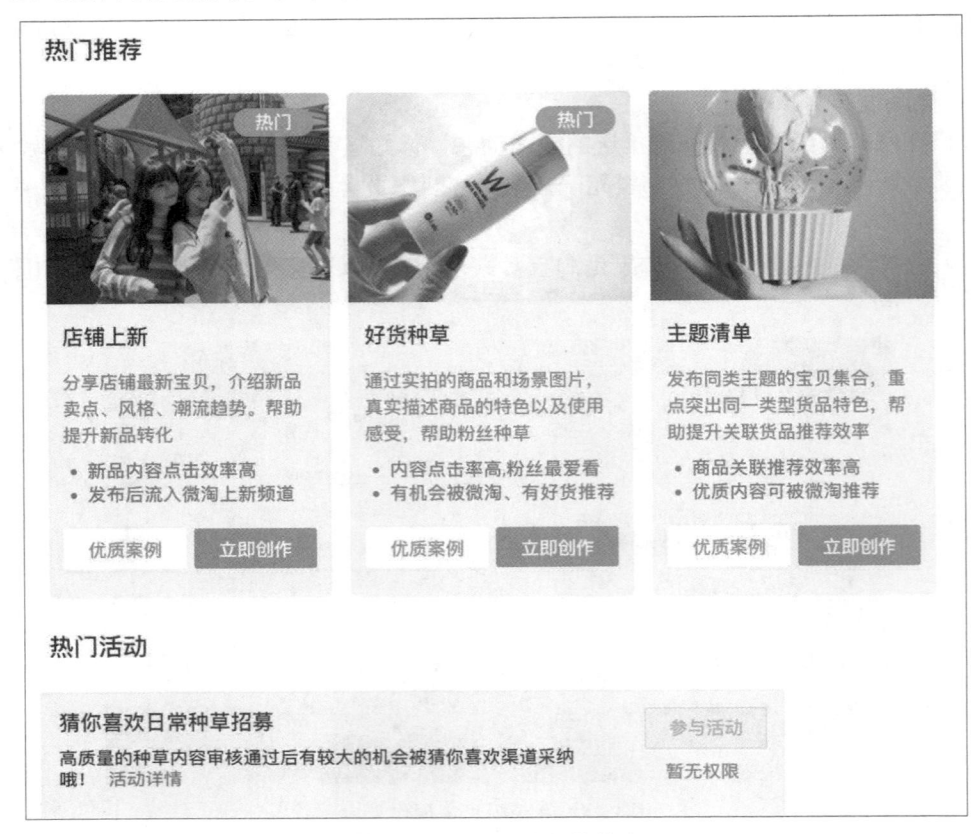

图 5-77　选择内容创作模式

（4）进入内容创作界面，如图 5-78 所示。根据要求输入相应的内容，单击发布或"定时发布"按钮。

图 5-78　内容创作界面

3. 内容发布类型

1) 店铺上新

店铺上新是商家将自己的新品有效进行推广的一种内容形式，如图 5-79 所示。店铺上新内容在发布后会流入微淘上新频道。通过发布店铺上新内容，商家可以让粉丝第一时间获取上新商品的信息。粉丝对商家上新内容的点击率较高。

图 5-79 店铺上新

店铺上新对粉丝具有非常大的影响力，商家可结合店铺上新、预上新，设置粉丝福利，对本次上新的商品的特点加以解读，以方便粉丝了解新品，如图 5-80 所示。

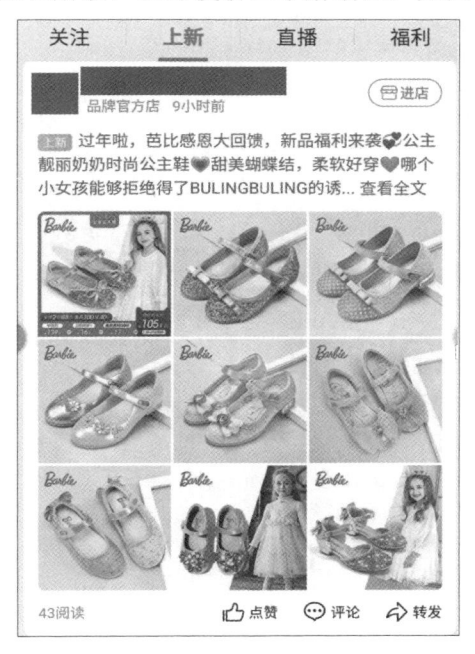

图 5-80 上新透出

店铺上新内容主要基于店铺 30 天内上架的商品，对粉丝进行内容化的信息触达。粉丝可以在微淘看到店铺上新内容，有利于商家快速积累新品收藏、加购、销售数据，为爆品诞生打基础。商家可在店铺上新内容中添加投票、征集等互动组件，同时将店铺上新内容推送到商家的群聊中，提升店铺上新内容的互动效果，如图 5-81 所示。

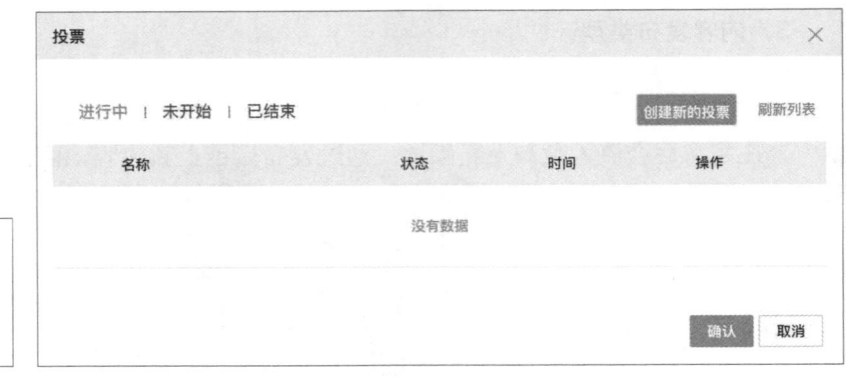

图 5-81　添加互动

2）好货种草

好货种草是商家将自己的商品对粉丝进行购前种草的一种内容形式，如图 5-82 所示。商家通过发布种草内容，对商品进行全面解读，让粉丝更好地了解商品，从而对商品产生购买兴趣和好感，最终实现商品的高效转化。好货种草内容的点击率达到所有内容点击率的 1/3，而且有很大机会被平台免费推广而获取流量。

图 5-82　好货种草

好货种草内容发布的基本技巧如下。

（1）标题一般按品牌名+商品名+心得的格式创作。

（2）文字要从自身的使用心得或体验出发，以给朋友分享好货的口吻描述商品的使用场景、特点，打消粉丝的购买顾虑。

（3）图片应是真实体验的实拍图或有生活化场景感的图片；图片应清晰、美观，能体现店铺的魅力和商家的品位。

3)主题清单

主题清单是商家将自己的新品有效进行分类聚合推广的一种内容形式,重点突出同一类型货品(商品)特色,可以让粉丝更集中地获取商品的相关信息及促销折扣的相关信息,帮助提升关联货品(商品)推荐效率。

登录阿里·创作平台,选择"发微淘"选项,单击"主题清单"中的"立即创作"按钮,按要求填写清单标题与主题描述,添加主题商品,如图 5-83 所示。

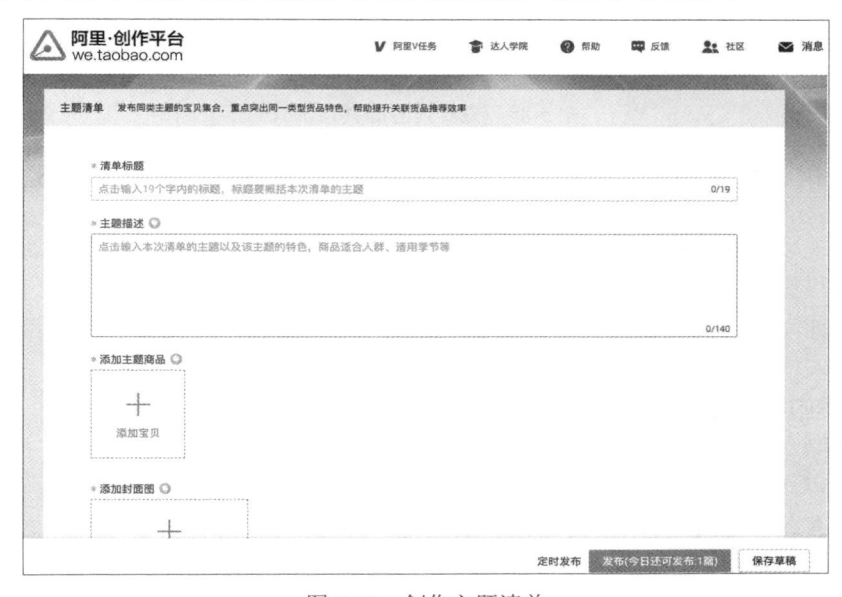

图 5-83　创作主题清单

展示位多数在商品详情的下方。微淘主题清单其实就是在微淘上发布的一系列可搭配的商品,这类清单可以在多个渠道透出,吸引更多流量,如图 5-84 所示。

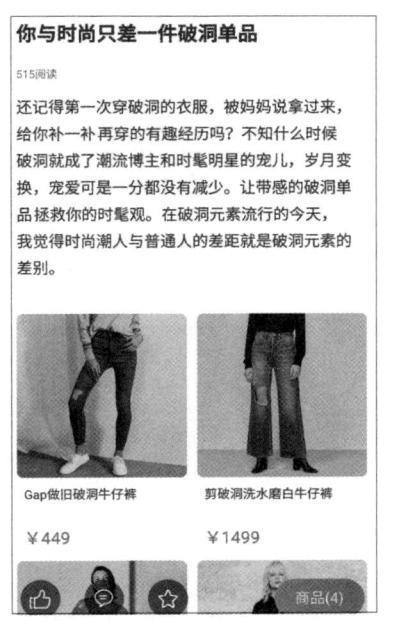

图 5-84　微淘主题清单的透出

4）其他形式

微淘内容的其他形式还有图文教程、短视频、店铺动态等，如图 5-85 所示。

图文教程
深度评测类长文创作，自由度高，多元素组件灵活编辑

短视频
分享趣味、好玩的视频内容，获得用户关注

店铺动态
升级原有的PC图集，重点分享店铺日常事件、活动信息，和粉丝进行传播交流

图 5-85　微淘内容的其他形式

（1）图文教程：商家对商品进行深度评测展现的一种图文内容形式，通过发布图文内容，让粉丝更深入地了解商品的相关信息。

（2）短视频：商家将商品通过视觉效果包装之后的一种视频内容形式，通过发布视频内容，让粉丝更直观地获取商品的相关信息。

（3）店铺动态：商家和粉丝进行情感沟通的一种内容形式，通过发布店铺动态内容，让粉丝更深入地了解店铺的日常，提升粉丝黏性。

4. 微淘内容创作管理

1）内容创作原则

微淘内容创作必须遵循相关的法律和规则。商品需要符合《淘宝网营销活动规则》《天猫商家营销准入基础规则》，且为非平台禁止推广的商品。《内容创作者管理规则》对微淘内容的安全性、素材、标题及正文都做了具体规定。内容创作的标题评估如图 5-86 所示，商家在进行内容创作时必须避免不合规的描述。

内容模块	评估项	描述
标题	【标题】有错字	标题内含错字或出现句号
	【标题】不通顺	标题阅读不通顺、全英文、全数字、繁体字
	【标题】纯商品标题	标题与商品标题一致，或为纯商品属性描述，例如：印花连衣裙
	【标题】时效强（除"双11"等有明确时期要求的内容）	标题内出现几月几日、周几、节假日等时效信息 或过时信息
	【标题】不合规	1、标题使用广告法禁用词，如：最高、第一、全国最优等。 2、标题命中标题党模型，如： • 故弄玄虚型：不为人知、万万没想到、真相竟是这样等。 • 震惊耸动型：看哭了、惊呆了、吓死了等。 • 挑衅威胁型：肠子都悔青了、打死都想不到等。 • 夸大数据型：99%的人等。 • 夸大效果型：千万不要、堪比整容、他妈都不认识等。 • 危害生命型：犹如服毒、窒息死亡、瞬间毙命等。 • 绝对因果型：就是因为妈妈的不小心，害死了宝宝等。 • 编造冲突型：老公驾我败家、和婆婆吵架等，男友要跟我分手、渣男。 3、不宜推广标题：出现人隐私部位的词，如：阴道、睾丸、小jj等。 4、不良价值观标题，如： • 不实炫富型：干爹送、爸爸送、老公送、婆婆送贵重首饰、车等编造的内容。 • 嫌贫爱富型：穷人不配、买不起、因为不买想分手、买了之后让婆婆改观等。 5、色情擦边标题，如：教练下面凸起、穿这件衣服教练教学不认真等。

图 5-86　内容创作的标题评估

2）内容质量管理

根据微淘官方规则，我们将商家微淘账号设为不同层级。层级是通过微淘号商家指数

对账号价值进行识别和判断的。不同的层级拥有的商业权益、流量权益、角色透出都有差别,如图 5-87 所示。层级的高低是各项权益的准入门槛之一,影响流量分发和内容推荐等场景,因此商家需要不断成长,提高自身微淘账号的层级,以便获得更多的资源。

商家层级	商业权益			流量权益			角色透出
	微淘新品日	微淘福利社	粉丝通/头条	内容推荐	账号推荐	新关注icon	优选商家角色透出
L6	√	√	√	优先	√	√	√
L5	√	√	√	优先	√	√	√
L4	×	√	√	采纳内容	优质账号	√	×
L3	×	√	√	采纳内容	优质账号	√	×
L2	×	×	√	采纳内容	×	×	×
L1	×	×	×	采纳内容	×	×	×
L0	×	×	×	×	×	×	×

图 5-87 商家层级

微淘内容质量考核主要有 3 个维度:内容价值分、粉丝价值分和账号健康分。因此,商家要提升微淘账号的层级,需要从这 3 个维度发力。

(1)内容价值分:多发布优质内容,保持内容质量,以提升内容价值分。内容价值分的考核内容主要包括图片是否清晰美观,文案是否通畅、原创度是否高,商品品质是否优良和价格是否合理等。

(2)粉丝价值分:为粉丝生产优质内容,吸引粉丝关注、回访、互动。提升粉丝价值分需要增加有效粉丝关注、获得更多粉丝回访和粉丝互动,提高粉丝忠诚度。

(3)账号健康分:维持一定的发布内容和发布频率,维持一定的活跃度,有助于提高账号健康分。

5.3.2 淘宝短视频

1. 淘宝短视频概述

从 2016 年开始,淘宝就开始在视频业态做积极尝试。2016 年,手淘在首页推出淘宝二楼,上线短视频节目《一千零一夜》;2017 年,手淘首页新增"发现"板块,专门做短视频内容;2018 年,淘宝网将首页的"爱逛街"频道改名为"哇哦视频",并将其作为淘宝短视频的内容中台;2020 年,淘宝短视频的变化很大,淘宝网把原有的"哇哦视频""淘宝短视频"等投稿入口进行合并,统一的公域投稿路径变为阿里·创作平台后台的"淘宝短视频"板块,其中的"视频发布"为淘宝短视频的发布入口,如图 5-88 所示。

淘宝短视频渠道承载了手淘平台前台中所有短视频内容的投稿和分发功能,视频内容要求在 3 分钟以内。输出给前台的导购商品,分发渠道包括:单品(详情介绍)——有好货;店铺(品牌故事、文化)——每日好店;场景(功能性技巧类)——必买清单、爱逛街;人群、行业(围绕人群、垂直领域)——淘部落、猜你喜欢。

淘宝短视频阵地从整体上可以划分为公域和私域,微淘的"发现"及首页的"猜你喜欢"、购后的"猜你喜欢"等都属于公域,私域则包括商家的店铺主图、主页、群聊、客服等。商家的短视频在发布后,会先通过私域触达粉丝,积累初始数据。在此基础上,淘宝算法会将优质短视频推荐到公域。

图 5-88　淘宝短视频的发布入口

2. 淘宝短视频体系

在淘宝短视频体系中，短视频星级是评判创作者能力的标准。它把账号的成长阶段分为 6 个，如图 5-89 所示。大家可以在阿里·创作者平台"淘宝短视频"的"账号星级"中进行星级能力查询。

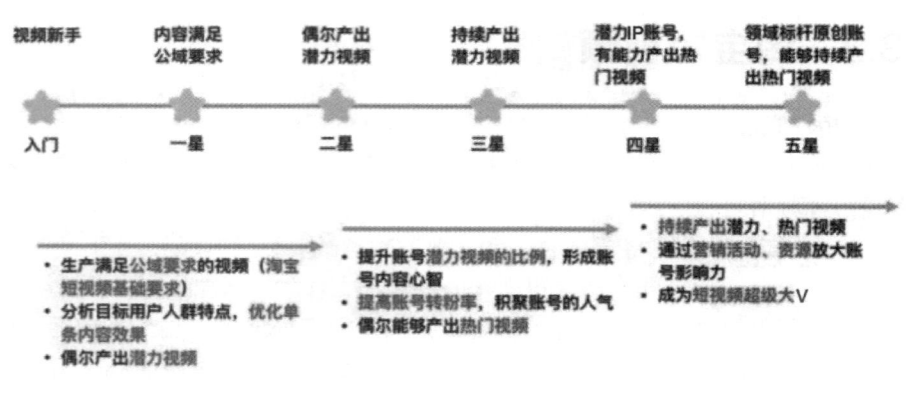

图 5-89　短视频星级

1）星级评定的规则

星级评定的规则（同时适用于达人和商家）如图 5-90 所示。

2）星级对应的权益

星级对应的权益如图 5-91 所示。

3. 淘宝短视频发布

1）PC 端短视频在阿里·创作平台发布

（1）登录阿里·创作平台，如图 5-92 所示。

短视频能力	账号活跃度的要求	账号视频质量的要求	账号自运营能力的要求	
			私域短视频运营	头图短视频运营（以计算店铺推算无问3个主要常务机构的店铺排位要求）
入门	累计发布视频数≥1	无	无	无
一星	本月发布视频数≥2	本月公域采纳视频数≥1 或累计公域采纳视频数≥6	无	本月日均在线有主图视频商品数≥10或本月日均主图视频覆盖率≥10%
二星	1. 本月发布视频数≥4 2. 本月发布天数≥2	本月潜力视频数≥1	本月私域（非主图场景）日均播放量≥20	本月日均在线有主图视频商品数≥20或本月日均主图视频覆盖率≥20%
三星	1. 本月发布视频数≥6 2. 本月发布天数≥4	本月潜力视频数≥4	本月私域（非主图场景）日均播放量≥100	本月日均在线有主图视频商品数≥30或本月日均主图视频覆盖率≥30%
四星	1. 本月发布视频数≥6 2. 本月发布天数≥4	1. 本月潜力视频数≥4 2. 本月潜力视频占比≥20% 3. 本月热门视频数≥1 4. 内容调性符合要求	本月私域（非主图场景）日均播放量≥250	本月日均在线有主图视频商品数≥30或本月日均主图视频覆盖率≥30%
五星	1. 本月发布视频数≥6 2. 本月发布天数≥4	1. 本月潜力视频数≥4 2. 本月潜力视频占比≥40% 3. 本月热门视频数≥3 4. 内容调性符合要求	本月私域（非主图场景）日均播放量≥1000	本月日均在线有主图视频商品数≥30或本月日均主图视频覆盖率≥30%

图 5-90　星级评定的规则

短视频能力星级	审核权益	流量权益			商业化权益			其他权益		
	审核通过进公域	哇哦视频加权	猜你喜欢加权	任务短视频专区	优先推荐品牌商家推荐	公域CPS		优质账号奖励	认证微淘种草达人优先审核	官方活动优先参与
五星	2小时内审核	√有机会	√有机会	√专享标识	√	√		√	√	√
四星	2小时内审核	√有机会	√有机会	√	√有机会			√	√	√
三星	14小时内审核		√有机会	√				√	√	
二星	24小时内审核			√						
一星	近30天单视频累计播放≥10进入审核									
入门	近30天单视频累计播放≥15进入审核									

图 5-91　星级对应的权益

图 5-92　阿里·创作平台

（2）选择"淘宝短视频"中的"视频发布"选项，如图 5-93 所示。

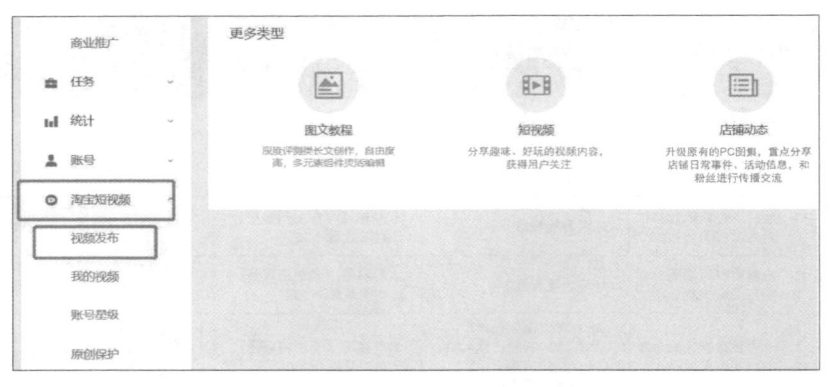

图 5-93 选择"视频发布"选项

（3）选择发布视频的类型，也可以跳过类型选择，直接发布，如图 5-94 所示。

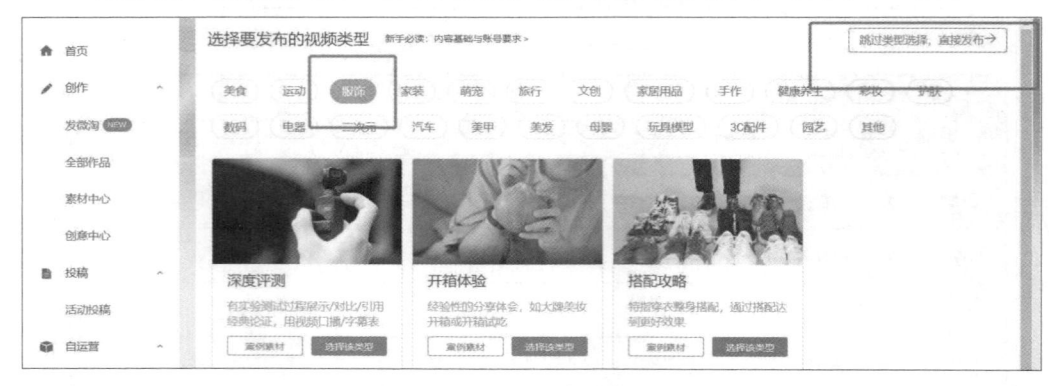

图 5-94 选择发布视频的类型

（4）上传视频，视频规格：时长在 10 分钟以内，大小在 300MB 以内（注：视频尺寸支持 16∶9、9∶16、3∶4、1∶1；视频格式仅支持 MP4），如图 5-95 所示。

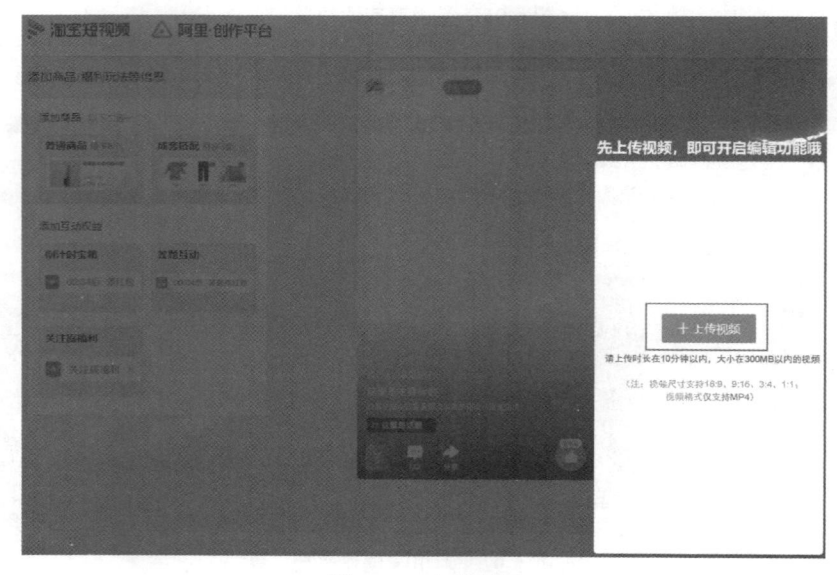

图 5-95 上传视频

（5）在上传成功之后，可以给视频添加商品，如图 5-96 所示。

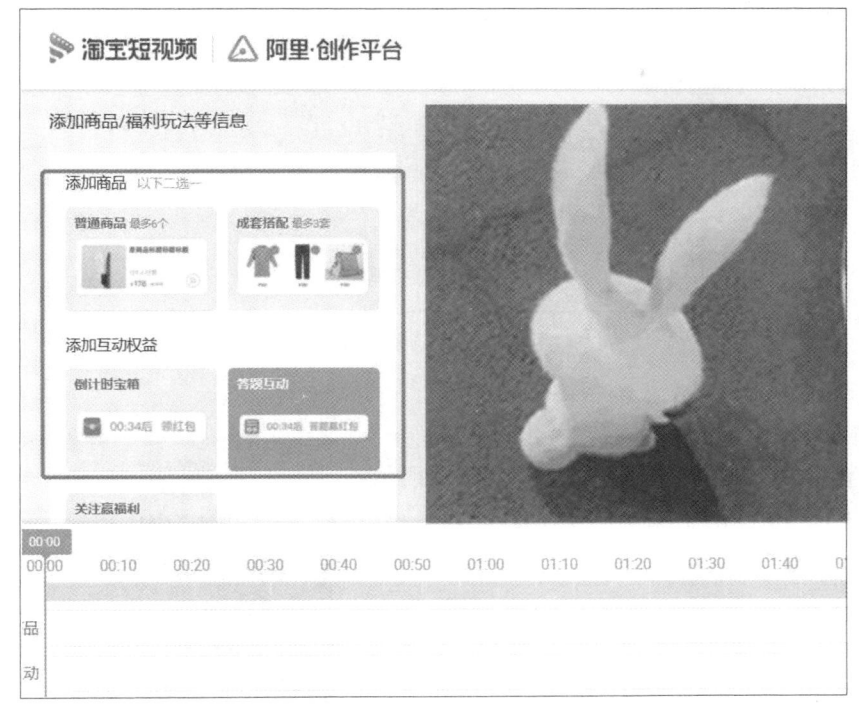

图 5-96　给视频添加商品

（6）按照要求填写视频标题并上传主图，如图 5-97 所示。可以选择将视频推送至微淘，也可以选择不推送。

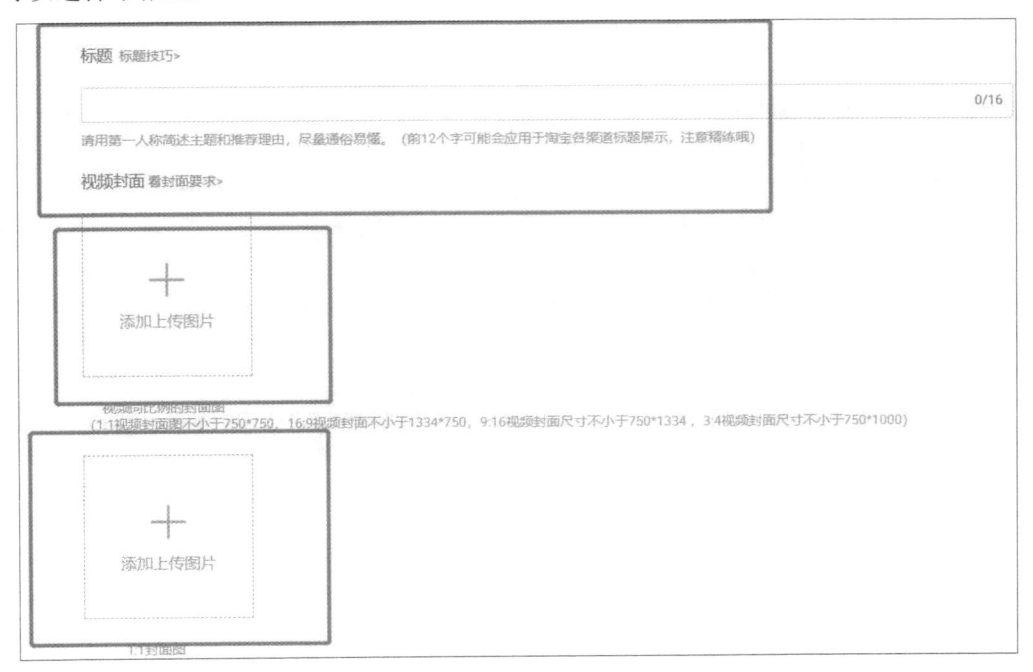

图 5-97　完善视频信息

（7）在发布成功后，可在"我的视频"中查看视频是否发布成功。若出现不符合手淘流量奖励标准的情况，则可以单击"详细原因"超链接查看原因，并对视频进行修改，如图 5-98 所示。

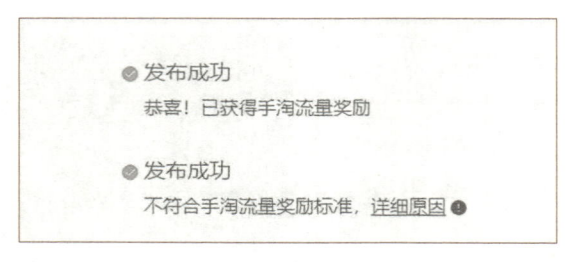

图 5-98　视频发布成功

2）手机版千牛短视频发布

（1）手机版千牛的短视频入口如图 5-99 所示。

（2）选择"视频拍摄"选项，如图 5-100 所示。

（3）点击左下角的"上传"按钮，就可以上传视频了，如图 5-101 所示。

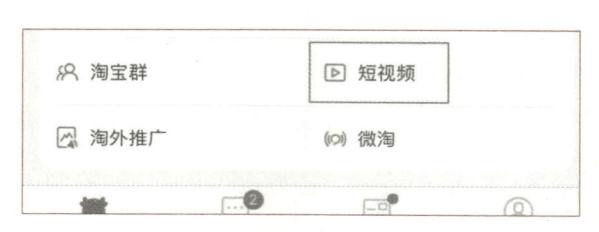

图 5-99　手机版千牛的短视频入口

图 5-100　选择"视频拍摄"选项

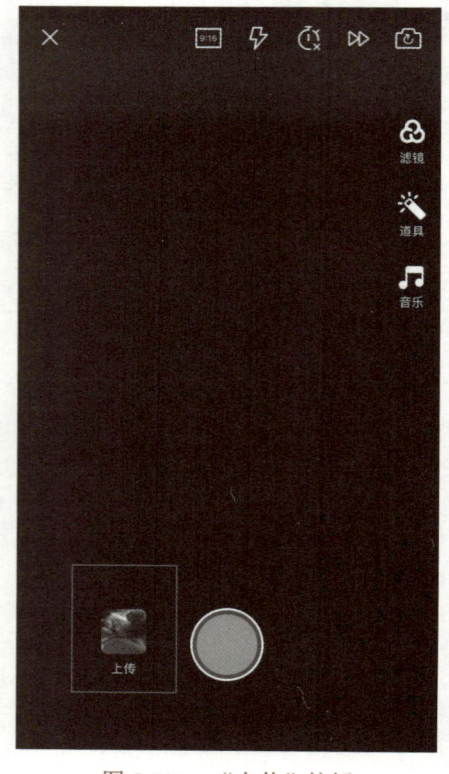

图 5-101　"上传"按钮

使用手机版千牛上传视频的优势在于操作简单，可以添加配乐、字幕、滤镜等，也可以选择使用模板拍摄视频。

4. 优质视频解读

1）标题要求

（1）标题需包含的元素：品牌名、商品名、最显著的特征（可选）。以上顺序可调整。

（2）特殊说明：海外品牌优先使用原语言表达，保证准确性（有专门的中文品牌名除外）；设计师品牌或者知名网红款，可用人品代替品牌名。

2）简介规范

（1）一句话概括商品的核心卖点：优势、亮点、功效等强种草理由。

（2）不超过 30 个字（含标点）；不宜使用疑问、反问、设问等句式。

（3）不宜使用广告法违禁词语，特别注意：不宜使用"最""第一"等词语。

（4）重点传达主题、看点，引导用户观看视频。

视频的正、反面案例如图 5-102 所示。

图 5-102　视频的正、反面案例

3）分行业视频建议

分行业视频建议如图 5-103 所示。

行业	方法论	结构化脚本（仅供参考）	备注
服装（童装）		上身效果+设计亮点+搭配	一定先给一个全身的镜头，让用户看清楚衣服的全貌
食品	1.提炼商品的核心卖点，给用户购买的理由，核心卖点在视频前10秒讲清楚。 2.卖点从哪里来？详情提炼，问大家和客服咨询单。用户关心什么？用户关心的是商品的强项，找出来并讲清楚。 3.把卖点证明给用户看，而不是展示给用户看，抗压？让身高1.8米的人站在商品上。好清洗？水一冲就干净。不褪色，环保、健康？将商品放在鱼缸里24小时，鱼还是活蹦乱跳的。 4.字幕和讲解有利于用户理解商品的卖点，将核心卖点用文字展示出来，在讲解时不要使用播音腔，若没有讲解，则可配上背景音乐	高品质原产地、新鲜食材、独特配方等，选一两点来写+食品特写	食品特写最好是动态的，如滚动、跳跃、搅动等，有生动的感觉，参考《舌尖上的中国》
母婴		测评+操作+效果展示	母婴用品对商品的品质要求较高，可在卖点中主打安全、健康
玩具		操作演示+功能讲解+多SKU展示	玩具以操作演示为主，把玩具的功能在操作中讲清楚，玩具视频中的配音讲解很重要
数码		效果展示+测评（防摔、防水、性能）+操作演示	很多商家的视频拍得非常有科技感，但从效果上讲，淘宝的用户比较接地气，视频画面既要好看，又要兼顾真实感
小家电		效果展示+功能讲解，或者以场景带入，如用电炖锅煲一锅鸡汤的教程	重点传递出简单、好操作的卖点，让用户在使用之后能提升生活品质的感觉
美妆		使用效果展示+测评（防水、不晕染、好卸妆等）+多色号展示+使用教程	将使用后的效果放在最前面，将使用前的效果和使用后的效果做对比。复杂的工具，如眉笔需要教程，口红、面膜则不需要
箱包		测评（防划、防水、承重）+外观设计亮点+功能口袋容量展示	箱包分两种功能型和外观型，功能型侧重测评，外观型侧重设计亮点
家居		这3个行业下的商品类型跨度较大，无法简单地归纳为结构化脚本，建议参考方法论，抓商品的核心卖点	
运动户外			
汽车周边			

图 5-103　分行业视频建议

5.3.3 淘宝直播

1. 淘宝直播概述

淘宝直播是淘宝网推出的消费生活类直播平台，也是新零售时代体量巨大、消费量与日俱增的新型购物场景，更是千万商家和店铺进行粉丝运营、互动营销的利器。淘宝直播内容涵盖潮搭美妆、珠宝饰品、美食生鲜、运动健身、母婴育儿、生活家居、健康咨询、在线教育等各类生活领域，仍在不断扩展。淘宝直播示例如图 5-104 所示。

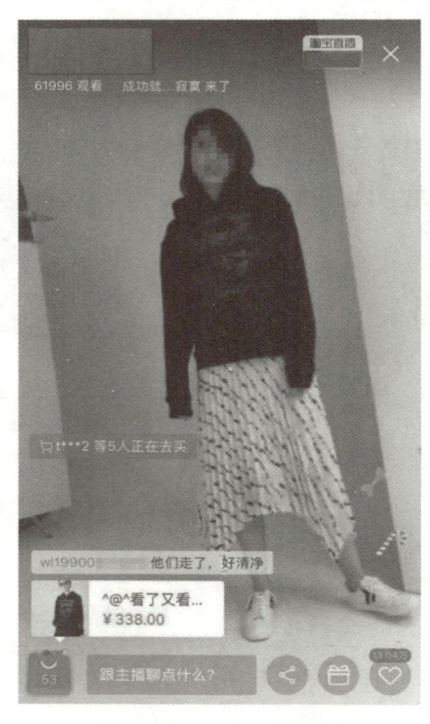

图 5-104 淘宝直播示例

淘宝直播内容丰富，可购买商品数量超过 60 万款，用户购物的目的性强，核心用户的黏性高。2020 年 3 月，淘宝直播 App 的活跃用户高达 375.6 万人，同比增长率高达 470%。

2. 开通淘宝直播权限

商家和达人开通淘宝直播权限的要求稍有不同。淘宝或天猫店铺要开通淘宝直播权限，需符合基础营销规则和综合竞争力的要求，淘宝网会根据店铺的综合数据对淘宝或天猫店铺进行校验，店铺的综合数据包括但不限于以下数据：店铺品牌影响力、店铺 DSR、品质退款、退款纠纷率、消费者评价情况、虚假交易、店铺违规等（系统自动校验）。达人（无淘宝或天猫无店铺）开通淘宝直播权限基本无要求，若已开店的账号希望申请成为达人主播，则必须先释放店铺；若不释放店铺，则需要走商家淘宝直播权限开通流程。

商家在拥有淘宝直播权限后，通过淘宝主播 App，就可以进行直播，并且其直播可在微淘或自有淘宝集市店铺首页/天猫店铺首页展示，但不能在淘宝直播频道内浮现。各行业的浮现门槛会将商家在私域内的表现进行比较，每月表现优秀的商家可以获得浮现机会。

3. 商家直播的 3 个阶段

（1）直播前准备。

① 方案、脚本准备：大型活动必须整合全链路的策划。

② 人员确认并分工：包括主播、互动小编、直播全程跟进人员等。

③ 根据方案制定本场直播 KPI（互动、成交、流量、拉新），并盘点资源（品牌渠道、站内渠道、新媒体的配合）。

④ 直播的前期准备还包括直播间装修、互动配置、素材准备。

⑤ 资源及物料准备：直播前对接测试，确保直播无问题；麦标、KV（Key Vision，主视觉）等线下物料的制作。

⑥ 预热：大型活动起码提前一周开始在内容渠道进行预热（前期准备至少提前一周全部准备就绪），可以播放花絮（需要确认站外资源已配合发布），图文直播需要提前至少 3 小时发布图文信息，透出直播利益点，如现场照片、明星照片等，引导粉丝进行互动。

（2）直播中互动。

① 互动引导：通过提问、密令、评论或点赞量达到多少发放权益等与粉丝不断进行互动。

② 在直播中以口播密令、现场字幕曝光密令等方式引导互动。

③ 主播与互动小编相互配合进行互动。

（3）直播结束后沉淀。

① 马上切回放。

② 继续二次营销，做二次沉淀：在直播结束后，将直播话题在其他渠道进行二次营销，如微淘、范儿、粉丝趴等，沉淀视频内容。

③ PR（Public Relations，公共关系）发声、新媒体沉淀发声，持续让事件发酵。

④ 活动总结反馈，邮件小二进行整体复盘。

4. 增加直播流量的技巧

（1）商品是直播间的核心，排序逻辑应该是商品>主播>活动>装修。店铺要结合自身的特点去做直播。主播要记得淘宝直播主要是为店铺服务的，淘宝直播是围绕商品做的。

（2）选择合适的主播。主播要知道粉丝想听什么样的讲解、对什么活动感兴趣。主播最好自己开店铺，因为这样可以对商品更加了解。

（3）学会维护老粉丝。只有独特的内容才能提高淘宝直播的辨识度，才能吸引粉丝。主播拥有更多的老粉丝，并维护培养好这些粉丝，才能更好地将商品卖出去。主播要多和粉丝互动，让他们找到存在感。

（4）巧妙利用直播封面。直播封面好比实体店的门头招牌，可以为淘宝直播吸引人气。巧妙利用直播封面是增加淘宝直播流量的有效方法。

（5）抓住平台流量分发规则，提高直播数据。直播流量是通过算法个性化方式被推荐过来的，店铺的直播数据直接影响推荐量，如粉丝观看时长、粉丝回访数、粉丝点赞数、直播加购数、分享次数、粉丝互动次数等。你的这些数据越好，系统会认为你的直播内容越优秀，就会为你分配越多的流量，从而形成良性循环。

5. 淘宝直播创意案例

淘宝直播创意案例如图 5-105 所示。

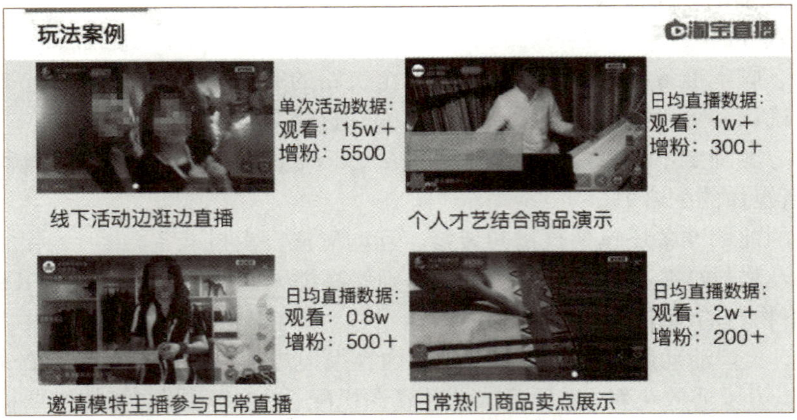

图 5-105　淘宝直播创意案例

（1）线下活动边逛边直播。

一位商家带着一部手机去一场线下活动现场做直播，没有申请任何资源，观看人数就可以达到 15 万以上，并通过这场直播增加了 5500 个粉丝。就算是一场普通的线下活动，能给商家带来的数据反馈也是非常好的。

（2）个人才艺结合商品演示。

一位卖乐器的商家在自己的房间里直播演奏乐曲，每天有 1 万个以上的音乐爱好者在直播间里与他交流，其日增粉数量在 300 个以上。

（3）邀请模特主播参与日常直播。

一位卖中老年女装的商家邀请符合类目特性的模特来参与直播，与粉丝互动，介绍服装的特点并试穿，有 8000 个粉丝观看直播，日增粉数量在 500 个以上。

（4）日常热门商品卖点展示。

一位商家把店铺里的热门商品拿出来，与粉丝在直播间交流其卖点，有 2 万个以上的粉丝观看直播，日增粉数量在 200 个以上。

从以上案例中可以看出，大部分直播做得好的商家，其直播内容都较为日常，不需要投入很大的财力。通过直播，粉丝可以感知商品和主播的魅力，有的粉丝还与主播成为朋友。淘宝直播作为一个桥梁，连接了店铺和粉丝，让双方走得更近。

成功实战派

案例 1

双十一卖出 15 亿，线上家具之王"林氏木业"是怎样炼成的

2007 年，线上电商刚刚崛起的时候，有一个家居品牌依托线上渠道打开了自己的市场，并持续成为天猫线上平台双十一销量冠军，且这种优势一直持续至今。

它就是被称为线上家具品牌之王的"林氏木业"。

1．线上代销发家，2021年双十一销售15亿

"林氏木业"品牌的创始人是一个出生于1986年的潮汕小伙，名叫林佐义。

故事要从2006年开始讲起，那时候林佐义在广州读书，女朋友在佛山一家家具厂工作，由于经常往返广州和佛山，林佐义发现一路上都是大型家具城，他萌生了一个在线上开店，帮这些家具城在线上售卖的想法。

这是一个很好的线上化机会，那时淘宝正是迅速崛起的黄金时期。

没有资金撬动重资产的家具行业，林佐义就去找附近的一些厂家进行合作，由厂家提供图片，他在淘宝网上销售，顾客付款给他，他再把钱交给厂家，最后由厂家发货。这相当于一个线上的集合终端。

林佐义一开始就非常有品牌意识，他将淘宝店取名为"林氏木业"，虽然自己没有生产线，但从一开始，林佐义就要求凡是通过"林氏木业"网店售出的家具必须印有"林氏木业"的标识。

开店两个月，"林氏木业"的月销售额就达到30万元，有一款林氏田园沙发成为"林氏木业"最热销的单品。

2008年底，"林氏木业"年销售额超过2000万元，并成为淘宝网家具行业第一家拿到皇冠的店铺。

线上集合店模式虽然资产轻，也能赚到钱，但利润很低，又受制于上游供应链厂商，经常发生产品质量和发货不及时等问题，这不断冲击着刚刚拿到皇冠的"林氏木业"品牌的口碑。

2009年，林佐义决定建立自己的生产线和仓储，他拿出前两年赚到的100多万元，用来建造工厂和仓储，总面积600多平方米，有50多名工人和3名设计师。

根据自己线上终端所掌握的用户数据，林佐义将林氏木业的产品数据和热销家具单品进行对比分析，先分析出市场需要什么款式、颜色和价位的家具，然后再让设计团队设计产品。

在生产和销售方面，他采取薄利多销的策略，先占领市场份额，获得市场的品牌认可，之后再逐渐提高产品价格。

"林氏木业"的崛起，依赖于它搭上了天猫双十一的东风，这也是从天猫双十一第一年就参与活动，并持续至今的一个品牌。

天猫双十一的第一年，"林氏木业"销售额为5980万元，位居天猫家具销售第三名，那天本可以继续接单拿下第一，但据说林佐义下令停止接单。理由是接单太多，如果生产和发货跟不上，用户体验变差会有损品牌形象。

之后"林氏木业"调整了供应能力和成本控制，再战天猫双十一，销售额一路飙升，2013年双十一销售额为1.6亿元，2014年为3.3亿元，2015年为5.1亿元……2020年为12.12亿元。2021年的双十一，"林氏木业"交易额突破15.46亿元，打破了上年记录。

2．线上回到线下，营收超过50亿元

在所有企业的发展中，都有一个不断扩张，摸索定位，最后克制收缩，明确定位的过程。"林氏木业"也不例外。

"林氏木业"的品类最高时达到 3000 款，并延伸至家纺用品。很快，意识到自身核心优势的林佐义开始有意收缩品类，精简款式，最终回归大家具定位，并且只做住宅，不涉足酒店。

在天猫双十一活动中，能从 2009 年一直参与到 2021 年，可以说，"林氏木业"对电商的理解已经透至骨髓。

早期，有一个林佐义善用平台规则的故事。当时，淘宝网的规则是：一个店铺在每一页显示的产品不能超过两个。林佐义的对策是多开几个店铺。有一段时间他在淘宝网上共有 8 个店铺。而且这 8 家店铺分工明确，可以囊括其当时全部产品的风格。

如今，与"林氏木业"同期崛起的很多网店已不复存在，其中一个重要的原因就是淘系平台的营造成本越来越高，"林氏木业"则成功保证了毛利与营销推广成本的平衡。林佐义表示，他擅长于数据分析，专注精准营销。有节奏、有选择地参加大型促销活动，青睐于钻石展位、淘宝首页广告、品牌推广等方式。

2014 年，原本专注于线上的"林氏木业"在佛山开设了第一家线下 O2O 体验馆。2019 年，又在佛山开了首家家具旗舰店，这种旗舰店，集家具、家居百货、全屋定制、儿童亲子展览共享空间于一体。

从体验馆复合家具馆，"林氏木业"明显加大了线下布局的力度。2021 年，"林氏木业"更是进军了主流家具品牌竞争激烈的全屋定制领域，从单一成品家具向"一站式"解决方案品牌迈进。截至 2021 年 11 月，"林氏木业"已在全球开店 661 家，覆盖 296 座城市。

"林氏木业"仍在不断发力夯实自身优势。在用户数据方面，"林氏木业"已经积累了超过 1000 万家庭的数据，这些用户数据将对产品的后续研发和服务优化起到重要作用。此外，仓储也是构建壁垒的重要基础，"林氏木业"目前的仓储面积已经超过了 20 万平方米。

（资料来源：微信公众号"洋葱新消费"，经改编）

案例 2

故宫淘宝，是怎样玩转新媒体营销的

2013 年，纪录片《我在故宫修文物》在年轻人群体中迅速传播，将久违的故宫文化重新带入大众视线。

故宫文创产品是如何从鲜有问津到网红爆款的呢？

这一切要从 2014 年的转型开始说起。

早在 2008 年就上线的故宫淘宝，其下的文创产品销售并不乐观，并非是东西不好，在故宫匠人的匠心雕琢之下，每样商品都做得精细逼真，但销量就是冲不上去，这一情况让故宫头管理者疼不已。

2014 年 8 月，故宫淘宝发布了《雍正：感觉自己萌萌哒》一文，一夜之间爆火，其新奇有趣的文风，精致的产品设计，还有背后的创作理念，都非常符合年轻人的胃口。

摸清了年轻人的喜好，从此故宫淘宝走上了"卖萌调皮"的"不归路"。为了迎合年轻人市场，故宫淘宝逐渐摒弃了原先严肃的风格，开发了一系列有趣好玩的小商品。

设计者在产品研发策略上进行了改变，创新、实用、实惠成为了设计者们关注的重点，改进之后的故宫文创产品并不新奇，而是被做成了实用性较强的小物件，且都赋予了传统文化理念，具有非常鲜明的特色。

原先高高在上的故宫，凭借其卖萌傲娇的新属性成为新晋网红，随之带来的是淘宝店销量的节节攀升。

那么，在这个过程中，故宫淘宝是怎样玩转新媒体营销的呢？

1．文化底蕴为根本

故宫淘宝最大的"后台"来源于故宫藏品，故宫深厚的文化底蕴给了设计者巨大的素材库，对其中的元素进行贴近生活的创意改造，平生一种萌感。

早期的产品非生活必需，受众多为收藏爱好者，年龄段也偏大。这个转型让深宫里的东西走入了寻常百姓家，故宫淘宝的销路也就打开了。

2．讨喜的营销方式

故宫淘宝的文案，一向以卖萌讨喜著称，非常符合当下年轻人的口味。首先，从自身文化创意的定位着手，以通俗易懂的方式讲述历史故事，然后再以神转折的形式嫁接到新产品上面来，逗人一笑的同时，还能了解更多历史故事。

以讲段子的方式讲述真实历史故事，这是故宫淘宝文案的精妙之处。

现如今的故宫，开通了微博、公众号，玩转社会化媒体营销，受众有了与其产生互动的机会，"软萌贱、逆生长、奇葩脑洞"的形象与先前的形象形成巨大反差，这种反差扩大了故宫的受众群体，而且使得传播力大大增强。故宫淘宝卖的不仅仅是产品，更是文化。

3．设计趣味化

故宫的文创产品，集中在手机壳、折扇、便签、布包等常用物品上，如果真的只是打上 Logo 售卖，也不会广为流传，真正赋予这些文创产品灵魂的，是设计师们独特的切入视角。

比如让皇帝卖萌，调侃大臣，让大家熟悉的形象变得好玩起来才是关键。有趣，才是文创产品的灵魂。

根据雍正奏折衍生而来的钥匙扣，配以别出心裁的科普故事，使得钥匙扣瞬间变得生动起来。它代表的正是皇帝口吻的逗趣的生活方式，非常符合当下年轻人的心态。

让文化变成品牌，再让品牌亲民化、娱乐化。当故宫淘宝走上接地气的道路后，它就已经俘获了年轻群体的心。

新一代的年轻人爱国情绪高涨，故宫淘宝作为极具中国特色的代表品牌，一定程度上也代表了中国文化的对外形象。毫无疑问，在产品、品牌、营销上，故宫淘宝团队做得堪称完美，一个 600 年的 IP 在时代传播技术的创新和营销人的创意之下变得生动起来。

经典实训

实训 5.1 直通车推广设置

实训目的

通过本次实训,学生要了解如何进入直通车后台,掌握设置直通车关键字的方法。

实训内容与步骤

(1)在进行直通车操作之前,先要加入直通车。

(2)进入我的淘宝界面,选择"营销中心"中的"直通车"选项,进入直通车后台,如图 5-106 所示。

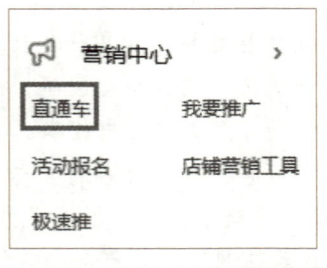

图 5-106 选择"直通车"选项

(3)进入一个直通车推广计划,单击"新建宝贝推广"按钮,进入选择宝贝界面,如图 5-107 所示。

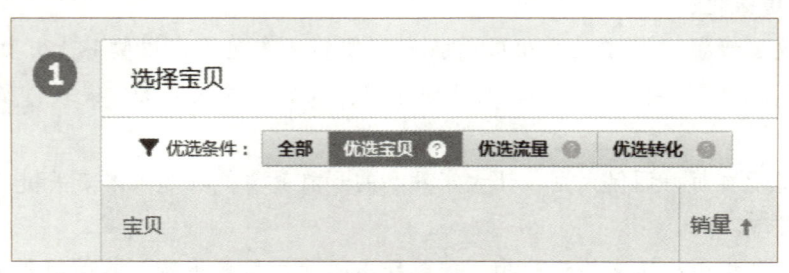

图 5-107 选择宝贝界面

(4)在选择宝贝界面中可以通过搜索栏直接搜索到要推广的宝贝或者通过浏览找到要推广的宝贝,进入"推广宝贝"中的设置宝贝推广页面。

(5)选择该宝贝的推广目标,并添加推广创意,如图 5-108 所示。直通车创意包含直通车推广宝贝的标题和主图,这里需要注意,宝贝的推广标题需要控制在 20 个汉字以内。

(6)选择推广关键词,并出价,完成直通车宝贝推广设置,如图 5-109 所示。

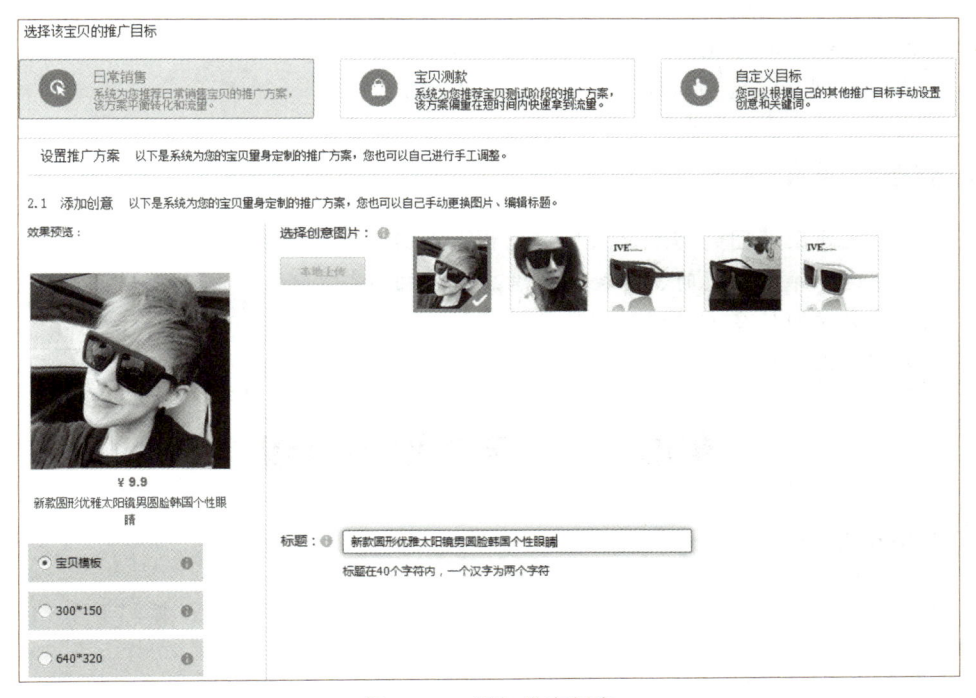

图 5-108　添加推广创意

图 5-109　买词及出价

实训提示

（1）直通车只能锦上添花，不能雪中送炭。

如果一家店铺的自然搜索做得非常差，点击率与转化率也非常低，想通过直通车来改变状况，那么一般来说，直通车能发挥的作用有限。这样的店铺应先把基础工作做好，再来开通直通车。因为这样的店铺无法承接直通车拉来的流量。

（2）做好准备，不要盲目开通直通车。

对于想要开通直通车的商家，笔者的建议是，不要贸然地开通直通车，也不要轻易地停开直通车。在开通直通车之前，商家应先查看自己是否符合开通直通车的要求，再来确认是否要开通直通车。

（3）科学制订直通车计划，明确目的。

每个直通车计划都必须有一个目的，且必须只有一个目的，所以每个直通车计划中的宝贝目的都必须是统一的。有的商家恨不得把所有想要推广的商品都放在一个直通车计划中，笔者希望他们及时修正。

（4）始终铭记开通直通车最主要的目的：引流。

思考与练习

请你以文字配截图的形式记录操作过程，并回答下列问题。

（1）在选择推广宝贝时，你会优先考虑哪些因素？

（2）你会按照什么方式选择推广关键词？

（3）对于关键词出价，你有怎样的策略？

实训 5.2　店内促销设置

实训目的

通过本次实训，学生要掌握单品宝、满就送（减）、优惠券、搭配套餐的设置方法。

实训内容与步骤

进入卖家中心，选择"营销中心"选项，单击"店铺营销工具"按钮，进入店铺促销工具选择界面，如图 5-110 所示。

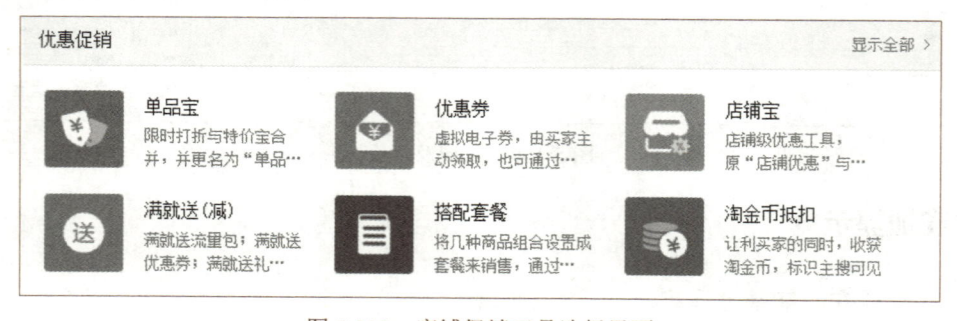

图 5-110　店铺促销工具选择界面

1. 单品宝设置

（1）选择"单品宝"选项，创建活动。

（2）设置促销时段，选择宝贝，设置折扣。

（3）单击"完成创建"按钮。

2. 满就送（减）设置

（1）进入"满就送（减）"中的更改设置界面。

（2）填写活动名称、优惠条件、优惠内容、活动时间、活动备注。

（3）单击"完成设置"按钮。

3. 优惠券设置

(1) 选择"优惠券"选项,创建活动,选择面额、生效时间、失效时间、总领用量、每人限领、使用条件,选择显示推广文案、是否分开领取及优惠券颜色。

(2) 确认完成。

4. 搭配套餐设置

(1) 选择"搭配套餐"选项,填写搭配套餐的促销标题、价格,设置商品详情图片。

(2) 挑选适合用于搭配促销的商品,单击"添加搭配宝贝"按钮。最多可以添加 5 个宝贝。

(3) 设置搭配商品的显示名和促销价。

(4) 单击"保存"按钮,完成设置。

实训提示

店铺促销工具是淘宝网的付费工具,商家在使用前要先到服务市场进行购买,否则无法使用。

思考与练习

请你以文字配截图的形式记录操作过程,并回答下列问题。

(1) 在做限时打折活动时,你会设置怎样的折扣及折扣标签?

(2) 在做满就送(减)活动时,你会设置怎样的优惠条件和优惠内容?

(3) 你会在店铺内设置怎样的优惠券?

(4) 什么样的商品适合做搭配套餐?

实训 5.3　淘宝直播发布

实训目的

通过本次实训,学生要学会如何指导新手商家发起一场淘宝直播。

实训内容与步骤

1. 直播前的准备

(1) 确保有稳定的 Wi-Fi 或 4G 网络。

(2) 确保手淘 App 为最新版本的。

(3) 在手机设定中允许手淘使用麦克风。

(4) 在情况允许的条件下加配补光灯及防抖效果,以保证直播质量达到最佳。

2. PC 端的操作流程

(1)进入淘宝直播 PC 端中控台后台,登录商家的账号,单击"创建直播"按钮,如图 5-111 所示。

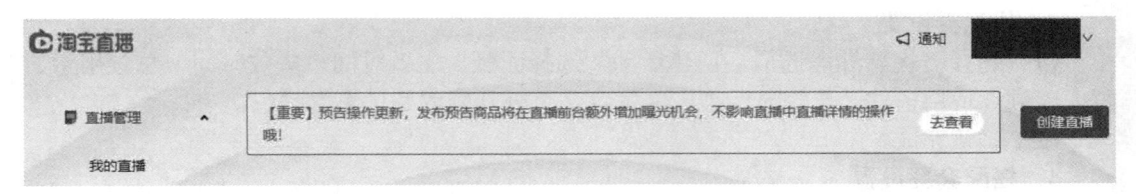

图 5-111　创建直播

（2）填写直播信息：封面图、标题、简介、直播栏目、直播位置、直播宝贝，单击"发布"按钮，正式发起直播，如图 5-112 所示。

图 5-112　填写直播信息

（3）单击"正式开播"按钮，进入倒计时，5 秒内将会发布直播。

3．手机端的操作流程

（1）下载淘宝主播 App，如图 5-113 所示。

（2）打开淘宝主播 App，创建直播，如图 5-114 所示。

图 5-113　淘宝主播 App　　　　图 5-114　创建直播

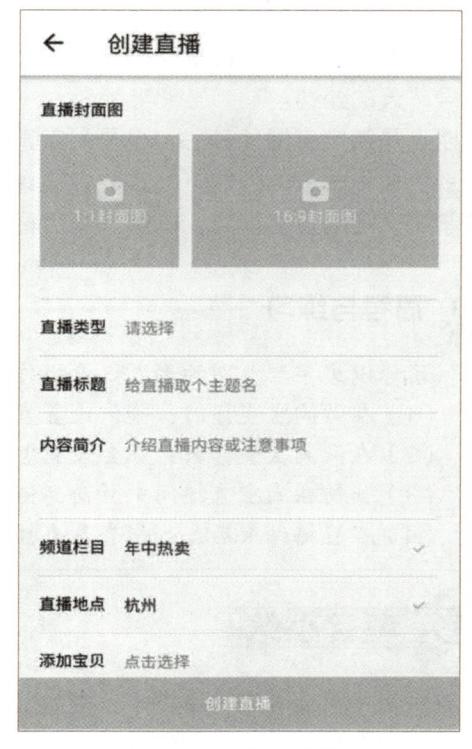

（3）填写直播信息：直播封面图、直播类型、直播标题、内容简介、频道栏目、直播地点、添加宝贝，点击"创建直播"按钮，选择是否开启高清模式（需要宽带速度 4Mbit/s 以上），然后进入直播间。调整展示角度、灯光等，点击"开始直播"按钮，正式发起直播。

实训提示

（1）淘宝直播不能出现"开天窗"的情况，即主播不在现场，播放音乐或者放一张图片来充数。这种直播操作会被淘宝官方平台处罚，少则封号 3 天，多则一个月。

（2）淘宝官方平台对直播内容也有规定：不能出现黄赌毒信息，女性在直播时不能穿得太暴露；如果直播人员说出"折现"这种违规的话，那么主播的账号会被永久封号。

（3）在直播的过程中不能出现其他网站的链接，如微信号信息，或者引导线下下单、加群等，若出现这些内容，则主播的账号也会被淘宝官方平台封号，少则 7 天，多则 3 个月，或者永久。

（4）主播在线直播的时间不能太短，若在开播 30 分钟或者 1 小时就停播，则会被淘宝官方平台进行直播降权，最好的直播时长是 8 小时左右，最好在 8 小时以上，这样主播才会获得淘宝官方平台更多的流量扶持。

（5）有些新手主播，因为刚开始直播没有人气，播着播着就泄气了，不认真对待，在直播间中玩手机、不说话，或者短暂地离开直播间。这种情况也是不被允许的，一旦被发现，主播的账号就面临被封的处罚。

（6）淘宝直播只用于推广店铺内的商品，主播在直播时可以推荐商品的链接给粉丝，但是在直播过程中不允许出现类似于秒杀的专属促销链接，否则主播就会面临被降权或者被封号7天的处罚。

以上是淘宝直播的禁忌，也是淘宝直播的规则。主播要遵守淘宝直播的规则，一旦违规，就会面临相应的处罚，严重的会被封号。当然，除了这些规则，主播在直播过程中还需要掌握一定的直播技巧，以避开淘宝直播的禁忌。

思考与练习

请你以文字配截图的形式记录操作过程，并回答下列问题。
（1）在做淘宝直播时，如何设置直播预告？
（2）在做淘宝直播时，你会设置怎样的直播标题？
（3）如何在淘宝直播间中放商品链接？
（4）在直播结束后，如何查看直播数据？

项目小结

网店推广方法有平台推广（淘宝SEO、直通车、钻石展位、淘宝客、超级推荐等）、活动促销（店内促销、活动营销等）、内容营销（微淘、淘宝短视频、淘宝直播等）。在做推广时，网店要充分利用一些免费的推广方法，尤其是内容营销，如微淘、淘宝短视频、淘宝直播等，同时，合理地利用一些付费推广工具，快速增加店铺的流量，达到店铺的流量指标要求，最终实现商品销售的目的。

项目测试

1. 单项选择题

（1）在淘宝平台上，淘宝客推广属于（　　）的付费模式。
　　A．按展现计费（CPM）　　　　　B．按点击计费（CPC）
　　C．按销售计费（CPS）　　　　　D．按时间计费（CPT）
（2）想让买家购买多样商品达到188元后包邮，应该使用的工具是（　　）。
　　A．单品宝（限时折扣）　　　　　B．店铺宝（满就送）
　　C．优惠券　　　　　　　　　　　D．搭配宝（搭配套餐）
（3）在淘宝平台上，钻石展位投放数据中的CPM指的是（　　）。
　　A．每千次浏览单价　　　　　　　B．每千次点击收费
　　C．每次点击单价　　　　　　　　D．每次浏览单价

2. 多项选择题

（1）在淘宝平台上，下列做法会使免费流量减少的是（　　）。
　　A．标题关键词堆砌　　　　　　　B．放错属性
　　C．橱窗推荐　　　　　　　　　　D．滥用品牌词

（2）在淘宝所有宝贝搜索页中，除了综合搜索，还有（　　）筛选搜索选项。

    A．人气　　　　B．销量　　　　C．厂家　　　　D．价格

（3）在淘宝平台上，淘宝客喜欢推广（　　）。

    A．转化率比较低的商品　　　　B．佣金比较低的商品

    C．佣金高转化率高的商品　　　D．30天淘宝客推广销量多的商品

3．分析题

（1）比较、分析直通车、钻石展位和淘宝客3种推广方式的特点。

（2）如何增加淘宝直播流量？

项目 6

运营管理

项目重点和难点

电商团队组建和管理；成本核算、收支分析；产品定价、库存管理。

思政目标

突破墨守成规的思想，树立开拓创新的意识，弘扬、继承中华民族团结友爱的传统美德。

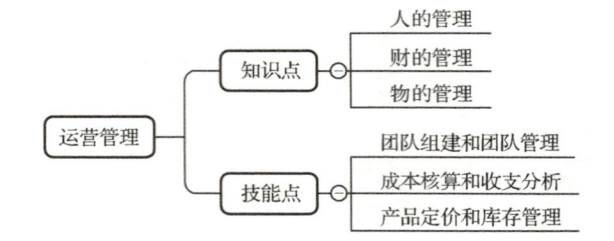

项目导图

```
                    ┌─ 人的管理
           ┌─ 知识点 ─┼─ 财的管理
           │         └─ 物的管理
运营管理 ──┤
           │         ┌─ 团队组建和团队管理
           └─ 技能点 ─┼─ 成本核算和收支分析
                     └─ 产品定价和库存管理
```

引例

项总的网店开起来有一段时间了，他碰到不少问题。例如，团队组建问题，他对电商团队的结构不是很清楚，也不知道到哪里招聘人员；现有团队中的员工的工作积极性不高，他不知道如何激励员工，管理起来很困难。在网店经营过程中，到底是赚了还是赔了？怎样定价才合理？总之，问题一大堆，项总想想都头痛。

引例分析

在网店经营过程中，管理方面的问题会不断出现，主要围绕人、财、物三大方面：人的管理主要涉及团队组建和团队管理；财的管理主要涉及成本核算和收支分析；物的管理主要涉及产品定价和库存管理。处理好这些问题，网店才能正常、有序地经营。

任务 6.1 人的管理

6.1.1 团队组建

当店铺发展到一定阶段，只要平均每天有 10 笔以上的订单交易，一个人工作就会觉得吃力，而经营管理方面的各种事务更是令人应接不暇，这时，就该组建团队了。

好的团队需要依赖合理的架构，就像盖楼房一样，楼房建成后的稳固程度取决于最初的设计。怎样组建团队、要招哪些人、这些人需要对哪些工作负责，这些都是电商团队管理者需要考虑的问题。

1. 组织构建

组织架构（Organizational Structure），概括地讲是指企业、组织或团队的整体结构形式；具体地讲是指企业、组织或团队在管理要求、管控定位、管理模式及业务需求等诸多因素的影响下，根据内部资源、业务流程等形成的职能部门。

电商团队要想在竞争中站稳脚跟，必须有一个与团队发展相符的组织架构。在传统企业中，常见的组织架构有中央集权制、分权制、直线式及矩阵式 4 种形式，但在电商业务中，组织架构就简化了许多，以直线式和矩阵式为主。

从部门组织结构来看，标准配置的电商团队一般有 4 个部门，分别是运营部门、设计部门、客服部门和物流部门。但这 4 个部门一般不会同时存在，具体到某家企业、某个团队或组织又不会完全相同，一般与企业性质、业务模式有关。从总体上来讲，电商团队可分为两大类：一类是纯电商团队，另一类是传统企业电商团队。

这两类团队在组织架构上有所区别，详细介绍如下。

1）纯电商团队的组织架构

（1）销售部门：负责店铺活动策划、广告投放管理、文案撰写。

（2）客服部门：负责客户接待、售前和售后服务。

（3）仓储部门：负责销售数据分析，为进货、活动、广告投放提供决策分析。

（4）设计部门：负责商品上架销售、拍摄及店铺装修设计。

（5）财务部门：负责统筹人事、后勤、财务、制度、培训等。

这 5 个部门在团队中各自承担不同的职责，相互促进，相互依托，缺一不可。

2）传统企业电商团队的组织架构

传统企业在电商化过程中往往会设置独立的电商团队，在组织架构上带有明显的传统色彩，即带有中央集权和分权的色彩。以某生产型企业电商团队为例，其组织架构如图 6-1 所示。

传统企业电商团队大致分为 3 层：最高层是电商负责人；中间层是与最高层有直接隶

属关系的部门负责人；基层是团队员工，直接向部门负责人汇报。

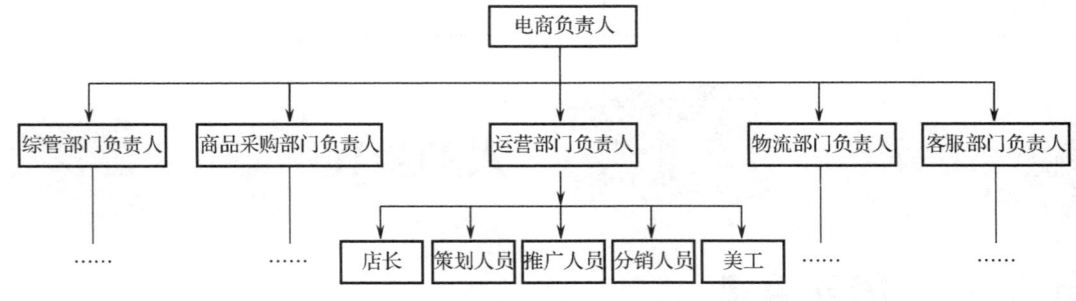

```
                          电商负责人
    ┌──────────┬──────────┼──────────┬──────────┐
 综管部门    商品采购部门   运营部门   物流部门    客服部门
 负责人       负责人        负责人     负责人      负责人
   │           │            │          │           │
  ……          ……   ┌───┬───┼───┬───┐   ……         ……
                  店长 策划 推广 分销 美工
                      人员 人员 人员
```

图 6-1　某生产型企业电商团队的组织架构

（1）电商负责人。

电商负责人通常是指电商团队的最高领导，全面负责团队的日常管理和运作。电商负责人的任职要求往往较高，他们既要有一定的领导才能，又要熟悉企业的产品特点，精通各个网络平台的操作手法、市场运行规律、渠道营销特点。

（2）部门负责人。

部门负责人可以理解为电商负责人的副手，在电商负责人的统一管理下，负责部门工作的管理。部门负责人应有一定的资历，熟悉企业的组织架构和各部门的运作，能够帮助电商负责人协调企业内外部资源，起到承上启下的作用，既能站在企业的角度提出合理的建议，又能根据实际需求进行资源整合。

（3）团队员工。

团队员工包括除电商负责人和部门负责人之外的所有人，如店长、策划人员、推广人员、分销人员、美工等。他们是电商团队中具体执行政策和制度的人，推动电商团队的供应链电子化管理。

综合上述两类电商团队可以发现，在确定电商团队的组织架构时，我们要先确定企业类型，再结合企业的实际需求和现状设置部门。值得注意的是，无论选择哪类电商团队、设置什么样的部门，核心框架都不能变。

2．人员招聘

1）人员要求

无论哪个行业，都会对进入这个行业的人员有一些基本的要求。电商人员的硬性要求为技术性要求。

电商人员要懂得电脑的基本操作；要对网络要有一定的了解；要懂得网络推广技巧和网络营销手段，因为这是电商营销工作的核心技术。

电商人员要懂网络调研，即通过网络对行业做出分析和判断，如行业中的哪些企业在哪些平台上做了推广和宣传，有多少家同行企业做了宣传，在哪个时间段做网络宣传效果好。网络调研还能有效地帮助新人更快、更准确地了解市场动态。因此，电商人员应该具备网站管理、推广策略制定及实施、电商平台应用和操作的能力。

当然，因职位、工作种类的差异，对电商人员的要求也会有所不同，如有的职位要求电商人员具有一定的创新能力、策略制定及执行能力、沟通能力、资源整合能力，具备实际操作技能，注重逻辑分析，善于处理突发危机。除了以上基本要求，围绕电商运营，电商人员还需具备以下能力，如图 6-2 所示。

- 具有电商项目的评价能力。
- 具有电商系统安全管理能力。
- 具有产品销售与公共关系处理能力。
- 具有网络营销项目的策划、实施和管理能力。
- 具有电商系统规划和建设的管理能力。
- 具有运用电商系统处理合同、交易、结算等事务的能力。
- 具有文案写作能力。
- 具有市场营销项目的策划、实施能力。

图 6-2　围绕电商运营，电商人员需要具备的能力

作为一名电商人员，必须具备以上能力，否则很难开展工作。因此，电商团队在招聘人员时，应该从总体上判断求职者是否符合条件。

2）招聘渠道

各大企业都在寻找更合适的人员解决方案，但目前大多数企业仍倾向于从外部招聘。从长期发展看，这种模式并不能解决根本问题。因为电商人员是小众群体，通过大众渠道或传统渠道寻找电商人员犹如大海捞针，效果往往不佳。最有效的办法是企业打造自己的人员专属渠道，或与专业机构合作，或自行培养。

（1）网络招聘。

网络招聘又称电子招聘，是指通过互联网完成人员招聘的过程。其具体形式包括企业自建网站、第三方招聘网站、简历数据库及搜索引擎等。网络招聘已经成为电商企业招聘人员的主要渠道。电商企业利用网络招聘的优势如图 6-3 所示。

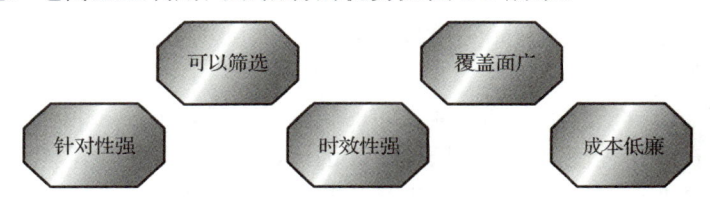

图 6-3　电商企业利用网络招聘的优势

（可以筛选　覆盖面广　针对性强　时效性强　成本低廉）

网络招聘主要有两种方式：一种是发布招聘信息，如在自建网站上发布招聘信息，吸引求职者前来应聘；另一种是注册成为某招聘网站的会员，去收集求职者的资料，主动与求职者取得联系。淘工作平台如图 6-4 所示，淘宝卖家为招聘方，任何有淘宝 ID 的都可以是求职者。企业在进入淘工作平台的企业中心后，需要填写企业的基本信息，在通过淘宝工作人员的审核后，方可发布职位，其中卖家信用、店铺经营范围、店铺好评率为系统自动读取并填写在资料中的。求职者可在首页直接搜索已发布的职位，在填写个人简历后可向招聘方投递简历。求职者可以通过企业信息中的店铺地址直接查看招聘方的店铺信息。淘宝网推出淘工作平台，是希望所有电商企业都能通过这个平台解决自己的人员需求，也希望求职者通过这个平台找到自己中意的工作。

（2）与专业机构合作。

与专业机构合作最大的优势是方便、快捷，企业可享受到第三方提供的相对完善的服务，可通过权威渠道发布信息，与求职者建立相互信任的关系。同时，专业机构是专业人才的聚集地，便于大批量地吸引高素质人才。

图 6-4 淘工作平台

（3）社交招聘。

随着移动互联网的普及，出现了一种新的招聘方式——社交招聘。社交招聘就是在社交网络中开展的招聘，在网络中，招聘方和求职者可以进行多角度的互动，更有利于双方的需求达成一致，而不是简单地匹配职位广告与简历。

目前的社交招聘平台以商务社交网站为主，如人和网、天际网、红桃网等，而且这些网站都有 App。与此同时，赶集网、百姓网、58 同城也在争夺市场份额，其主要目标是中低端职位。另外，还有些企业开始利用微信招聘。

（4）现场招聘。

网络招聘有其自身的弊端，如企业发布的信息极容易被淹没、企业难以与求职者实现及时沟通，这会在一定程度上影响招聘质量。因此，网络再发达也不能代替面对面的现场招聘。这就需要企业在招聘时善于运用现场招聘。例如，不少企业都打出大幅的广告，并在招聘海报上贴出自己的微信二维码；有的招聘组织方会设立二维码区，便于集中展示，如图 6-5 所示。

图 6-5 某招聘现场设置的二维码区

6.1.2 团队管理

1. 流程化管理

尽管电商企业的盈利能力较强,但其在企业管理上存在很多问题,如库存不准确、订单错误、快递爆仓等。产生这些问题的原因是电商企业缺乏完善的流程化管理,流程就是标准,流程就是效益,电商企业如果不实现流程化管理,那么是很难生存和发展的。

在实行流程化管理的企业中,任何一项业务的实施都离不开流程化操作。同样,电商企业也需要实行流程化管理。

1) 如何制定业务流程

流程化管理在电商企业的整个运营过程中起着重要的作用,它是电商企业自身发展的需求,也是市场的需求。那么,电商企业的管理者该如何实现流程化管理呢?

(1) 明确要梳理的业务流程范围。

在制定业务流程之前,电商企业的管理者需要先确定几个大的关键节点,明确业务流程范围,这是最基本的顶层业务流程,是业务流程整体性、全局性的概括表达。需要注意的是,这里的业务全局并不是电商企业整体的业务全局,而是电商企业的管理者界定好的业务范围之内的业务全局。

(2) 从顶层的业务流程分解开始,由粗至细。

① 界定主项业务范围内的全局性,以及该范围内的关键节点。

② 分析分解流程应该被包含在哪个关键节点中。

③ 从顶层流程中分解出来的关键节点未必都会细化分解下去,生成二级及三级的流程,这取决于该节点涉及的活动及角色是否复杂。某电商企业的进、销、存业务流程如图6-6所示。

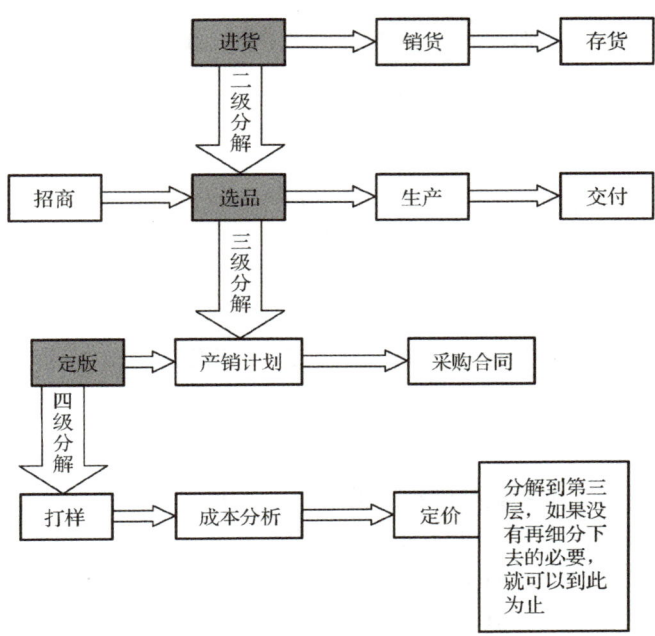

图6-6 某电商企业的进、销、存业务流程

(3) 不断优化流程。

一个流程需要随着企业的发展形势而不断变化，并持续优化。不断优化流程，一方面是因为这是客观形势的发展需求，另一方面是因为流程本身存在缺陷和不足。因此，一支优秀的电商团队需要持续进行优化、改进流程。

2）如何让电商流程落地有效

很多电商企业虽然花费大量精力、财力制定了一套流程管理方案，但是流程管理方案没有实用价值。那么，电商企业的管理者应如何保证制定出来的流程管理方案能真正应用于实践，并能创造出利润呢？

(1) 立足实际，流程是实践的结果。

这是制定流程的基础。许多电商企业制定出来的流程不切合实际，导致难以执行。可以说，流程是实践的结果。如果脱离了实践，那么制定出来的流程不仅不能提高工作效率，还会影响电商企业的整体运营效率。

(2) 进行管理业务分析。

这是制定流程的前提。电商企业必须依赖某项具体的业务，这项业务就是流程的核心。电商企业的管理者在制定流程之前，应要求相关人员必须对核心业务进行分析和预测，识别业务类型，确定这项业务与其他业务之间的关系等。在明确核心业务后，电商企业的管理者要对业务进行分析，针对每一项业务查找相应的管理标准和适用的法律法规要求。电商企业的管理者应通过系统地分析核心工作，明确流程的具体任务，确保流程的完整性。

(3) 具备流程化管理的六要素，缺一不可。

流程化管理的六要素为活动、活动间的逻辑关系、活动的实现方式、活动的承担者、客户、价值，如图 6-7 所示。

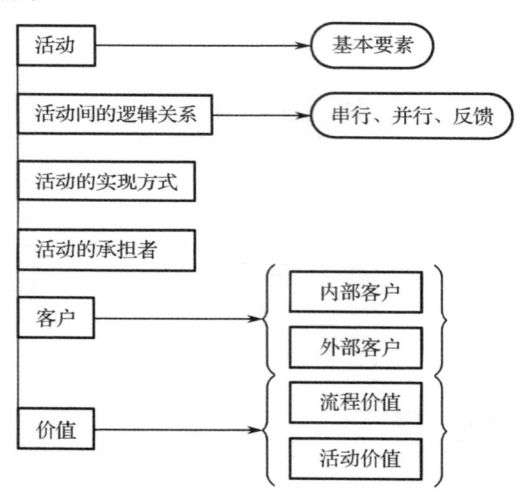

图 6-7 流程化管理的六要素

活动是组成流程的基本要素。活动间的逻辑关系有串行、并行、反馈 3 种。客户是指活动、流程输出结果的接收者，可分为内部客户和外部客户两种。内部客户是指企业内接受活动或流程输出结果的下一道工序的进行者；外部客户是指产品在市场流通之后消费它的普通消费者。价值有流程价值和活动价值之分，是指活动、流程实现的增值，在后续的流程检查、优化中是否实现增值是判断流程是否有必要存在的重要依据。

(4) 明确流程中的主业务。

利用关键节点明确业务的流程范围,即顶层业务流程。顶层业务流程是业务流程整体性、全局性的概括表达。需要注意的是,这里的业务全局并不是电商企业整体的业务全局,而是在电商企业的管理者界定好的业务范围之内的业务全局。

例如,在某淘宝店的日常动作流程中,如果你界定的业务范围是面向客户的客服咨询流程,这项业务的顶层业务就是客服在客户购买过程中的解答与引导。

(5) 明确流程中的支业务。

梳理业务流程需要从顶层业务流程分解开始,由大到小、由粗到细。电商企业的管理者应在主体业务的范围之内,找到每项支业务的关键节点,了解它在下一层分解中应该被包含在哪个关键节点中。

例如,满100减50赠送的优惠券应该在客服接待节点分解中出现;随单放上"给客户的一封信"应该在仓库分拣节点分解中出现。值得注意的是,从顶层业务流程中分解出来的关键节点未必都会生成二级及三级的流程,这要看该节点涉及的活动及角色是否复杂。

(6) 抓住业务中的关键问题。

在制作流程之前,电商企业的管理者一定要明确以下6个问题,否则不要轻易动手。

① 整个流程的起始点和终结点是什么?
② 整个流程涉及的角色有哪些?
③ 在整个流程中需要做什么事情?
④ 这些事情是可选的还是必选的?
⑤ 这些事情需要多长时间才能完成?在什么地点完成?
⑥ 要达到什么样的效果?

(7) 流程是否具有可操作性。

流程是否具有可操作性是影响流程最终能否执行到底的主要因素。流程是电商企业内各个职位上的员工进行实际操作的"辅导书",能够让不熟悉某项职位作业的员工通过了解和实践学会操作。

(8) 流程的IT固化。

信息化在许多领域已经成为管理变革和流程创新的必然选择,与IT相关的信息系统的应用程度及IT业务流程的畅通与否,是企业流程化管理的重要支撑。因此,流程化管理需要与IT平台结合,即IT固化,这是流程落地的重要手法,体现了IT在企业运营管理中的重要作用。

IT能够让流程标准化、规范化,形成最佳实践,把过程的能力变成企业的整体能力。如何实现流程与IT的最佳融合?这就需要在IT系统实施前对流程进行优化,即要确保流程本身足够好。

2. 团队激励

1) 绩效考核体系的建设

现代管理理论认为,考核是对管理过程的一种控制,其核心目标是通过评估企业、部门及员工的绩效,对考核结果进行反馈,通过分析绩效差距来提升员工绩效,进而提高企业的管理水平和业绩。绩效考核体系建设是对绩效进行有效考核和评估的前提，绩效考核在传统企业中已是一项非常成熟的管理活动，然而在电商团队中的运用却十分有限，绝大部分电商企业缺少完善的绩效考核体系。那么，电商企业的管理者该如何做好绩效考核体系的建设呢？

（1）目标定位明确——向什么方向发展，达到什么样的高度。

明确目标定位是为了解决发展方向、发展高度的问题。由于从事的行业不同、规模大小不同，因此企业的目标不同。电商企业的管理者要结合企业的实际情况，为企业制定明确的目标，包括长期目标和短期目标，并最终形成一套完善的方案，以指导和规范员工的日常工作和行为。

（2）制度制定完善——要做哪些管理，要制定哪些制度。

制定有效的绩效考核制度是为了解决行为规范和约束的问题，以及有效地激励员工努力地工作。绩效考核作为一项企业管理活动，必须制度化、规范化。绩效考核制度化和规范化的前提就是要有完善的制度，因为只有有了完善的制度，员工的行为才能得到约束。

（3）贯彻与执行——具体该怎样去做。

在明确目标定位、制定制度后，电商企业的管理者要坚定不移地去执行绩效考核制度。电商企业的管理者要把执行作为一种企业文化，坚定不移地贯彻下去，充分调动员工的积极性，同时要充分考虑员工的意愿和需求，最好让优秀员工直接参与制度的制定和考评。

例如，企业中的每位员工都要遵守上下班制度，为了使员工自觉遵守这项制度，企业可以让员工参与制度的制定，让员工自己确定何时上下班最合理。这样一来，即使某位员工违反了这项制度，他也会心甘情愿地受罚。

绩效考核的主要目的是规范员工的行为，帮助员工提高工作效率，让员工向更有益于实现自身价值和企业目标的方向努力。这时，绩效考核的意义不再局限于企业对员工工作绩效情况的评估，而是成为员工的一种高层次需求——得到成就感。

通过实施绩效考核，员工既可以在团队中得到自豪感和荣誉感，又可以得到提高和晋升的机会。因此，绩效考核不仅在企业的人力资源分配、选拔、晋升等管理活动中有指导意义，还具有激励员工的作用。

2）激励机制的建立

企业应建立报酬激励、成就激励和机会激励三位一体的综合性激励机制，建立与绩效考核制度相配套的薪酬福利制度。那么，如何建立这样的激励机制呢？

（1）将长期激励与短期激励相结合。

在注重工资、奖金的短期激励的同时，企业还应考虑适当运用长期激励措施，将员工的切身利益与企业的发展前景联系起来。

（2）将物质激励与精神激励相结合。

物质激励是最为直接、有效的激励方式，而收入分配机制是否科学、合理则是决定物质激励成效的关键。企业应通过建立科学的绩效考核体系，严格考核流程管理，实施公正的绩效考核制度，并把考核结果直接与员工工资挂钩，逐步实现全员同工同酬，真正体现按劳分配的收入分配原则，用利益杠杆激励员工加倍努力，以取得更好的业绩。在精神激励方面，企业应更多地关注员工职业生涯的规划和辅导，为他们提供培训和晋升机会，在公平和公正的原则下，鼓励优秀员工脱颖而出。榜样的力量是无穷的，树立典型一方面有助于员工发展自我、提高自我和贡献自我；另一方面会激励员工在工作中更加积极、主动，以主人翁的姿态参与企业的经营管理。这对企业的发展和壮大无疑是有利的。

（3）将被动激励与主动激励相结合。

很多员工从来不主动做事，只会听命行事、被动执行。例如，老板让员工去询问客户来公司考察的时间，员工就只会问客户什么时候来，不会想到要进一步了解清楚客户乘坐什么交通工具及到达时间、是否需要预订酒店等问题。这类员工的做事方法常常会增加其他员工的工作量或者增加企业的沟通成本，影响甚至阻碍企业的发展。那么，被动做事的员工不想主动工作吗？答案是否定的。大多数新员工在刚进入企业时，都是愿意主动工作的。为什么员工渐渐变得不愿意主动做事？企业老板和管理者应该反思自己，个别员工不愿意主动做事，可能是员工个人的问题；大部分员工都不愿意主动做事，那就是企业管理的问题。主动激励员工就是看到员工自身的意愿和内驱力，强化其自主意识。例如，有的企业采取竞争方式，让员工主动参与竞争、感受成就；有的企业通过给员工较大的自主权，使其主动工作、主动创新。具体措施应视企业的情况和员工的特点而定。

任务 6.2　财的管理

6.2.1　成本核算

1. 利润与成本

1）利润

利润，在会计学中有专门的定义，指企业销售商品的收入扣除成本价格和税金以后的余额。按照这个定义，利润的计算方法为

利润=营业收入-营业成本-营业税金及附加-销售费用-管理费用-财务费用-

资产减值损失+公允价值变动损益（-公允价值变动损失）+

投资收益（-投资损失）

对于网店的利润计算，如果严格按照会计学中的财务管理方法来计算，就会变得十分复杂，而且绝大多数卖家可能不懂财务管理的相关知识。因此，卖家在计算利润时不必用这么复杂的公式，可以采用下面这个简单的公式：

利润=营业额-成本-费用

这里的营业额就是销售商品所得的收入。

2）成本

成本的内容包括很多项，历来有直接成本和间接成本一说，这里不再进行详细的区分，罗列如下。

（1）进货时的商品购入成本。

（2）进货时的运费。

（3）开店购买硬件（电脑、数码相机、手机等）的成本。

（4）上网费、电费。

（5）仓储成本（有些卖家的商品存放需要空间，可能需要租一间库房，相应的租金就

是仓储成本）。

（6）商品的损耗费用。

（7）与客户联系的电话、短信费。

（8）因退换货发生的费用。

（9）发货包装、邮寄费用。

（10）购买赠品、礼品、印制名片等（用于进行店铺推广）的费用。

（11）税金。

这些成本，有些是随着商品卖出一次性就可收回的；有些是长期使用的投资，如购买电脑、数码相机、手机等硬件的费用；有些费用的支付则是按周期发生的，如上网费、仓储费用（上网费一般按月、半年、年支付，而仓储费用也多是按月、季、年等支付的）。这些成本在计算利润时需要被逐步分摊到成本中。

有些成本很准确计算。例如，与客户联系发生的电话费就很难准确计算，因为电话一般情况下不全是因业务而打的，很少有人专门为此每天进行记录，除非专门用一部电话联系客户。

这样一来，要准确计算利润就会变得很困难。卖家可以这样做：平时只记录进货时的商品购入成本、运费等；在交易发生后，记录每一笔交易发生的时间、订单中的商品名称与数量、实际销售价格、实际邮寄费用；在达到一个时期时，如一个月、一个季度等，计算一下利润。

2. 进货成本控制

在网店运营成本的组成当中，相对于其他成本，进货成本是最主要的。只有能够有效地降低进货成本，才能获取更多的利润。进货成本主要由进货时的商品购入成本和进货时的运费两个部分组成。

1）进货时的商品购入成本

（1）在进货时，卖家最好从厂家直接拿货。

如果卖家无法从厂家直接拿货，就尽量从一级代理处拿货。因为代理级别越多，商品购入成本就越高。而在网店中，商品能够卖出去，很大一部分原因是价格低（商品售价与运费之和远低于实体店商品的价格），因此只有进货时的商品购入成本在平均商品购入成本之下，卖家才有可能获取更大的利润空间。

（2）在进货时，一次进货量大可以有效降低成本。

在进货时，一次进货量越大，商品的单价就越低，当然，同一款商品也并非一次进货量越大越好。究竟一款商品的一次进货量为多大，要根据销售情况来定。一般来说，新手卖家每款商品进3件左右就可以了。随着销售经验的增长，对于热销商品，卖家要多进一些，对于滞销商品，卖家要慎重。卖家在进货时可以和批发商议价，虽然每款商品的进货量不大，但拿的品种多了，也可以按进货量大的价格购入。

（3）有效降低购入成本。

有效降低购入成本，并不是要卖家进那些质次价低的假冒伪劣商品，相反，卖家在进货时要确保商品的质量。对网店而言，提高知名度的最好方法就是口碑传播，而商品的质量和服务是关键。

（4）卖家在遇到厂家清仓处理时，一定要把握住机会。

有时一些厂家会由于种种原因清仓，卖家如果赶上了，就可以多进一些好销的商品。

2）进货时的运费

进货必然会产生运费,有时运费还不低。卖家应该尽可能地降低进货时的运费。在能力尚可的情况下,如果进货量不大,卖家就可以坐公交车回家。坐公交车可能比较辛苦,但在创业的初期阶段吃苦是应该的,因为对刚刚开店没有什么生意的卖家来说,进货时的运费是一笔不小的开支。

3）降低进货成本的方法

（1）找出与进货成本相关的各项组合条件。

充分利用"What 咨询法",先把店铺中所有会影响进货成本的因素逐条列出,如厂商、季节（时蔬）、售价、制度、库存方式等,再集结相关人员共思良策,并时时保持"毋恃敌（成本偏高）之不来,恃吾有以待之"的认真态度。

（2）多看、多听、多比较。

所谓货比三家不吃亏,更何况卖家不应该盲目地身陷"战场"（店务）,而不知外面早已群雄环伺、虎视眈眈、欲噬于己的环境。"出走管理"是当下盛行的经营模式,卖家要善用此法,观察其他网店,适量地销售特价品、折扣品,以降低进货成本。

（3）建立良好的库存（仓库）管理或无库存供应商群计划。

从 FITO（First In First Out,先进先出）的表格建立使用,到交叉污染的避免、物品的定位放置、湿度与温度（冷藏、冷冻设备）的控制、虫害防治、盘点（日、周、月盘）,甚至灭火器的位置、数量及意外险类的投保,都是库存管理的必备掌握要件。

（4）向同行学习。

如此,卖家则可清楚地知道同样经营形态的店铺是如何合理控制进货成本的,进而取长补短地让自己获取更大的利益。创业不易,守成更难,凡能为店铺增加（创造）利润的任一法则都不容卖家视而不见。

3．合理控制邮费

1）网店货物运送方式

（1）EMS。

EMS 是邮政特快专递服务,是由万国邮联管理的国际邮件快递服务,是中国邮政提供的一种快递服务,主要采取空运方式来加快递送速度。该业务在海关、航空等部门均享有优先处理权,可以快速、高质量地为客户传递国际和国内的紧急信函、文件资料、金融票据、商品货样等各类文件资料和物品等。EMS 国内特快专递的资费表如表 6-1 所示。EMS 的速度比较快,但相较而言,价格也比较高。

表 6-1 EMS 国内特快专递的资费表

邮件种类	计费单元	资费/元	备 注
国内特快专递	超重 500 克	20.00	
	每续重 500 克	4.00	500 千米及以内（一区）
	每续重 500 克	6.00	500~1500（含）千米（二区）
	每续重 500 克	9.00	1500~2000（含）千米（三区）
	每续重 500 克	10.00	2000~2500（含）千米（四区）
	每续重 500 克	17.00	2500 千米以上（五区）

(2）快递。

快递是物流公司提供的递送服务，相较邮局的邮寄业务而言，具有快速、便捷（上门揽件、投递到户）的特点。但物流公司的网络没有邮政公司的分布范围广，有些地区物流公司是不能投递的，这些地区的客户只能选用邮政服务。

与淘宝网签约成为合作伙伴的物流公司不少于13家，宅急送、申通、汇通、圆通、韵达、中通、天天快递等都是比较常见的物流公司。

物流公司的收费标准不尽相同，但收费规则基本一致，即首重1千克内为起重价，以后每续重1千克（不足1千克按1千克计算）就另行加价。起重价与加价的具体数额与要递送的距离有关。

卖家使用与淘宝网合作的物流公司的服务，可以直接在淘宝网上下单。一般来说，这些物流公司在淘宝网上的收费标准比卖家直接联系物流公司的收费标准低。具体的收费标准可以在淘宝网的物流工具中查询。查询方法：进入"我的淘宝"的我是卖家界面，选择"交易管理"中的"物流工具"选项，在右侧界面中选择起始地（发货地址）和目的地（收货地址），输入宝贝重量，单击"查看"按钮，如图6-8所示。

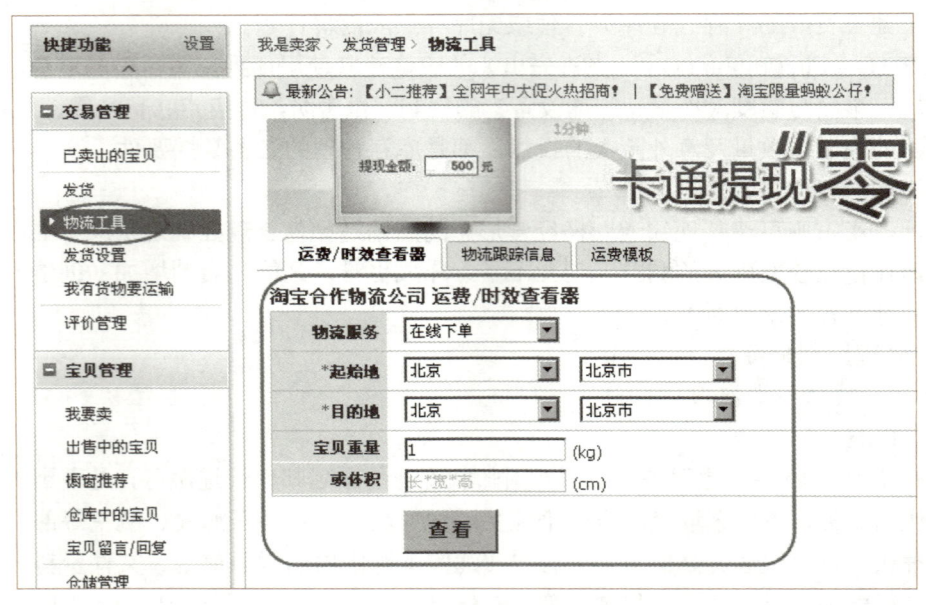

图6-8 运费/时效查看器

（3）货运。

货运一般适合比较重的货物，可以采用汽车货运或火车托运。汽车货运比较常见的是佳吉快运，在货物量大时，其价格要比物流公司有优势，不过佳吉快运的网点较少，有些地方不负责投递到户，需要收货人自己去网点领取，这对收货人来说十分麻烦。火车托运也是需要收货人去站点自己取货的。这种方式对网店而言，最好少用。

2）节省邮费

对网店来说，节省邮费是一项很重要的工作。如果网店中的商品邮费标得过高，就可能让一些有购物欲望的人望而却步。制定尽可能为客户省钱的邮费标准有利于商品的销售。在淘宝网上开店，使用快递的方式是大多数卖家的选择。可是物流公司的收费标准比较高，不同的地区也不尽相同。对新手卖家来说,每天的发货量不大,只要在淘宝网上下单就可以了,而且在揽件人来取件时还可以与其讨价还价。如果发货量大,如一个月的快递费就达到 2000 元以上,或者每天平均都有 5 单以上,卖家就可以和物流公司签约进行月结(每个月结算一次),这样邮费就减少了。不过,进行月结的前提是发货量大,对新手卖家来说不适用。

3)节省包装费

在邮寄时,包装是一项非常重要的工作。如果因包装不当造成商品损毁,那么这个责任应该由卖家承担。因此,对于容易因震动、磕碰而被损坏的商品,卖家应该用防震的气泡膜包装好,并用胶带固定住,放入结实的纸箱中,箱中的空隙一定要塞满(可以用泡沫或者报纸),这样才能保证商品在运输途中不会因晃动而被损坏。

一般的卖家不可能有很多纸箱,这就需要去购买。如果是在邮局购买,成本就会很高。淘宝网上某网店销售邮政纸箱的报价单如表 6-2 所示。根据北京市邮局的价目表,12#纸箱为 3 元左右,1#纸箱为 15 元。从这些价格的对比中可以看到,从网上购入纸箱可以降低成本。

表 6-2　淘宝网上某网店销售邮政纸箱的报价单

邮政纸箱的型号	规格/毫米	3 层普质邮政纸箱的价格/元	3 层优质邮政纸箱的价格/元	5 层优质邮政纸箱的价格/元
1#	530×290×370		4.5	6.1
2#	530×230×290		3.4	4.6
3#	430×210×270	2.25	2.5	3.5
4#	350×190×230	1.65	2.0	2.7
5#	290×170×190	1.1	1.55	2.1
6#	260×150×180	0.95	1.25	1.7
7#	230×130×160	0.8	0.95	1.6
8#	210×110×140	0.5	0.8	1.2
9#	195×105×135	0.45	0.7	1.1
10#	175×95×115	0.38	0.6	0.95
11#	145×85×105	0.28	0.4	0.85
12#	130×80×90	0.22	0.3	0.7

4. 学会记账

卖家只要学会利用 Excel 软件进行简单记账即可。不过,在记账前,卖家需要了解记的账目到底包括哪些内容。从大的方面说,一个部分是进货账目表(见图 6-9),包括进货时间、商品名称(或自定义的商品编号)、品牌、规格、进货价格、数量及运费等内容;另一个部分是销售账目表(见图 6-10),包括销售时间、商品名称(或自定义的商品编号)、品牌、规格、销售价格、数量、运费等内容。卖家可以从这两个账目表中得出另外一些数据:商品的库存(同一商品的进货数量减去同一商品的销售数量)。在记账出货的同时能够记录下客户的相关信息也是一个不错的主意(对于客户信息,卖家可以使用一个客户管理系统软件进行管理,对于忠诚度高的客户,一定要尽力保持住,如采用给其更多优惠的措施等手段)。

图 6-9　进货账目表

图 6-10　销售账目表

通过这两个实时更新的账目表,卖家可以很方便地及时更新商品的库存。

6.2.2　收支分析

1. 做一份可行的投资预算

在开网店之前,卖家应将网络上的店铺情况进行信息收集、整理及分析,对网店的业态现状（如有哪些零售商店、超市等，同行业店铺经营商品的种类、投资效益分析等）做一个调查。经过以上调查，卖家就可以做出大致的投资预算。

1）开店费用

（1）办理工商及税务等相关政府部门手续的费用。

（2）网店的域名及空间租用费用。

（3）购买数码相机、U盘等的费用，以及电话费等。

（4）开通网银的费用。

（5）开业宣传的费用。

（6）其他杂费。

2）经营范围

网店经营范围，在种类的选择上要尽量求全，可挑选一些大众化、质量和价格都适中的商品，尤其以年轻人或职业人士喜欢的为主。在经济实力有限的情况下，只要经营理念和眼光能盯准消费者的日常需求，相信开花必有结果时！

3）铺货款

一家500平方米的超市，其首批进货的品种数约为5000种，金额是40万元左右。以此推算，100平方米的面积，1000种商品，铺货款应该在8万元左右。当然，这只是理论上的数据，如果谈判到位，卖家能拿到批发商的代销额度，进货金额就可以减少。

4）预估的每月其他费用

每月其他费用包括房租、水电费、人工费、邮费、运费、税费、其他办公费等。

5）预估的营业额

网店的普遍毛利为10%～20%，卖家应做好预估月营业额和预估月毛利额。预估的营业额是最低标准，只要坚持微利销售，每月再配合几次打折促销，习惯去大型超市购物的客户就可能被吸引过来。据了解，税务局对零售业的税费征收方式一般采取预估方式，以每月1000元为上税标准。

网店的投资成本的回收期一般为半年到两年。

2．计算损益平衡点

利润是如何计算的呢？利润=营业额-成本-费用。成本包括固定成本和变动成本两部分。固定成本是不受业务量影响、与营业额无关的成本，如店租、固定资产折旧就是固定成本的典型代表，它们都是即使营业额为零也要支付的费用。变动成本是随着业务量增加而正比例增加的成本，它们会随着营业额的增加而相应增加，随着营业额的减少而相应减少。例如材料成本，一盘售价为40元的菜，它的材料成本为20元，两盘菜的材料成本就是40元，这就是变动成本。

边际贡献又称边际利润，是指销售收入减去变动成本后的余额，即边际贡献=销售收入-变动成本。边际贡献是运用盈亏分析原理，进行产品生产决策的一个重要指标。利润=边际贡献-固定成本。边际贡献一般可分为单位产品边际贡献和全部产品边际贡献，其计算公式为

单位产品边际贡献=单价-单位变动成本

全部产品边际贡献=全部产品的销售收入-全部产品的变动成本

在产品销售过程中，边际贡献先用来弥补企业在生产经营活动中所发生的所有固定成本（固定成本总额），之后，如有多余，才能构成企业的利润。这就有可能出现以下3种情况。

① 当边际贡献等于固定成本总额时，企业只能保本，不亏不盈。
② 当边际贡献小于固定成本总额时，企业就要发生亏损。
③ 当边际贡献大于固定成本总额时，企业将会盈利。

因此，边际贡献反映的是产品为企业盈利所能做出的贡献的大小。只有当产品的销量达到一定的数量时，产品的边际贡献才有可能弥补企业在生产经营活动中所发生的所有固定成本，为企业盈利做贡献。

变动成本与销售收入有一个固定的比例，这个比例就叫作变动成本率，是指变动成本与销售收入的比例，即

$$变动成本率 = 变动成本/销售收入 \times 100\%$$
$$= (单位变动成本 \times 销售量)/(单价 \times 销售量) \times 100\%$$
$$= 单位变动成本/单价 \times 100\%$$

由此得出

$$边际贡献率 = 1 - 变动成本率$$
$$毛利率 = 毛利/销售收入 = (销售收入 - 销售成本)/销售收入$$
$$利润 = (1 - 变动成本率) \times 销售收入 - 固定成本$$

如果知道了变动成本率和固定成本，就可以计算出当利润为零时的销售收入（营业额），即每个月需要达到多少营业额才能保证不亏损。

对一般的网店来说，通常只有材料的进货成本属于变动成本，其他的成本、费用都可以被视为固定成本。

例如，某服装网店的月固定费用为 9000 元，变动成本率为 50%（变动成本率=材料变动成本率+销售税金变动成本率=45%+5%）。请问：该店的每月营业额达到多少才能保证不亏损？

$$0 = (1 - 50\%) \times 销售收入 - 9000$$
$$销售收入 = 18\ 000（元）$$

因此，该店的每月营业额达到 18 000 元才能保证不亏损。

3. 增加利润额

增加利润额的方法有很多，如增加营业额、提升毛利率（提升边际贡献率）等。

1）增加营业额

营业额取决于客数和客单价这两项。客数是指实际购买产品的客户人数。客单价则是指每位客户平均购买产品的金额。营业额的计算公式为

$$营业额 = 客数 \times 客单价$$

由这一公式可以看出，要提高营业额，就是要增加客数和提高客单价。

客数又可以分为来店客数和购买率。来店客数大多要大于客数，因为客数仅指那些实际购买产品的客户人数，来店的客户不一定每人都会购物，有的客户只是来咨询而已。

客数与来店客数的比率就是购买率。购买率是指实际购买产品者在来店客数中所占的比例，即

$$购买率 = 客数/来店客数$$

客单价的计算公式为

$$客单价 = 产品平均单价 \times 每位客户平均购买产品数量$$

通过这几个公式得出，要提高营业额，卖家就应该增加来店客数、提高购买率和客单

价。要做到这些，卖家就必须提高客户对网店的期望。在现在这个社会中，客户对于网店的期望，不再是廉价的产品，而是优质的服务。因此，网店在提升业绩时要牢牢抓住"服务"这个宗旨。

2）提升毛利率

材料费用属于变动成本，降低材料费用就意味着降低变动成本率，即提升毛利率。提升毛利率有两种方法：一是提高单价；二是降低材料成本。提高单价不容易被客户接受，比较而言，材料费用对利润的影响更大，而且降低材料成本比提高单价更容易被客户接受。

4．加强现金管理

1）制作现金日记账

现金是流动性最好的资产，需要好好管理。关于现金的管理，卖家可以设置现金日记账，记录每日收取的现金数额、支出的现金数额及结存的现金数额。卖家可以购买现金日记账，也可以自己用 Excel 软件制作现金日记账。现金日记账要做到日清月结。

2）加强现金管理的具体做法

（1）加速收款，推迟付款。

为了提高现金的使用效率、加速现金周转，企业应尽量加速收款，即在不影响未来销售的情况下，尽可能地加快现金的收回速度。在收款时，企业应尽量加快收款的速度；而在付款时，企业应尽量延长现金支出的时间。

一般而言，当企业的付款周期短于收款周期短时，企业就可能陷入资金周转困难的境地；相反，当企业的付款周期长于收款周期时，那么业务量越大，企业从供应商那里获得的"无息贷款"就越多。卖家要有效地管理网店，就应管理好应付账款，这样一来，既能避免现金被无效占用或者出现现金流断裂的不利局面，又能巧妙地给网店衍生出相当多的用以支撑各种经营活动的现金。

（2）加强存货管理。

存货管理是网店现金流管理的重要组成部分。存货会占用现金，过多的存货会导致网店出现现金流紧张的状况。虽然网店的利润率低，但如果卖家能把每天进的产品都卖掉，那么回报也会很多，所以卖家可以考虑零库存的经营方法。

加强存货管理的一个重要方面就是提高存货周转率。存货周转率是衡量和评价网店购入存货、销售收回等各环节管理状况的综合性指标。它是销货成本被平均存货所除而得到的比率。其计算公式为

$$存货周转率=销货成本/平均存货$$

存货周转率能反映网店的存货管理水平。存货周转率影响到短期偿债能力，是网店管理的一项重要内容。一般来讲，存货周转率越高，存货周转速度越快，存货占用资金的水平越低，存货的流动性越好，存货转换为现金或应收账款的速度越快；反之，存货转换为现金或应收账款的速度就越慢。因此，提高存货周转率可以提高网店的变现能力。

3）编制现金预算

现金预算是网店对现金流动进行预计和管理的重要工具，是用来反映未来某一期间的一切现金收入和支出，以及二者对抵后的现金余缺数的预算。现金预算包括现金收入、现金支出、现金溢余或短缺、资金的筹集和运用 4 个部分。编制现金预算可以帮助网店有效地预计未来的现金流量，为网店提供预警信号。

在编制现金预算时，网店应该将各具体目标加以汇总，并将预期收益、现金流量、财务状况及投资计划等，以数量化的形式加以表达，建立全面预算方案，预测未来现金收支的状况。此外，网店还应根据年度现金流量预算，以周、月、季、半年及一年为期，建立流动式现金流量预算，以便依据网店现金流量的实际状况对网店的现金预算进行适时调整。

5. 编制资产负债表

资产负债表是表示企业在一定日期（通常为各会计期期末）的财务状况（资产、负债和所有者权益状况）的主要会计报表。它能表明企业在某一特定日期所拥有或控制的经济资源、所承担的债务和所有者对净资产的要求权。

任务 6.3 物的管理

6.3.1 产品定价

很多中小卖家或初级卖家需要在产品定价上做文章。受渠道的影响，如分销、混批、一件代发等，无法在价格上取得优势的卖家，往往会选择亏本销售或无利润销售，从而抢占市场，在价格的区分上没有过多的选择；而一些在渠道上有优势的卖家或自产自销的卖家可以选择有利于自己的定价方法或定价策略。

1. 产品组合定价方法

产品组合定价方法就是把店铺中相互关联的产品组合起来一起定价的方法，组合中的产品都应属于同一个产品大类别。例如，男装就是一个大类别，每个大类别都有许多品类群，包括西装、衬衫、领带和袜子等几个品类群，卖家可以把这些品类群的产品组合在一起进行定价。这些品类群产品的成本差异、客户对这些产品的不同评价和竞争者的产品价格等一系列因素决定了这些产品的组合定价。产品组合定价可以细化为以下3个方面。

1）不同等级的同种产品构成的产品组合定价

对于不同等级的同种产品构成的产品组合，卖家可以根据这些产品之间的成本差异、客户对这些产品不同外观的评价及竞争者的产品价格，来决定相关产品之间的价格。

2）连带产品定价

对于连带产品，卖家要有意识地降低连带产品中购买次数少、客户对降价比较敏感的产品的价格，提高连带产品中需要多次重复购买、客户对它的价格提高反应不太敏感的产品的价格。

3）系列产品定价

对于既可以单个购买，又能配套购买的系列产品，卖家可采用成套购买价格优惠的做法。由于成套销售可以节省流通费用，减价优惠又可以扩大销售，因此流通速度和资金周转速度都大大加快了，有利于提高店铺的经济效益。很多成功的卖家都采取这种产品定价方法。

4)等级产品定价

卖家可以把同种产品,根据质量和外观上的差别,分成不同的等级,分别定价。这种产品定价方法一般都是先选其中一种产品作为标准品,把其他产品分为低、中、高 3 档,再分别定价。对于低档产品,卖家可以使其价格逼近产品成本;对于高档产品,卖家可使其价格较大幅度地超过产品成本。但卖家一定要和客户说清楚不同档次的产品的质量是不同的。

2. 阶段性定价方法

阶段性定价方法就是根据产品所处生命周期的不同阶段来定价的方法。

1)进入期产品的定价方法

由于产品刚刚进入市场,人们对产品还不熟悉,因此产品的销量少,产品也没有竞争者。为了打开新产品的销路,在定价方面,卖家可以根据不同的情况采用高价定价方法、渗透定价方法和中价定价方法。

对于一些生命周期短,花色、款式翻新较快的时尚产品,卖家一般可以采用高价定价方法。

对于一些有较大潜力、能够从多销中获得利润的产品,卖家可以采用渗透定价方法。卖家采用这种方法,有意把新产品的价格定得很低,在必要时甚至亏本出售,以多销产品达到渗透市场、迅速扩大市场占有率的目的。

一些经营较稳定的大卖家可以选择中价定价方法。这种方法以价格稳定和预期销售额的稳定增长为目标,力求将价格定在一个适中的水平上。

2)产品成长期的定价方法

在产品成长期,店铺的生产能力和销售能力不断扩大,表现为产品的销量迅速增长,利润也随之大大增加。在这个阶段,卖家应该选择能保证店铺实现目标利润或目标回报率的目标定价方法。

3)产品成熟期的定价方法

在产品进入成熟期后,市场需求已经日趋饱和,产品的销量也达到了顶点,并有开始减少的趋势。这时,竞争日趋尖锐、激烈,仿制品和替代品日益增多,利润达到顶点。在这个阶段,卖家一般采用将产品价格定得低于同类产品的定价方法,以排斥竞争者,维持销售额的稳定或进一步增加。

这时,正确掌握降价的依据和降价幅度是非常重要的,卖家应该根据具体情况来慎重考虑。如果产品有明显的特色,并有一批忠诚的客户,卖家就可以维持原价;如果产品没有什么特色,卖家就要用降价方法来保持竞争力了。

4)产品衰退期的定价方法

在产品衰退期,产品的市场需求和销量开始大幅减少,替代品已经出现,利润也日益缩减。在这个阶段,卖家常采用维持价格和驱逐价格的定价方法。

如果卖家希望处于衰退期的产品能继续在客户心中留下好的印象,或是希望能继续获得利润,就要选择维持价格。维持性定价方法能否成功,关键要看替代品的供给状况。如果替代品满足不了需求,那么产品还可以维持一定的市场份额;如果替代品供应充足,客户就会转向购买替代品,这样就会加速产品退出市场的速度,这时,即使卖家想维持产品价格,市场也不会买账了。

对于一些非必需的奢侈品,虽然它们已经处于衰退期,但它们的需求弹性大,卖家可以把价格降低到无利可图的水平，将其他竞争者驱逐出市场，尽量提高产品的市场占有率，以保证销量、回收投资。

3．薄利多销和折扣定价方法

客户在网购时，一般都会比较不同购物网站上的同样产品的价格，所以价格是影响客户是否购买的重要因素。怎样制定出既有利可图，又有竞争力的价格呢？

1）薄利多销定价方法

一些社会需求量大、货源有保证的产品，适合采用薄利多销的定价方法。这时，卖家要有意识地压低单位利润水平，以相对低廉的价格，提高市场占有率，争取在长时间内实现利润目标。

2）数量折扣定价方法

数量折扣是对购买产品数量达到一定数额的客户给予折扣的方法，客户购买的数量越多，所享受的折扣就越大。采用数量折扣定价方法可以降低产品的单位成本，加速资金周转。数量折扣有累积数量折扣和一次性数量折扣两种形式。

累积数量折扣是指当客户在一定时期内购买的产品总额达到一定数量时，卖家按总量给予的一定折扣，如会员价格；一次性折扣是指按一次购买数量的多少而给予的折扣。

3）心理性折扣定价方法

当某类产品的品牌、性能、寿命不为客户所了解，产品的市场接受程度较低时，或者当产品库存增加、销路又不太好时，卖家采用心理性折扣定价方法，一般都会收到较好的效果。因为客户都有喜欢折价、优惠价和处理价的心理，所以卖家只要采取降价促销的手段，这些产品就有可能在众多的产品中脱颖而出，吸引客户的眼球，从而大大提高成交的概率。当然，卖家在使用心理性折扣定价方法时，必须制定合理的折扣率，才能达到销售的目的。

4．分析客户的心理，投其所好的定价方法

客户的心理主要有以价格区分产品档次的心理、追求名牌的心理、求廉价的心理、买涨不买落的心理、追求时尚的心理、对价格数字的喜好心理等。在为产品定价的过程中，卖家必须考虑客户在购买活动中的某种特殊心理，从而激发他们的购买欲望，达到扩大销售的目的。

1）分割定价法

定价如果使用小单位，就可以使客户在心理上产生捡到便宜的感觉。价格分割有下面两种形式。

（1）用较小的单位定价。例如，将每千克1000元的人参定价为每克100元；将每吨2000元的小麦定价为每千克2元。

（2）用单位产品价格比较法。例如，每天少抽一支烟，就可订一份牛奶。

2）同价定价法

我们在日常生活中常见的一元店采用的就是同价定价法。卖家可以把网店中的一些价格类似的产品定为同样的价格。这种定价方法干脆、简单，避免了讨价还价的麻烦，非常适用于一些货真价实、需求弹性不大的必需品。

3）数字定价法

数字定价法属于心理定价法。例如，8和发经常被人联系在一起，用8来定价，可以满足人们想"发"的心理需求，所以一些产品的定价都会带有8。另外，多次实验表明，

带有弧形线条的数字,如 5、8、0、3、6,容易被人们接受,而 1、4、7 不带弧形线条的数字不太受欢迎。

在定价的数字应用上,卖家要结合我国的国情,尽量选用能给人带来好感的数字。例如,很多中国人喜欢 8 和 9,认为这些数字能给自己带来好运,大部分中国人不喜欢 4,因为 4 和死同音。

4)低价安全定价法

低价安全定价法属于薄利多销的定价方法。网上的产品天生就有低价的优势,如果网上的产品价格比实体店的产品价格还高,那么谁还会来买?这种定价方法比较适合快速消费品直接销售,因为它有很大的数量优势。低价可以让产品很容易被人们接受,优先在市场上取得领先地位。卖家如果能够做厂家的网络营销代理,就可以采用低价安全定价法。

成本加上正常利润,再加上运费,就应该是安全的低价了。正常利润一般为成本的 1/3~2/3。

5. 运费的设置

在定价时,卖家要注意运费的设置要合理。在一般情况下,卖家承担运费会让客户很高兴,所以卖家完全可以把运费加进产品价格中。这类定价方法一般适合小物品,如邮票、书籍、CD 等。

还有一种常见的定价方法,即由客户承担运费,如平邮 5 元、快递 15 元。对于服装、饰品等不太重的产品,这种定价方法是合理的,客户也容易接受。

客户最不喜欢的做法是,卖家把产品价格定为 1 元,将运费定为 30 元、50 元甚至更高,因为这会使客户产生被愚弄的感觉。

6.3.2 库存管理

和人体循环一样,如果上下不通就会形成恶性循环,所以卖家只有进行有效的库存管理,及时制定促销措施来清仓,才能使店铺获得快速发展。对一家店铺来说,浏览量和成交量固然重要,但是,能随时掌握自己的库存也同样重要。

1. 统计库存

很多卖家的库存不多,暂时还不需要进行库存管理,但是随着产品数量的不断增加,店铺业务的日趋繁忙,对库存统计和管理数据的准确性要求就会提高。对库存管理最起码的要求是必须有一个进销存的统计表,每天的销售数据及时输入,随时都可以看到每种产品的进、销、存数量,对于习惯使用 Excel 软件的卖家来说,只要建立一个简单的表格就能对店铺的库存进行统计和管理。

需要注意的是,产品库存信息要及时更新,如果不及时更新,就会造成数据记录不准确,卖家就需要重新把那些没更新的产品找出来统计一次,增加了工作量。因此,只要客户一付款,卖家就要马上更新产品库存信息,至少每天更新一次,以免时间长了遗漏一些信息。

如果卖家担心每天记录一次会遗漏信息,那么可以充分利用淘宝网的功能,在客户付款后,马上进入已卖出的宝贝界面,单击"备忘录"按钮,记下这笔交易的情况,如产品的规格、颜色、数量和其他需要记录的内容,不同颜色的小旗子可以用来区分不同备注的内容。卖家在晚上将备注的内容整理好后一并登记到库存管理表中,这样,即使每天只记录一次，也不容易遗漏信息。

另外，卖家还可以把库存管理表打印出来随身携带，每当有产品进出时，就在上面做好记录（用铅笔记录更方便拭擦和修改）。在需要查看库存时，卖家也不必翻遍所有的产品去确认某一款产品是否有货。在进货时，卖家拿着库存管理表就不用担心批发商随意提价了。如果有必要，那么卖家可以按不同的批发商分别建立库存管理表，这样进货就会更方便、更明了。

除了数量的管理，卖家还要注意库存产品的陈列和摆放。如果产品种类繁多，那么每一类产品都要固定存放在一个地方，并保证一定的存放面积、存放高度和层数。这样细致的管理属于比较专业的库存管理，卖家即使暂时用不上，也应该尽量多了解一些，否则就无法管理好店铺。

2．控制库存

经营网店的成本相对来说比较低，其中最重要的一项开支就是进货成本。应该在什么时候进货及进多少货，都是需要好好计划的。有些卖家抱怨：销量在增加，但家里的库存也在增加，赚的钱都变成货了，自己的家变成了大仓库。

可见，做好库存管理工作至关重要。卖家学会运用一些专业知识来合理控制库存，就能做到既能赚钱又能减少库存，甚至达到零库存。库存管理做好了，店铺经营的压力自然就减小了。

1）根据销售类别分析

库存控制主要从进什么货、进多少货入手，以一天、一周或一个月作为一个周期来统计店铺的发货量，通过这些数据来分析店铺下个月最保守的进货量，尽量做到既减少库存积压，又不用频繁补货，从而有效减少进货的时间、降低进货成本。统计时间的长短可以根据发货量的多少来决定，统计项目包括产品名称、发货数量、发货时间、进货价及销售价等。

2）根据销量分析

卖家也可以根据前几个月的销售数据计算出下个月大致的进货量，这是一个简单的计算方法，就是把各个数据乘以相应的系数再求和。这个系数叫权重系数，是一个权衡数据参考价值大小的数值。

这种计算方法有以下两个计算原则。

（1）距离预测时间越近的指标对结果的影响越大。

（2）各期权重系数之和等于 1。

在正常情况下，店铺每个月的交易额都稳步上升，只要能预测销量，就能大致估算出进货量。如果要预测 8 月的销量，那么越接近 8 月的数据对 8 月的销量影响越大，权重系数也越大。按照这个理论，对 8 月的数据影响最大的是 7 月的数据。距离预测期越远的月份的数据，权重系数越小。如果拿 4 个月的数据来预测，那么 4 月是距离预测期最远的月份，4 月的数据的权重系数最小。4—7 月的销量如表 6-3 所示。

表6-3　4—7月的销量

月　份	4	5	6	7
销量/件	160	175	180	185

根据上述两个计算原则，要预测 8 月的销量，可以按下面的算式来计算：

185×0.5+180×0.3+175×0.2≈182（件）

在计算出 8 月大致的销量以后，卖家就知道 8 月大致的库存是多少比较合适了。从计算结果看，8 月的进货量在 182 件左右风险会较小，可以在避免库存积压的同时，减少补货的次数，降低进货成本。

3）根据销售经验分析

不同的产品会有不同的淡季和旺季，传统销售和网络销售的淡旺季也会略有区别，所以前面的两种方法不一定适合所有卖家。一般来说，经营了一段时间的卖家可以根据自己的销售经验分析出一个基本的进货量。

卖家首先要了解产品的淡季和旺季，并根据经验对市场的需求进行分析和预测；然后参考往年同期的进货量，得出一个基数，乘以估算店铺发展系数，就能计算出大致的进货量。因为店铺是在不断发展的，销量也会逐年递增，所以卖家在根据销售经验预测进货量时，一定要充分考虑到店铺发展这个重要的影响因素。

3. 清理库存

除了统计库存和控制库存，卖家还要学会清理库存，这样才能形成一个完整的库存管理体系。对卖家来说，库存是严重影响店铺发展的问题，几乎所有的店铺都会受到库存问题的困扰，当库存产品出现积压时，卖家一定要想办法清理库存，轻装前进。清理库存的方法有开展拍卖促销、折价促销等清仓促销活动。

1）清仓促销活动的种类

（1）拍卖促销。

拍卖促销是指使用竞拍方式发布产品，由客户按自己的心理价位来出价，以此吸引更多的人踊跃参加的促销活动，如一元拍活动等。这种促销活动有一定的风险，卖家应该做好承受亏损的心理准备。

（2）折价促销。

折价促销亦称打折促销、折扣促销，是卖家最常用的一种促销活动，如××折特价活动等。折扣比较大可以促使客户尽快做出购买决定。

（3）服务促销。

服务促销是指在不提高产品价格的前提下，增加产品或服务附加值的促销活动，如包邮活动等，可以使客户感到物有所值。这种增加产品或服务附加值的促销活动更容易被客户接受。

（4）赠品促销。

赠品促销是指客户在购买一件产品时，可获得赠品的促销活动，如买一赠一、送红包活动等，红包可以在下次购买时直接抵扣，刺激客户再次消费，加强促销活动的效果。这种活动不仅可以快速消化库存，还可以带动其他产品的销售，是一种一举两得的促销活动。

（5）积分促销。

积分促销简单、容易操作，可以提高客户的忠诚度，如会员积分活动等。这种促销活动一般会设置对客户比较有吸引力的礼品，促使客户通过多次购买来增加积分，以兑换礼品。

（6）联合促销。

联合促销是联合多家店铺共同参加折价促销的促销活动，利用优势互补、客源共享来提高销量，如通购通扣活动等。如果应用得当，那么这种促销活动会起到相当好的促销效果。

除此之外，卖家还可以参加团购活动，特别是小产品、服装和生活必需品，这些产品都有较大的团购市场。团购活动能产生批量销售，很容易吸引老客户参与。卖家可以参加网站组织的促销活动，如限时抢购、周末疯狂购等，利用网站宣传的力度来扩大自己的销售，达到吸引更多客户参与促销活动的目的。这些促销活动对于清理库存都有很大帮助。

2）清仓促销活动方案的设计原则

（1）要适应客户的消费特点，但不能增加客户的购买压力。

例如，规定客户一次性购买几百或几千元的产品才能享受优惠，门槛太高，很难吸引客户参与。

（2）快速、有效地吸引客户购买产品。

因为客户的消费冲动一般都是在几分钟内，所以如果促销活动不够吸引人或者活动时间过长，卖家就会错失促销良机。

（3）想法设立竞争门槛。

卖家要让竞争对手难以跟进，否则很难达到清理库存的目的。如果某店铺在做8折促销活动时，其竞争对手蜂拥而上，纷纷推出6折、5折的促销活动，那么该店铺这次的促销活动基本上会以失败告终。

（4）方法灵活、简单，要易于操作。

卖家不要把活动规则设置得很复杂，如多少消费金额享受多少折扣、多少消费金额内的积分如何计算及多少消费金额以外的积分又如何计算等。这样的活动规则会增加卖家给客户解释的工作量，所以卖家要避免出现这样的情况。

（5）不要舍本逐末。

卖家设计的清仓促销活动方案要有利于店铺在旺季来临前的销售策略调整，不能只是为了清理库存。如果秋装新款即将上市，那么卖家可以开展一个夏装的清仓促销活动，并在清仓的同时预告即将上架的新品，这样的清仓促销活动方案是一举两得的方案。

（6）量力而行。

促销价格不能超过自己的承受能力，且易于核算。如果参加拍卖，那么产品最后可能以极低的价格成交。因此，卖家在推出促销活动前要做好充分的思想准备，促销价格也要简单明了，以便于统计和核算。

在推出促销活动之前，卖家可以到一些目标消费群体集中的论坛和网站宣传促销活动的信息，让更多人来关注即将开始的促销活动，使促销活动达到更好的促销效果。

卖家只有明白了怎样统计库存、控制库存和清理库存，才能有效管理库存，使店铺的经营进入一个良性循环，一旦这个循环形成了，店铺就能平稳发展，拥有更大的上升空间，从而取得更好的业绩。

成功实战派

阿米巴——10人以上电商团队管理探索

很多人都知道阿米巴经营是针对企业管理的，其实，阿米巴最成功的应用，可能并不是在企业中，而是在体育比赛中。

我们知道，足球比赛的胜利是要靠进球的，但往往球员在一场比赛中进不了几个球。而一个球队有12个人，他们有明确的分工，进球往往是前场球员或前锋的直接功劳，所以如果只按进球论英雄，后卫球员就会缺乏存在感和努力的动力。

因此，体育界引入了非常强大的数据统计部门。该部门能够清楚地计算出每个球员的跑动距离、传球成功率、断球次数、效率值等。这样，即使从来不进球的球员，其对获胜的贡献值也能通过数据被计算出。这样，他就会知道自己的每一步跑动、每一次断球会为球队最后的胜利贡献多少价值，就会明确自己在比赛中的分工，从而心甘情愿地承担起自己的职责。

这种数据还会指导球队的教练和球员的场上行为。举例：如果球员知道控球率比对手高，可使获胜率提高80%，球员在场上就不会盲目地进攻，而是优先保证球在脚下。

同样，在电商企业中，往往最有成就感的员工是销售部门的员工，因为他们是产生利润的最前端。而其他部门（如仓储部门、采购部门等）的员工，很难把自己的价值直接反馈到利润中，长此以往，他们就会不知道自己的价值和工作的意义，进而缺乏主动经营精神，做事情抓不到重点。

各位想想，企业的老板为什么会那么努力？因为他的努力很容易通过企业财报直接反映出来，他也可以直接享受到自己努力带来的成果。

因此，阿米巴模式的核心是用强大的数据能力和合适的算法把企业每个员工的"利润能力"清楚地计算出来，以此来激发每个员工的主人公精神。

那么，电商企业进行阿米巴经营，要怎么做呢？这样做有什么好处呢？

电商企业进行阿米巴经营的第一个改变，就是职能部门的重塑。以前，电商企业能够产生利润的部门只有销售部门，但是在进行阿米巴经营之后，电商企业要把企业的大多数部门都变成"盈利部门"。

例如，以前美工做方案、海报都是无偿的，在进行阿米巴经营之后，视觉部门单独作为"子公司"，其提供任何劳务都是收费的。销售部门让美工制作产品方案，美工可以按照市场价进行"内部定价"，如拍摄一款产品100元，做一个方案50元，设计一个海报20元等。

当然，不是直接给现金，而是开具一个"内部对账单"，在月底时视觉部门可以根据这个月的"内部对账单"来计算本部门的总利润，甚至可以清楚地计算出每个美工对视觉部门的个人利润贡献。

这样的变化有什么好处呢？美工因为每项工作都是有价的，所以会希望运营部门推出更多的产品来设计页面，而不会抱怨；销售部门因为要分自己的销售利润给美工，所以对美工的每一个设计都会要求更高，对于达不到要求的设计，销售部门会要求美工重新制作。甚至到最后，如果美工有时间，就可以参与企业的内部和外部销售，为集体产生额外利润。

销售部门成为其他部门的"老板"，因为他们和企业任何其他部门交易，都需要把自己的毛利通过合理的内部价格分出来。韩都衣舍销售部门的销售毛利计算方法是（销售额-成本）×毛利润×提成系数×库存周转率，仅供大家参考。

同样，发货出库职位也可以通过类似视觉部门的方法变成"盈利部门"。例如，电商企业用菜鸟仓库，每发一件货的平均成本为6元，包含物流费、配货费、打包材料费、人工费等，并且要承担错发损失。如果把自己企业的仓库当成外包仓库，仓库部门每发一件货，销售部门都要从销售利润中拿出6元给仓库部门，只要仓库部门通过努力降低物流费用、节约打包材料、减少出错等,把每发一件货的平均成本降为5元,那么每发一件货,仓库部门的利润就是1元。

当然,阿米巴经营涉及的不仅有这个,还有一个很重要的指标——单位时间附加价值。单位时间价值=(销售额-经费)/员工总时间,简单地说,单位时间价值即每个员工每小时能创造的利润。这个利润高于企业支付的小时工资部分,就是员工的单位时间附加价值;如果这个利润低于企业支付的小时工资,这个部门就成为企业的"赤字部门"。

单位时间附加值是重要的考核指标。小组的组长要提高这个指标,就必须想办法提高单位时间价值。而且,员工的工作时间甚至可以"外借",如在"双11"期间,美工可能要去打包,这时视觉部门的工作时间减少,仓库部门的工作时间增多,这样员工就会慢慢意识到自己的时间很有价值,而提高工作效率。

采购部门要想成为"盈利部门",就必须降低采购成本。例如,某款产品的采购成本是10元/个,但是采购部门通过自己的努力,将采购成本降为8元/个,那么这2元/个的差价就成为采购部门的利润。

仓储部门通过控制售罄率来创造利润,在保证发货效率的同时,售罄率标准以上的库存成本部分转变成利润。例如,如果正常售罄率是70%,但是仓储部门通过合理的采购节奏,保证售罄率为90%,那么库存成本×20%×提成系数就成了仓储部门的利润。

来自韩都衣舍的经验值得大家注意,有的店铺的销售额很高,但是售罄率很低,因此造成库存积压,最后形成"赤字部门"。因此,韩都衣舍采用的是小批量测款的方式,每个小组的新款按照预测量的30%生产,根据上新后的客户数据反馈为产品划分等级,将产品分成爆款、旺销、平销、滞销4个等级,对于爆款和旺销产品,马上返单,而对于平销和滞销产品,立刻进行促销,以此来保证整体的售罄率。

总之,阿米巴经营的目的是追求利润,而利润要通过提升销售额、降低成本、提升效率、减少劳动时间来实现。

客服部门通过提升效率来创造利润,平均水准是1个客服1天接待200个客户,一天接待2000个客户则需要10个客服。如果客服部门在保证询单转化率的同时,接待2000个客户只需6个客服,那么节省下来的4个客服的人工费就成了客服部门的利润。

当然,在企业中有一些部门是无法成为"盈利部门"的,如数据统计部门、财务部门、行政部门、从事部门等。阿米巴经营把部门重新划分成可以盈利的结算部门和不能盈利的非结算部门。不能盈利的非结算部门的费用会成为企业的成本被其他部门分摊。

企业进行阿米巴经营改革的步骤:企业架构重建—划分阿米巴小组—任命小组组长—确定盈利核算模式—小组运行。

设想一下,如果电商企业进行这样的重建,就相当于把一个大企业变成由销售部门牵头的N个小企业,而每个阿米巴小组的组长,就相当于小企业的老板,独立核算,自主运营。甚至,在同一个部门内也可以有平行的多个小组,通过内部竞争获取更多的"内部销售订单"。

可以基于韩都衣舍引入小组"打飞机"竞赛来思考,不同部门的小组可以横向对比"单位时间附加值",清楚地知道每个小组对于企业的利润贡献排名。而企业也能迅速地通过各小组的"财务反馈",清楚地知道企业的哪些项目、部门和产品在盈利,哪些"赤字业务"需要立刻砍掉。

换一个角度来看,其实阿米巴经营实现的是企业平台化、扁平化,企业可以通过阿米巴经营自下而上的决策来快速反应，拥抱互联网的变化。就像韩都衣舍的创始人赵迎光说的，企业从原来的商业独裁变成商业民主，从把员工当成赚钱工具到成为员工的赚钱工具。

这样的电商企业结构，一旦运转起来，每个部门的每个员工就都能像体育比赛中的球员一样，清楚地知道自己的利润贡献和职责分工，并可以用自己的工作结果得到全企业的尊重。

（资料来源：微信公众号"贾真"，2016-5-12）

"阿米巴经营模式"解析

经典实训

实训 6.1　资金筹集

实训目的

通过本次实训，学生要能够测算项目的资金需求量，计算项目的投资回报率（投资回收期）及投资估值，撰写用于引入风险投资的商业计划书。

实训内容与步骤

选择本地土特产在淘宝网上开店销售，预估资金需求、盈亏平衡点。

要将规划中的产品付诸实践，就需要足够的资金投入。学生要预先较为准确地测定资金需求、项目风险和未来投资收益，编制简洁、可行的资金筹集方案，解决项目的资金问题，再撰写正式的商业计划书，并将其作为未来工作的规范性基础文件。

实训提示

资金筹集是为满足网店运营与发展的需要而筹措资本的财务行为，资金筹集的数量、成本、渠道（方式）可依据网店运营与发展的具体需要而定。

通常以 12～18 个月为周期计算融资需求，12 个月为预计没有运营收入情况下的生存资金需求底线，18 个月为预计基本运营收入情况下的生存资金需求中线。

资金筹集的具体步骤如下。

（1）明确资金用途。
（2）估计资金需求量。
（3）选择资金筹集渠道（方式）。
（4）测算资金筹集成本。
（5）评估资金回收周期和风险。

思考与练习

（1）如何计算网店项目的资金筹集成本？
（2）请撰写你所选择项目的商业计划书，提供结构完善、格式规范的文档。

实训 6.2　团队组建

实训目的

通过本次实训，学生要能够建立与网店运营相匹配的流程化组织结构，培育组织的互联网创新文化，制定决策、执行与监督的基本原则。

实训内容与步骤

解决了资金问题，紧接着要解决的是人的问题。学生需要及时组建高效的团队，全面启动运营工作。学生在项目初创期间就要形成良好的组织结构和组织文化，形成团队的聚合效应，组建协作共赢的优秀团队。

实训提示

根据麦肯锡的团队理论与框架，组建团队就是建立下面的基本要素。
（1）确定共同的、有意义的目标。
（2）明确互相应承担的责任。
（3）确定共同工作的方法。
（4）确认需要的互补技能。
（5）选择成员。

思考与练习

（1）请举例描述优秀创业团队的组织特征和个人特征。
（2）请绘制适合网店创业团队的组织结构（图）。

项目小结

关于人的管理：电商企业要根据自己的经营特点来招聘人员，才能达到"人尽其才、物尽其用"；管理者对于团队中每个人的性格和特点都要做到心中有数，要做到扬长避短，让他们在工作中如鱼得水。

关于财的管理：只有正确地核算店铺的经营成本，才能做到合理定价、理智销售，从而赚取利润。

关于物的管理：产品定价方法很多，但是要因人而异，确切地说是因物而异；统计库存对库存管理的意义巨大，没有库存数据的支持，所有的库存管理都是一句空话；虽然清仓促销活动有很多种，但是清仓促销活动方案的设计必须遵循一定的原则，否则很难达到目的。

项目测试

1. 单项选择题

（1）数字定价法属于心理定价策略，下列选项不属于数字定价法的是（　　）。

　　A．9.9　　　　B．19.99　　　　C．158　　　　D．174

（2）以下选项中，适合运输比较重的货物的是（　　）。

　　A．货运　　　B．EMS　　　　C．申通　　　　D．顺丰速递

2. 多项选择题

（1）网店与实体店相比，主要的优势有（　　）。

　　A．网店是虚拟商店，无须存货、仓库等

　　B．免去了昂贵的店面租金或投资

　　C．无须注册，免去了注册费用

　　D．拥有网店，你就拥有全世界

（2）清理库存最常用的方法有（　　）。

　　A．拍卖促销　　　　　　B．赠品促销

　　C．联合促销　　　　　　D．折价促销

3. 分析题

（1）做一个企业开展电商业务 SWOT（Strengths、Weakness、Opportunities、Threats，优势、劣势、机会、威胁）的分析报告。

（2）做一个电商企业的资金投入与人员的规划报告。

参 考 文 献

[1] 淘宝大学. 电商运营[M]. 北京：电子工业出版社，2012.
[2] 淘宝大学. 电商运营实训手册[M]. 北京：电子工业出版社，2014.
[3] 淘宝大学. 网店推广[M]. 北京：电子工业出版社，2012.
[4] 王涛，李想. 网店运营从入门到精通[M]. 北京：人民邮电出版社，2018.
[5] 王利锋. 网店运营实务[M]. 2版. 北京：人民邮电出版社，2017.
[6] 李玉清. 网店推广[M]. 北京：北京理工大学出版社，2015.
[7] 阿里巴巴商学院. 网店推广[M]. 北京：电子工业出版社，2016.
[8] 阿里巴巴商学院. 数据化营销[M]. 北京：电子工业出版社，2016.
[9] 杨伟强. 电子商务数据分析[M]. 北京：人民邮电出版社，2016.
[10] 周杰. 电商团队管理[M]. 北京：人民邮电出版社，2016.
[11] 宋卫，徐林海. 网店运营实务[M]. 北京：人民邮电出版社，2019.
[12] 黄志平. 电子商务项目设计与实施[M]. 北京：电子工业出版社，2014.